Werke und Briefe von Lou Andreas-Salomé
in Einzelbänden Band 14 (Briefe und Tagebücher 1)

Lou Andreas-Salomé

Herausgegeben in Zusammenarbeit
mit dem Lou Andreas-Salomé Archiv, Göttingen.

Zu Lou Andreas-Salomé

Das Leben der Lou Andreas-Salomé (1861–1937) umfasst die Emanzipation vom zaristischen Russland mit Hilfe eines sehr scharfen und sich keinerlei Zwängen beugenden Verstands, die finanzielle Unabhängigkeit mit Hilfe der Schriftstellerei und die bereitwillige umfassende Akzeptanz des psychoanalytischen Prinzips in Bewunderung ihres Gründers.

Die Stadien dieses Lebens könnten auch betitelt werden mit den Weggefährten jener Zeiten – Friedrich Nietzsche, Rainer Maria Rilke, Sigmund Freud –, man wird damit jedoch diesem selbstbestimmten Frauenleben nicht annähernd gerecht.

Eine ausführliche Lebensbeschreibung findet sich in: »Lou Andreas-Salomé. ›Wie ich dich liebe, Rätselleben‹. Eine Biographie«, von Michaela Wiesner-Bangard und Ursula Welsch, und auf der Website zu Lou Andreas-Salomé (http://www.medienedition.de/lou-andreas-salome).

Zum Herausgeber

Dr. phil. Manfred Klemann, Dipl.-Psych., seit 1986 in eigener Praxis als Psychoanalytiker tätig. Außerdem ist er als Lehranalytiker, Supervisor und Dozent am Lou Andreas-Salomé Institut für Psychoanalyse und Psychotherapie (DPG, DGPT, VaKJP) in Göttingen tätig. Zudem ist er Dozent für analytische Paar- und Familientherapie (BvPPF). Diverse Publikationen zur Psychoanalyse, Familientherapie, Suizidologie und insbesondere zur Theoriegeschichte der Psychoanalyse.

Lou Andreas-Salomé

In der Schule bei Freud

Tagebuch eines Jahres 1912/13

Neu herausgegeben und mit einem Nachwort versehen
von Manfred Klemann

MedienEdition Welsch

Werke und Briefe von Lou Andreas-Salomé
in Einzelbänden Band 14 (Briefe und Tagebücher 1)

Herausgegeben in Zusammenarbeit
mit dem Lou Andreas-Salomé Archiv, Göttingen.

Ungekürzte Ausgabe nach dem Original-Tagebuch im Lou Andreas-Salomé Archiv.

D-83373 Taching am See, Tachenseestr. 6, +49-(0)8681-471 852
info@medienedition.de, www.medienedition.de

ISBNs
978-3-937211-50-3 (Buch)
978-3-937211-51-9 (PDF-E-Book)
978-3-937211-52-7 (epub-E-Book)

Cover-Design: Kontext Medien. Annegret Wehland u. Michael Brandstätter GbR,
www.kontext-medien.de
Druck: Digital Print Group, Nürnberg
Satz (XSL-FO) + E-Book: Ursula Welsch, Taching am See

Cover-Foto: Lou Andreas-Salomé, Sigmund Freud, eine Teilnehmerin des Psychoanalytischen Kongresses 1911 in Weimar und Viktor Tausk 1918 (beide: Lou Andreas-Salomé Archiv, Göttingen)

Inhalt

Editorische Notiz

Dieser Band enthält in ungekürzter Form das Tagebuch des Wiener Aufenthalts 1912/13 und der Aktivitäten bis Ende des Jahres 1913 aus dem Lou Andreas-Salomé Archiv, Göttingen. Der Textstand wurde anhand der originalen Blätter neu erstellt. Sie folgt nicht der 1958 von Ernst Pfeiffer publizierten Ausgabe.

Die Transkription besorgte Dorothee Pfeiffer, die Inhaberin des Lou Andreas-Salomé Archivs, mit akribischer Sorgfalt und großem Engagement. Herausgeber und Verlag danken ihr dafür ganz herzlich!

Die originale Schreibweise und Zeichensetzung sind bewusst beibehalten worden, z. B. naïv, Geberde, Fittige, Ueberkompensirung. Einzig »ß« wurde einheitlich eingesetzt, wo im Typoskript »ss« stand, da Lou Andreas-Salomé handschriftlich stets »ß« schrieb.

Die Eigenheit Lou Andreas-Salomés, vor allem Eigennamen in aller Regel in lateinischer Schrift zu schreiben – in Abgrenzung gegen die von ihr sonst gebrauchte deutsche Schrift, wird im Druckbild durch eine serifenlose Schrift widergegeben. Abgekürzte Namen haben wir der besseren Lesbarkeit halber in spitzen Klammern ergänzt.

Die Überschriften und die Datumsangaben wurden von uns zur besseren Übersichtlichkeit ergänzt und bezeichnen den Tag des Ereignisses und nicht denjenigen der Niederschrift.

Website zu Lou Andreas-Salomé

Auf der Website der MedienEdition Welsch finden Sie ausführliche Informationen zu Leben und Werk von Lou Andreas-Salomé – dort gibt es auch einen Onlineshop mit den verfügbaren Büchern, E-Books und Fotopostkarten.

http://www.medienedition.de/lou-andreas-salome/

In der Schule bei Freud

I. Wien: 25. Oktober 1912 bis 6. April 1913

Kollegbeginn (I) bei Sigmund Freud

⟨Sonnabend, 26. Oktober 1912⟩

Wien, Pelikangasse 14

Als, am 25 Oktober, E⟨llen⟩ u. ich bei der Einfahrt in Wien am Waggonfenster standen, dachten wir: nun ist doch alles schon in seinen Zusammenhängen bestimmt, d. h. schon da, was uns hier begegnen wird.

Uns begegnen lustige Zufälle: beim ersten Pensionssuchen stoß ich auf Dr Jeckels, (den ich für W. Sombart halte); er benachrichtigt mich vom grade heute fälligen Kollegbeginn Freud's; Freud's Wohnung, wo ich mir die Einlaßkarte hole, erweist sich als in allernächster Nähe; das Auditorium, das ich in der Universität suche, sogar fast vor der Tür des von uns erwählten Zitahotels. Und wenige Schritt weiter das Restaurant von Freudianern nach dem Kolleg und auch sonst: die Alte Elster. – Das ist ein anheimelnder Anfang.

Freud sieht älter aus und geplagter als in den Tagen des Kongresses, er redete auch davon während wir zusammen ein Stück heimgingen. Vielleicht der sich grade abspielende Stekelkampf. Das Kolleg klang wie ein absichtsvolles Abschreckenwollen von den Schwierigkeiten der Psychoanalyse: Selbst wenn es gelänge, »schnell, wie ein Taucher vom Meeresgrund was aufrafft«, sich in irgend etwas des Unbewußten zu bemächtigen, so ergäbe die Verallgemeinerung dieses Wenigen bereits ein Zerrbild; – wie es uns ja auch fast nur als Krankheitsform recht zugänglich werde, und dem wachen bewußten Menschen die Beschäftigung damit widerstehe.

Und doch ist dies alles nebensächlich gegenüber dem Einen, Großen, von dem er *nicht* sprach: daß überhaupt, prinzipiell, etwas vom Unbewußten erfaßbar geworden ist durch seinen einfachen genialen Griff, es in den Krankheits- und analogen

Formen zu erfassen! Nur vom Pathologischen konnte diese Erkenntnis kommen, nur von dorther wo das innere Leben durch seine Entgleisungen sich gleichsam seiner selbst ein wenig begiebt, sich im Ausdruck mechanisirt, der logischen Angel erhaschbar wird in solchem seichtem Gewässer, solchem Schwanken zwischen Tiefe und Oberfläche. Mir fiel ein, wie mich dieser Gedanke schon bei der ersten Erwähnung der Freud'schen Sache ergriffen hatte: als ich ihr zuerst flüchtig nahekam, was durch die Schriften Swoboda's geschah. Swoboda's Unbewußtes verhält sich zum Freud'schen etwa wie Lebenskeimendes, Wachsendes, Zukunftsreifendes zu Gewesenem, Abgeschiedenem, Sterilisirtem, doch eben deshalb vermag er jenseits von metaphysischen Anleihen nichts davon auszusagen, und seine »Periodicität« ist nur ein halber Versuch es in's wissenschaftlich Beobachtbare hineinzuziehn. Man kann sie deshalb z. B. gut mit den Freud'schen Annahmen vereinen, wo es sich um fälliges Material handelt, doch grade da sagt sie nichts Tieferes über dessen Herkunft; wo sie jedoch was darüber aussagt, unterliegt sie schon philosophischer Spekulation, während Freud sich dieser noch völlig fern halten kann im Bereich empirischer Interpretation, die wirklich Neues zutage fördert.

Aller Nachdruck muß immer darauf liegen bleiben.

Erster Besuch bei Alfred Adler

⟨Montag, 28. Oktober 1912⟩

Am 28 erster Besuch bei Alfr⟨ed⟩ Adler. Bis spät Nachts.

Er ist liebenswürdig und sehr gescheidt. Mich störte nur zweierlei: daß er in viel zu persönlicher Weise von den obwaltenden Streitigkeiten sprach. Dann, daß er wie ein Knopf aussieht. Als sei er irgendwo in sich selbst sitzen geblieben.

Ich sagte ihm, ich käme eigentlich überhaupt nicht von der Psych.An. an ihn heran, sondern von religionspsychol. Arbeiten, die in seinem Buch auf reiche Bestätigungen und verwandte Gedanken in Bezug auf Fiktionsbildung stießen. Aber sachlich kamen wir nicht sehr weit. Auch nicht als beim Nachtmahl, wir ziemlich lebhaft über Psych.Analytisches in Streit gerieten. Ich hielt es für unfruchtbar daß er, um die Terminologie vom Oben und Unten und vom männlichen Protest festzuhalten, das »Weibliche« immer nur negativ bewerten kann, während ja etwas Passives (und als solches sexual oder allhaft wirkendes) der Ichhaftigkeit positiv unterbaut ist. So ist auch alle Hingebung, ganz einfach dadurch, daß er sie »weibl. Mittel zu männlichen Zwecken« benennt, um ihre Positivität und Realität gebracht: was sich sofort in der Neurosenlehre rächt, wo infolgedessen der Kompromißbegriff nicht mehr zustandekommt. Umgekehrt hat doch Freud, selbst wo er die Neurosenbegründung früher einseitiger sexual faßte, immerhin das Kompromiß als das Wesentliche entdeckt, d.h. die Störung zweier Parteien untereinander. Adler kommt auch nur scheinbar ohne das aus, indem in seinen »sekundären« Sicherungen (die das grade Gegenteil von den Ueberkompensirungen des Minderw.gefühls durch die primären Sicherungen enthalten) das verdrängte Triebleben maskirt wieder durchbricht, nur daß das dann eben als Kunstgriff der Psyche betrachtet wird.

Alle Neurose erscheint mir als ein Durcheinandergeraten von Ich und Sexus; anstatt daß sie sich wechselseitig fördern, mißbrauchen sie einander: das Ich »verschränkt« sich mit sexuellen Tendenzen, oder diese mit ichhaften. (Z.B: der Ichtrieb sexualisirt sich in der Grausamkeit, oder das Sexuelle sprengt im Masochismus die Grenzen des Ichhaften auf dessen Gebiet)

Mir war stark unsympathisch was Adler von Stekel erzählte und daß er von dessen Blatt was für sich erwartet, trotzdem er so gut weiß wie St⟨ekel⟩ es sich gewann. Er behauptet, Stekel sei trotzdem gutmütig: gewiß ist er so wenig herzhaft böse wie er auch als Geist nirgends recht durchgreifend standhält. Mir gefiel am besten an ihm die Beweglichkeit die vieles ineinanderarbeiten will, nur daß sie oberflächlich und unzuverlässig bleibt, und *hüpft*, anstatt Weiten abzuschreiten.

(So z.B. wird jetzt bei ihm alles Adlerisch sexuelles Ichsymbol, was soeben noch Sexualsymbol in scheinbaren Ichformen war, – sogar über Freud hinaus, d.h. sogar da, wo Fr⟨eud⟩ organische Untergründung anstatt psych.sex gelten ließ.)

Adler forderte mich auf dem Heimweg zu seinen Donnerstags-Dsk.Abenden auf, worüber ich Freud aufrichtig sprechen will. Ich sagte gern zu.

Mein Zimmer, dessen breites Fenster in lauter Gärten geht, aus denen Morgens kein Laut mich weckt außer letztem Vogelzwitschern, ist zum Arbeiten wie geschaffen. Ich komme aber noch nicht dazu. Las heute die eingelaufene ImagoN°, wo Freud den schönsten seiner Artikel über die Wilden u. die Neurose hat. Folgendes erscheint mir so schön wie ehemals auch das sittliche Vergehen, ganz analog naturwiss. Tatsachen in unserm heutigen Sinn, gedacht war als eingreifend in die positiven Weltzusammenhänge, – weshalb, wenn nicht gleich Strafe bemerkbar wurde, die Menschen selbst, d.h. zum Selbstschutz, zu Bestrafung griffen (etwa wie man inficirte Menschen isolirt oder inficirte Sachen verbrennt.) Fr⟨eud⟩ sieht hierin den Ursprung der Strafe, – und mir scheint schon in der Blutrache neben dem Rachetrieb viel von diesem Motiv wirksam (– weshalb vielleicht auch gleich hinterher der Bluträcher Kind des Hauses werden und der Hausmutter die Brüste küssen darf.) Auch meine ich: unsere Betonung des Motivs anstatt der Handlung, also die sogenannte spätere höher-ethische Wertung, steigert nur sehr scheinbar den ethischen Sachverhalt, in Wahrheit erwächst sie aus dem Zusammenschrumpfen der unfaßlichen Heiligkeit der Weltzusammenhänge, aus der praktischen Nötigung diese sehr nüchtern zu betrachten. Nunmehr wird wenigstens der menschliche Adel betont. Doch während das mehr und mehr geschieht, bis in alle Moralspitzfindigkeiten hinein, lockert sich immer mehr die Verbindung mit dem wirklichen Lebensboden, bleibt endlich nur noch bestehn für das bescheidne Stiefkind der Moral, die Hygiene. Und erst in den der Moral so entgegengesetzten Exstasen, denen der edelsten Egoïsmen, wenn sie irgendwo begeistert über uns selbst hinausschlagen, ahnen wir wieder etwas davon, was »primitivere« Menschen von jeher wußten, daß wir nur dem Leben zu gehorchen haben, und daß »Freude Vollkommenheit« ist (Spinoza.)

Mittwochsgesellschaft (1): Neurotische Ätiologie. Freud versus Adler

⟨Mittwoch, 30. Oktober 1912⟩

Mittwoch. Disk.Abd.

Kam sehr früh; nur Einer da, ein blonder Dickschädel.(Dr Tausk.) Gespräch über Buber. Irgend etwas, was er unter anderm bemerkte, weckte Widerspruch in mir, aber ich vergaß es gleich, so daß ich ihn nicht mehr aussprechen konnte.

Freud setzte mich neben sich und sagte was sehr Liebes. Er selbst hatte den Vortrag. Während der Diskussion sprachen wir über manches leise miteinander. Ich war überrascht, wie sehr er einging auf eine Auffassung der Neurose als einer Störung zwischen Libido und Ich, anstatt einseitig von der Libido aus; als ich bemerkte, es stände anders in seinen Büchern, sagte er: »meine *letzte* Formulirung«. Und so blieb auch der Eindruck im Ganzen: daß das Theoretische keineswegs festgenagelt ist, sondern sich weiter nach den Erfahrungen regelt, und daß was diesen Menschen groß macht, einfach der Forschermensch selber ist der ruhig weiterschreitet, rastlos arbeitend. Ja vielleicht ist der »Dogmatismus« den man ihm vorwirft, grade aus der Notwendigkeit entstanden, in diesem rastlosen Weitergehn doch irgendwo orientirende Grenzen abzustecken, schon für die, die mit ihm gehn und arbeiten.

In der Pause Diskussion mit ihm und Dr Federn, der Adler's Minderwertigkeitslehre am Kinde vertrat. Hier gab ich ganz Freud's Worten Recht: es ist die Voll- ja Ueberwertigkeit des Kindes, daß »alles will«, weil ihm »alles zukommt«, nicht weil es darin bereits ein Minderwertigkeitsgefühl »kompensirt«. Noch sind ihm sein Nichthaben und sein Anrecht nichts Zwiespalterweckendes; erst im neurotisch disponirten Kinde, und dann sogar ohne alle sozialen Zurücksetzungen manchmal, tritt das vermeintliche Anrecht als Kompensierung auf. Eine offene Frage dabei bleibt, ob dies neurotisch disponirte Kind organisch minderwertig sein muß, wie Adler will und wie Freud es leugnet, der auf höchst gebrechliche fröhlich sichere Kinder hinweist, und auf ebenso oft »gesunde« neurotische. Natürlich ist jede psychische Erkrankung auch eine leibliche, die Frage bleibt nur, ob innerhalb dessen, was wir als organisch krank *begreifen* und *definieren* können. Adler's Recht liegt vielleicht nur in dieser Selbstverständlichkeit, daß letzten Endes psychisch und physisch identisch sei, während er unrecht haben könnte mit der prinzipiellen Unterschiebung bestimmter Organschäden unter bestimmtes psychisches Geschehn: – um nämlich die rein im Bewußtsein sich abspielenden Adler'schen Neurosenprozesse doch nach unten zu fundirt zu haben, anstatt auf die Freudschen Mechanismen des Unbewußten zurückzugehn. Sein Buch über »Minderwertigkeit von Organen«, das sich mit diesen Consequenzen seiner Lehre noch nicht befaßt, erschien mir außerordentlich anregend. (Vergl. Ferenczi: Zeitschrift II 134)

Nun bin ich nicht imstande, hiernach gleich morgen in *seinen* Diskussionsabend zu gehn, und telephonirte es ihm soeben.

November: Der Psychoanalytiker als Ausnahmemensch

November.

Es giebt viele Gründe, warum man vom Psychoanalytiker noch weit mehr als vom Arzt sonst, wünschen muß daß er ein hochgearteter Ausnahmemensch sei. Einer der Gründe liegt auch in der notwendigen Gewöhnung sich gegenseitig nicht nur voreinander, sondern auch Andere damit zugleich, zu entschleiern. Ich glaube auch nicht, daß man dies als Indiskretion oft nur deshalb scheut, weil man das eigne Sichzurückbehaltenwollen auf die Diskretion gegen andere instinktiv verschiebt. Ich glaube eher, daß in unsern Zeiten der kalten und praktischen Conventionen es genau so nöthig ist wie in Urzeiten brutaler feindlicher Verkehrsformen, ein Gastrecht und Asyl sich gegenseitig heilig zu halten und darauf bauen zu können. Hier ist daher der Zwiespalt, in den man geraten kann, schwer zu entscheiden. Denn nicht nur die etwas »unanständigen« Menschen machen die Offenheit gefährlich, sondern auch die, welche ihren eignen neurotischen Zwiespalt hineintragen, – und wie viele der Ärzte unter den Psychoanalytikern gehören dazu?

Kolleg (II): Begriffliches: Ubw – Komplex – Trieb. Freud versus Jung

⟨Sonnabend, 2. November 1912⟩

Freud-Kolleg II

Noch einmal einleitend; und vom Unbewußten-begriff nach drei Seiten (deskriptiv, dynamisch, systematisch, betrachtet.) Neu scheint mir in Fr⟨eud⟩'s Munde die Erwägung, daß das Material des Unbewußten nicht notwendig nur aus Verdrängtem zu bestehen brauche, sondern auch schon aus solchem, das in die bloße Nähe des Bewußtseins geraten und gleichsam bereits an der Tür abgewinkt worden sei. Diese Conzession könnte eine ziemlich große Tragweite haben.

Die momentanen Streitigkeiten haben den Reiz, daß Freud sich bei den verschiedenen Gelegenheiten mit den Spaltungen auseinandersetzt. So diesmal deutlich mit Jung's Abfall. Es lag eine feine geistreiche Bosheit darin, wie er den »Complex« terminologisch überflüssig zu machen strebte: er habe sich der Bequemlichkeit halber als Terminus eingeschlichen ohne auf psychoanalyt. Boden gewachsen zu sein, etwa wie Dionysos als exotischer Gott künstlich zu einem Zeussohn erhoben wurde. [Hier verkniff Tausk (der, aus der Psychiatrischen Klinik, noch im weißen Arztkittel, bei Freud saß oder stand) ein Lächeln nur ungenügend.]

Der Komplexbegriff gehe auf das Stoffliche, Inhaltliche (wie die Züricher Schule es auffinde auf Grund der Reaktionen auf Reizworte, assoziativ) doch besage es nichts über die Art der

Wirkung oder Krankhaftigkeit, – indem Jeder einen Vater-Mutterkomplex besitze etc. Hier erwähnt Freud nicht, wie schön das Wort gepaßt hat für seine Vorstellung von der ansaugenden, alles Analoge in sich ziehenden Kraft der unbewußten Komplexe, und wie schön es da grade paßt schon in seiner Mittelstellung zwischen krank und gesund. Komplexe hat Jeder, doch ihre besondere Stärke ist bereits, wenn nicht Krankheit so doch Gefährdung, weil sie jene Anziehung so verhängnißvoll ausüben, und der bewußten Aufarbeitung damit Conkurrenz machen.

Anläßlich des Triebbegriffs bediente sich Freud der üblichen Definition, daß er »dem Organischen aufsitze.« Solange die Trieblehre dasjenige bleibt, was Physiologen und Psychologen einander gegenseitig zuwerfen, oder gelegentlich gar vorwerfen, läßt sich von ihr aus nichts erklären, auch von Freud aus nicht. Sie bleibt auch da ein Verlegenheitsausdruck, eine unfreiwillige Inkonsequenz der Natur- wie Geisteskunde. Vielleicht ist es mit diesem Notstand zuzurechnen, wenn Adler das Triebleben schließlich nur noch unter die Symbolzeichen seiner psychischen Spielregeln rangiren konnte. Denn ist er gewissermaßen nur noch ein von zwei Seiten betrachteter Grenzbegriff, so würde diesem eventuell nur durch gegenseitige optische Täuschung ein spezieller Eigeninhalt untergelegt.

Wiederum aber ist es das Große an Freud, wie er, unbekümmert um so philosophische Sorgen, bei diesen Fragen auf die Wirkung allein losgegangen ist. Und da hat er denn von diesem Grenzstreifen aus, noch ehe man weiß, wes Landes Gebiet man betritt, eine ganze Landkarte entwerfen können, einfach mit Hilfe einiger verirrter Ueberläufer, die ihre Not das Grenzgebot außer Acht setzen ließ. An den seelischen Erkrankungen hat er, wie an einem Rockzipfel, das Leben da erwischt, wo es, gleichsam hilflos verklemmt in eine Türspalte zu unserer Seite hin, nicht in's Organische allein entweichen konnte (wohin alles entweicht – d.h. für uns »physisch« wird (was wir psychisch nicht verstehend begleiten können, meine ich.)⟨)⟩ und hat es Rede und Antwort stehen lassen. In der Tat kann man Freud's große Entdeckung nicht besser bezeichnen als wenn man sagt, daß er aus der Not des Seelenlebens eine Tugend für die Wissenschaft machte: grade da, wo das psychische Bild, weil durch Krankheit über seine normalen Umrisse hinaus verzerrt, aus dem Rahmen der Betrachtungsmöglichkeit zu fallen droht, ist es ihm dadurch gelungen, ihm nach *beiden* Seiten beizukommen: sowohl nach derjenigen der unfaßbaren Lebendigkeit die in normaler Verfassung der Wissenschaft nicht standhielt, als nach derjenigen der Zergliederung in seine Einzelbestandteile, die man bisher nur als physische Zerfallserscheinung kannte. Es ist darum durchaus nicht zufällig, daß es ein Arzt sein mußte, der dies Ei des Kolumbus auf den Kopf stellte: indem er fand, daß es auf der zerbrochenen Spitze feststehe.

Mittwochsgesellschaft (2): Sadger über Sadomasochismus

⟨Mittwoch, 6. November 1912⟩

Mittwoch-DskAbd.

Freud's offizielle Erklärung von Stekels Austritt (als gelte er nur der Wiener Ortsgruppe, während ich von Adler weiß wie Stekels Absichten sind, und Fr⟨eud⟩ durchschaut sie auch jetzt. Ich mußte doch schweigen.⟨)⟩

Sadger's Vortrag über Sadomasoch. Freud sagte nicht viel zum Schlußwort und vergab Allen ihre Langeweile. Richtig meinte er, wenn schon nicht Widerstände des Ekels zu schaffen machten, so erlahme doch das sachliche Interesse an den Unappetitlichkeiten eines Materials das nirgends sinnvoll eingeordnet sei. An Sadger ist jedoch entschieden etwas, als ob ihm weniger die Fähigkeit als die Lust fehle, sein Material durch geistige Durchdringung aus dem Unappetitlichen der bloßen Stofflichkeit zu heben, ja als störe ihn beinah der Anspruch auf Analyse bei seiner stillbeseligten Beschau. – Seine Analysanden wird er vermutlich mehr genießen als daß er ihnen hilft oder sich durch sie belehrt. Vielleicht deshalb seine Entgleisungen, über die sich Bjerre so empörte.

Gespräch mit Freud über seinen lieben Brief, der mir wie ein Geschenk bleiben wird.

Nach Hause mit Tausk und Federn, im Gespräch über Adler, dem Federn nur gerechter zu werden scheint als Tausk, aber von des Andern Mithalten hätte Adler mehr.

Tausk wird einen Freudkursus abhalten, zu dem ich gern hingehn will.

Zweiter Besuch bei Alfred Adler

⟨Donnerstag, 7. November 1912⟩

Donnerstag-Adler Disk.Abd.

Als ich heute zu Adler kam, telefonirte er grade mit Stekel, und so hörte ich das ganze Gespräch.

Im Zwiegespräch mit Adler ist mir vieles durch seinen Entwicklungsgang klar geworden. Nicht umsonst ist er ein Marx-Schüler (dessen erstes Buch hieß: »über das Bewußtsein«) und ausgegangen von nationalökonomischen und phil. spekul. Interessen. Grade wie im Proletariat die soz. Utopie aufrechterhalten wird durch Gründe zu Neid und Haß, so entsteht im Kinde durch soz. Vergleich das hinaufgesteigerte utopische Persönlichkeitsideal. Also Milieutheorie, eine rationalistische, und zwischen ihr und der organischen Minderwertigkeit auf der sie physiologisch fußt, fällt das Freudsche Ubw. zu Boden, – sozusagen zwischen Leibesschaden und Idealbildung. Dieser Umstand wird Adler ermöglichen, sowohl bei Physiologen wie theoretischen Psychologen leichter Anklang zu finden wie Freud, aber er opfert dabei das Grundproblem, und seine Lösung ist deshalb keine Erlösung: was sich wahrscheinlich *praktisch* erweisen wird.

Sofern er übrigens alle Minderwertigkeit körperlich, und alle körperliche genital basirt sieht, unterstreicht er trotzdem seine Trennung von Freud zu *stark*, denn indem ein anderweitiges Körpergebrechen ihm zur Erklärung nicht hinreicht, drückt er die Libidolehre, nur »im Körperjargon«, aus.

Mit Adler in den Vortrag von *Oppenheim* über Faust II (zweiter Vortrag.) Gut und interessant. Anregend auch die Diskussion durch Furtmüller, (Faust als der kompensierende Minderwertige, den nur Unerreichbares befriedigt) doch sehr deutlich zeigten sich dabei die verwischten Grenzlinien zwischen schöpferisch und neurotisch, eben das verwischte Problem. Vieles Anregende wäre in diesem Adlerkreise möglich, hielte er sich *außerhalb der Psychoanalyse*.

C. G. Jung: Die verhängnisvolle Arbeit

⟨Sonnabend, 9. November 1912⟩

C. G. Jung.

Die verhängnißvolle letzte Arbeit gelesen; Dr Tausk brachte mir dazu das Jahrbuch für 1 Tag in's Hotel. Leider über einem Wiedersehn mit Harden, weil der drauf drängte, ein Freudkolleg versäumen müssen.

In der Raschheit womit ich die lange Sache von Jung durchflog erschien sie mir so: sein Hauptfehler derselbe wie der Adler'sche, – die verfrühte und deshalb ganz sterile Synthese. Nur daß Adler, nicht düpirt von der Entwicklungslehre und dem Monismus- und Energetikgeschwätz, philosophischer, d.h. von der Bewußtseinstatsache selber aus, vorgeht. Jung macht es umgekehrt: er will die Libido genetisch erklären, und damit sie alles in sich umfassen kann, verdünnt er sie entsprechend nach hinten und vorn. So bekommt sie ein vorsexuales Stadium, in das schon Ichtriebhaftes wie Hunger etc. hineingehört und sublimirt sich nachsexual zu allen geistigen Potenzen. – Nie merkt man stärker als bei dieser naïven Philosophirerei: der wahre Monist, d.h. der einheitlich Denkende, ist stets Derjenige der, empirisch gesprochen, allen Dualismus ruhig bestehen läßt, d.h. die gegebene Polarität aller Erscheinungen, – um nicht das Leben von ihnen abzustreichen zum Zweck einer dürren subjektiven Systematik.

Gefallen haben mir Jungsche Ausführungen über den Incestgedanken und dessen Erweiterung in die »Mutterleibssehnsucht.« Ueberhaupt könnten hier sexuelle Symbolisirungen Recht bekommen, – vorausgesetzt, daß er sie nicht bloß betont um den verpönten Incestterminus abzuschwächen. Dies argwöhnt man manchmal, daß auf einen Terminologiestreit hinauslaufen soll, was doch ein viel tieferer, garnicht terminologischer Streit ist.

Adler-Vortrag im Ärztlichen Verein

⟨Dienstag, 12. November 1912⟩

Adler-Vortrag im ärztl. Verein über Homosex.

Ellen und ich gingen zusammen hin, über das Drum und Dran lachten wir viel. Später mit Adler, Kraus und Grafen Schaffgotsch noch in ein Café, wo Adler amüsant und liebenswürdig sich gab. Ernsthaft mit ihm geredet nur unterwegs dorthin. Aber es gelingt nicht recht, ihn zu »stellen.« So bezüglich der von ihm gebrachten Analyse: wo die Schmerzäußerungen »Arrangement« sein können, doch reichlich auch sonst begründet erscheinen; faßt er es so auf, daß schon jede ähnliche Aeußerung, bereits beim Tier, ein Beachtetwerdenwollen und Arrangement ausdrückt, dann ist wiederum nichts durch eine so blasse Verallgemeinerung gesagt, – so wenig etwa wie durch seine andere Bemerkung: Alle körp. Kranken sind Neurotiker und vice versa. Denn in beiden Fällen muß man dann von neuem unterscheiden und gliedern, um aus dem vage Selbstverständlichen zu positiven Einsichten zu gelangen: es ist deshalb nichts damit erreicht als die Täuschung man wisse nun mehr.

Ein anderer Punkt: die Unsicherheit des Neurotikers, der alles von der Zukunft erwartet und die Gegenwart angstvoll empfindet und die Not auch während der Kompensirung als Not. Gegenüber diesen kompensirenden Fiktionsbildungen erweisen die des Gesunden sich als ein *solches* Vorwegnehmen des Zukunftsvollen, das schon in der Gegenwart mitlebt, – als ein innerer Zukunftsbesitz vor dessen äußerer Auseinanderbreitung. In solchem Sinn konnte auch der primär-religiöse Mensch seine Gottheiten erschaffen, als deren Abkömmling er sich zuversichtlich fühlte, wenn er an animalischer Kraft dem stärkern Tier zu unterliegen drohte. Dieser innern wirkenden Gegenwart seiner geistigen Zukunft steht diametral gegenüber die Verlegung aller Gegenwart in's Zukünftige, in's Außerhalb, in's Jenseitige und Dereinstige, wie es den üblichen Glauben charakterisirt. In der religiösen Gläubigkeit scheidet sich beides genau so scharf und präcise wie schöpferische Prozesse sich von neurotischen scheiden. In Adler's »als ob« geht jedoch beides durcheinander.

Mittwochsgesellschaft (3): Eine Fallanalyse Freuds

⟨Mittwoch, 13. November 1912⟩

Mittwoch-Disk.Abd.

Sadger's dauerhafter zweiter Vortrag gemildert durch Freud's Nachtrag einer Analyse.

Eine »lebenslustige« Frau, die einer masochistischen Veranstaltung bedarf um treu zu bleiben: gewaltsamen Beinespreizens an ihr, Inspicirt-Beschimpft-Masturbirtwerdens, wobei ihre eigne Zutat in der Phantasie besteht daß Zuschauer zugegen seien. Sie kommt jedoch nicht deshalb zu Fr⟨eud⟩, sondern wegen Schwindelanfällen, die sie erwerbslos zu machen drohen, während sie ihren alten Vater noch erhalten muß, und die teils aus diesem Grunde Angst auslösen, teils wegen des heimlichen Wunsches durch seinen Tod die finanzielle Last los zu sein. Die Schwindelanfälle entstanden jedoch aus der Identifizirung mit ihm: auch *er* leidet an ihnen, ist also ihr Libidovorbild, *er* schimpfte auch, indeß die Mutter sich gesitteter verhielt. Inspizirt wurde sie mal als Kind infolge Bettnässens durch den Arzt, (vielleicht ermöglichte ihr diese Erinnerung den Wortmasochismus in eine Phantasie von etwas Tätlichem zu steigern und dadurch sexual zu verknüpfen?) als die Analyse den Vaterkomplex aufgräbt, erscheint einmal der Vater bei der Wiedererinnerung der Inspektion *unter den Zuschauern*. Damit wird die ganze Veranstaltung ihr durchsichtig und in der Folge unmöglich: zu ihrem Leidwesen ist sie ihr mitsammt den Schwindelanfällen wegkurirt worden, (und also eigentlich ihre Möglichkeit zur Treue!)

Mit Tausk und Federn nach Hause, die dann noch in's Café Ronacher zurückgehn. Ueber Freud gesprochen. T⟨ausk⟩ spricht dann leidenschaftlich.

Manches paßt mir zum äußern Wesensbilde Freud's: zur Bewegung besonders, wie er hereinkommt, eine zur Seite abgleitende Geberde; ich würde aber sagen: es ist ein Einsamseinwollen darin, ein sich Bergen in seine eigensten Ziele, die an sich nichts mit Schule und Publikum zu schaffen haben möchten. Besonders wenn man über dieser Geberde den Oberkopf und Blick ansieht: so ruhig, klug und stark.

⟨Freitag, 15. November 1912⟩

Bei A. *Schnitzler*; mit ihm über sein (gleichsam stummes, Verhältniß zu Freud gesprochen).

Kolleg (IV): Besonderheiten der Traumsymbole

⟨Sonnabend, 16. November 1912⟩

Freud-Kolleg IV

im kleinen Hörsaal, den ich bloß fand, weil Rank und Sadger ebenso verloren umherirrten.

Ueber Symbole. Ihre Unterscheidung von bloßer Traumbildhaftigkeit, die daher stets gleichzeitig an den Assoziationen d.P. entziffert werden soll. Als Symbol vollkommen gesichert ist: 1) was sich konstant einstellt. 2) bei Versagen von Assoziationen passend eingreift. 3) Zusammenhänge erhellt 4) sprachgebräuchlich sowie 5) entwicklungsgeschichtlich gut gestützt erscheint. Meistens stimmen nur einige dieser Punkte, wo dann die Deutung der Intuition, also einem oft fruchtbar ablaufenden, jedoch außerwissenschaftlichen Verfahren überlassen ist. – Festgelegt ist nur eine noch nicht erhebliche Anzahl von Symbolen, und diese erweisen sich nahezu sämmtlich als sexualen Ursprungs. –

Dazu könnte man bemerken, daß Symbolbilder sexueller Art fast selbstverständlich typisch werden müssen für *fast alles*, – teils weil sie Bilder aus Vorzeiten darstellen, wo leiblich und geistig noch nicht streng unterschieden wurden, – teils weil sie in uns selber immer wieder neu herstammen aus Schichten, in denen Sexualität und Ichheit noch dunkel ineinander übergehn, – und endlich und besonders weil die Bildhaftigkeit des Leiblichen ihm überhaupt den Vorrang sichert als Symbol aufgegriffen werden zu können, so daß es im Traum wie im Wahn vielleicht nicht ganz selten inhaltlich mißverstanden ist, weil es sich formal verwenden ließ. (und zwar eventuell mißverstanden vom Träumer oder Neurotiker selbst)

Dieser Gesichtspunkt scheint mir aber auch berücksichtigt werden zu müssen nicht nur gegenüber den Bildern sondern den scheinbar unverblümten, bildlosen Inhalten selbst. Mancher blutrote Incest oder manche kohlschwarze Kriminalität oder in allen Farben schillernde Perversität taucht ja im Traum und im Wahn ebenfalls aus Tiefen auf, die bis in die Undurchdringlichkeit des Narcistischen reichen, und sich nur höchst uneigentlich in solchen Bezeichnungen ausdrücken. Damit ist nicht gesagt, die Kraßheit der Terminologie solle abgeschwächt werden. Sie ist im Gegenteil, insbesondere vorläufig, gut wie sie ist, um nicht in die alte rosige Schönfärberei zurücksinken zu lassen, und um nicht, unter dem Vorwand terminologischer Milderungen, prinzipielle Conzessionen an Zwischenhändler zu machen. Indessen, wo man sie im Einzelfall zu positiv auffaßt, und zu leicht vergißt, wie »alles Vergängliche doch nur ein Gleichniß« ist, da könnte es geschehen daß man, anstatt einem Kranken sein wahres Bild vorzuhalten, auf sein eignes Bild von sich hereinfällt, welches ihn in den schreckensvollen Uebertreibungen seiner Neurose malt, weil diese Uebertreibungen dort verankert sind, wo die stumme Tiefsee des inwendigsten Erlebens nur in den Zerrbildern einer fast ungeheuerlichen Seelenmythologie zu schildern möglich scheint.

Ein paar Mal brauchte Freud den Ausdruck: das Kind, indem es die Geschlechtsunterschiede noch ignorire, denke archaïsch, – er hätte nur sagen dürfen: infantil; denn der primitivere Mensch, und ebenso das Tier, unterscheiden ja sehr scharf, wohl aber noch nicht das ganz junge Geschöpf für das die genitale Sphäre noch nicht in Betracht kommt.

⟨Montag, 18. November 1912⟩

Peter Altenberg's Brief; – vom Semmering, möchte wohl wegen E⟨llen Delp⟩ seiner Bitte folgen, aber keine Zeit!

Tausk-Kursus (II): Seminar zur Theorie der Psychoanalyse

⟨Dienstag, 19. November 1912⟩

Tausk-Kurs. II

Nachmittags war Swoboda bei mir; Abends ging ich in den T⟨ausk⟩ K⟨urs⟩ dessen ersten ich für Adler ausgelassen hatte.

Ich habe Tausk nun schon öfter und immer gern gesprochen, ohne viel über ihn zu wissen. Am deutlichsten ist er mir geblieben aus einer seiner Bemerkungen während der Sadger-Diskussion, das fühlte sich mir so an als machte ich die Bemerkung selbst.

Ich mache nie eine, sondern wenn ich sie schon nicht zurückhalten kann, so übernimmt sie in der Diskussion Freud.

Die Vortragsweise von T⟨ausk⟩, von der Peripherie auf das Zentrum zugehend, also in umgekehrter Reihenfolge wie Freud's Lehren *entstanden* sind, ist eine vorzügliche Art, diese ungezwungen plausibel zu machen. Mancher Terminus erschien mir zu früh eingeführt (»Narcizismus«, dieser allerschwierigste); an andrer Stelle schien es mir möglich, daß irgendwann einmal Böswilligkeit T⟨ausk⟩ mit Adler schaden könne; ungerechterweise trotz seiner Hervorhebung der Ichtriebe als Motivirung neben den sexualen (»Selbstachtung«) und der Gegenüberhaltung von Art und Einzelnem. In Wahrheit gewinnt man nicht nur den Eindruck von klassischer Freudlehre, sondern auch den, daß wohl nur selten jemand mit soviel Ehrfurcht und Liebe an die eigentlichen tatsächlichen Funde Freud's herangegangen sei, – an diese noch über alle Theorie in sich kostbaren Funde (wie »Verdichtung«, Verschiebung etc.) die etwas von jenen Ausgrabungen antiker Welt an sich tragen, deren Kostbarkeit auch durch das Torsohafte nicht beeinträchtigen könnte.

Ein dünner, grünäugiger Student, eröffnete eine gute Diskussion. (Ob man verdrängt wegen des Unlustbetonten, oder ob man verdrängen *will* aus dem gleichen Grunde. Vielleicht ließe sich ihm sogar sein Haupteinwand zugeben, »man wolle bewußt«: insofern nämlich, als die verdrängte Vorstellung schon bewußt *gewesen* war.)

Mittwochsgesellschaft (4): Freud versus Swoboda

⟨Mittwoch, 20. November 1912⟩

Mittwoch-Disk.Abd.

Referierabend; Ferenczi aus Budapest dabei; erklärt zur Einleitung sein Programm bezüglich der anstatt Stekels übernommenen Redaktion. Wie er dies tat, war sachlich und sympathisch Ueberhaupt fühle ich mich jedesmal heimischer und wohliger unter allen diesen Menschen um Freud. Geht es von ihm aus, oder von der Art der Arbeit, es ist gut da sein.

Interessant Reitler's kleine Ausführungen über den hölzernen penis-Mann; sie werden gedruckt. Auch die Zimmerzeichnung eines Neurotikers, die Federn herumgab: die belanglosen Gegenstände darin nach Maßgabe ihrer Belanglosigkeit früher erinnert, die wichtigern schwerer und später, bis endlich leere Wandstellen volle Einfallslosigkeit repräsentiren, endlich aber das Bedeutsamste doch zu den allerersten Assoziationen zurückleitet. (Blauer Lampenschirm, »blauer Schmerz«, Madonna mit dem blauen Himmelsgewölbe über der Erdkugel.)

Freud viel und lebhaft gesprochen bei Gelegenheit von Rosenstein's Swoboda-Ausführungen. Freud sagte genau das Gleiche, was ich mir voriges Jahr über ihn und Swob⟨oda⟩ notirt hatte: Swob⟨oda⟩ meine stets wieder nur das manifeste Traummaterial, dies hebe den Widerspruch zwischen beiden Lehren zwar auf, mache die »period.« Traumdeutung, die Konstatierung der 28tägigen und 23tägigen Periode in Träumen, aber auch belangloser.

Ein kleiner Dr Lorenz neu. Hinterher mit Tausk, Weiss, Rosenstein und Dattner, noch bis ½ 2 im Ronachercafé, wobei Dattner und Tausk von hypnotischen Experimenten redeten. Dattner, der mich am ersten Dsk.Abend nach Hause gefahren hatte, aber damals blaue Brillen trug, und sich kolossal vorsichtig über Adler & Freud äußerte, erkannte ich erst garnicht als ihn. Er ist jung, war Jurist, jetzt Mediziner; sehr klug, aber – ist so!

Dritter Besuch bei Alfred Adler: Erkenntnistheoretische Probleme – Psychische und somatische Grundlagen der Neurose

⟨Donnerstag, 21. November 1912⟩

Donerstags-Adler Disk.Abd.

Furtmüller führte aus, daß Freud »auf einzelne Realien als Letztes zurückginge, während Adler auch diese noch zu Kunstgriffen des Psychischen reduzirt habe.« Das stimmt jedoch nicht, denn sieht man schärfer zu, so verflüchtigen die »Realien« sich auch für Adler letzten Endes nur dadurch, daß er erkenntnißtheoretisch sich hinter die Scheinbarkeit allen Geschehens birgt. Da es nun aber nicht auf dieses ankommt, sondern auf die praktische Orientirung in diesen Dingen, so ergiebt sich daraus die erneute Notwendigkeit zu unterscheiden und zu sondern innerhalb der Scheinhaftigkeit solchen Geschehens, d.h. wiederum »psychisches« und »reales« zu setzen, – und da würde eben Freud einsetzen mit der Forderung: das Psychische soweit zu verfolgen als es mit psychischen Mitteln angeht, also bis zu dem Punkt wo uns nur noch somatische Ausdruckszeichen dafür übrig bleiben, und dies sind die sexuell bedingten, in denen wir gleichsam schon eingezeichnet werden in das All selbst, jenseits unsres Ich. Was auch das Spiel der Psyche mit ihnen treiben mag, von diesem Standpunkt des inhaltlich Gegebenen kommt sie doch darüber nicht hinaus, denn vom rein somatischen »Organgefühl« bis zu ihr hin gäbe es keine Brücke.

Dieser Eindruck verstärkte sich mir nur durch den folgenden Vortrag Adler's selbst über Homosexualität (vorwiegend Kasuistisches.) Der Homosexuelle, den er schildert, der imgrunde garkeiner ist, schafft sich seine homos. Fiktion allerdings nicht aus seinen »Realien«, sondern entfernt sich ganz wirklichkeitsfremd von ihnen, wie es der Neurotiker so gern tut: er ist nicht neurotisch weil er homos., sondern er ist homosexuell weil er neurotisch ist & grade dieser Fiktion bedarf. Ein primär triebmäßig Homosexueller wird vielleicht sogar, im Kampf mit seinem höchst realen Trieb, eine ganz andere, entgegengesetzte Fiktion bilden, um sich vor ihm zu »sichern.« Und nur im sogenannten Normalen werden die Realien und die psychischen Intentionen sich wechselwirkend fördernd zu einheitlicher Persönlichkeit gegenseitig aufbauen. –

Stekel erschien im Verein, wurde in den Vorträgen mehrfach citirt. Obgleich ich (diesmal mit Ellen) an ein Nebentischchen mich setzte, kam er doch dazu und interpellirte mich wegen Freud, wir gerieten aneinander. Da ich als Gast Adler's jedoch nicht skandaliren konnte, brachen wir in der Pause auf. Stekel aber auch. Auf der Straße und unter allerhand Zeugen mußte er doch meine Frage, ob er Adler's eben gehörte Ansichten unterschreiben könne, verneinen.

Auch abgesehen von seiner Anwesenheit bei den obwaltenden Umständen, sehe ich ein daß die Adler-Disk.Abende nun für mich ausfallen werden. Gewiß sind sie interessant, doch nicht an Interessantem liegt mir.

⟨Freitag, 22. November 1912⟩

Es ist wie ein ganz anderes Wien durch das ich jetzt gehe, wenn Ellen und ich, unter fast polizeiwidrigem Lachen dieselben Straßen abwandeln die ich von Z⟨emek⟩ aus ging; und doch, sehe ich an den Rathausanlagen die Universität und Votivkirche entlang, wo ich so oft diesen schönsten Blick in der Dämmerstunde auffing, dann schließt sich alles zu einer fröhlichen Lebenseinheit zusammen. Wie Bücher, Bilder, Teppiche von Zemek in mein Pelikangassenzimmer hinübergewandert sind, so suche ich manchen Nachmittag etwas von meinem Jetzt zu ihm zu bringen; oft, wenn ich frei bin, arbeiten wir in der alten Weise, – bis *Toni*, die dann beseligt ist, mit der Jause hereinkommt, und in den schönen Räumen alles so voll Behagen scheint wie einst.

Die »somatischen Grundlagen der Neurosen.« Natürlich giebt es das, aber man weiß tatsächlich nichts davon. Denn es ist so: wo uns unsere ganze innere Erfahrung zu Gebote steht, wissen wir von ihren körperlichen Aequivalenten sehr wenig, wo wiederum die körperlichen Vorgänge sich uns sichtbarlich oder gut kombinirbar ausbreiten, da versagt unsere seelische Begleitschaft dieser Vorgänge. Der Grund ist, wie ich behaupte, durchaus philosophisch zu fassen (und es ist der Grund, warum der berühmte »Parallelismus« sich nicht besser durchführen läßt.)

Nämlich wir verstehen unter »körperlich« einfach *das, was* sich uns seelisch nicht erschließt, was wir nicht ohne weiteres mit unserm Ichwesen identisch fühlen, und deshalb in Distanz davon setzen, d.h. vom Seelischen unterscheiden: von sich aus seelisch nicht erklären können, oder aber körperlich erklären müssen, also als »materiell« setzen, *ist ein und dasselbe.* Demnach: daß die körperlichen Vorgänge als Aequivalente der seelischen uns dunkel bleiben, ist selbstverständlich; wir vermögen nichts anderes zu tun, als jedem Gebiet mit seiner Methode nachzuspüren so weit möglich, denn methodologisch gesprochen, fällt in jedes beider Gebiete alles. Nie und nirgends ist eins auf das andre im Sinn von Ursache und Wirkung zu beziehn, und nur für das Auge eines Gottes wäre ihre Einheit eine angeschaute, und nur für den Blick des Philosophen, nie des Empiristen, ist sie eine, spinozistisch, offenbare; eben durch das Wissen um die Ganzen.

An den Stellen nun aber, wo die beiden Methoden und Welten einander am nächsten stehn, wo wir aufhören, »seelisch« zu interpretiren oder wo wir beginnen müssen es »leiblich« zu tun, da reden wir, gleichsam mit schlechtem Gewissen, unsicher und doppelsinnig von Vorgängen in Gehirn, Nervensystem oder bei Blutdrüsenverhältnissen, – und äußert sich an diesen Stellen eine Störung, Erkrankung, so macht sie sich uns grade durch ein solches Durcheinander von »Leib« und »Seele« bemerkbar, daß wir seelische Leiden körperlich empfinden, körperliche seelisch austragen müssen. Hier auch kommt es dann vor, daß eine psychogen scheinende Erkrankung medicinisch angehbar erscheint oder eine physisch »bedingte« seelischer Beeinflussung weicht. (So wollen die Internisten beim asthma bronchiale toxische Befunde im Blut feststellen, ohne die psych. Behandlung abzulehnen. Umgekehrt: Nasenätzungen gegen Masturbation etc.)

Ist es nicht auch auffallend an uns, daß diejenigen Körperlichkeiten, die wir uns mit den geistigen Aeußerungsweise⟨n⟩ am zusammenhängendsten vorstellen, wie Hirn, Rückenmark, (nervöse Materie) uns am wenigsten klar differenziert erscheinen; breiige Masse, schützend von der Knochenkapsel eingeschlossen, oder ein dünner kleiner Strang ohne sonderliche Unterscheidbarkeiten für unsern Blick. Andrerseits die endlose Wunderwelt aller herausgestalteten, für uns »geistlosen« Physis, von der alle unsere Sinne und Gedanken nicht aufhören zu lernen. (Auch ein Einwand gegen die okkultistischen Leutchen daß: indem sie Psychisches »materialisieren« sie *eben deshalb* nicht Psychisches bieten, aber *auch noch nicht einmal so viel wie Materie.*)

Wir können nichts, als Physikalisches fast personifiziert unserm Verständniß näherbringen, und wiederum das Psychische in Bildern der Außenwelt greifbar machen; das Anorganische in Geistsymbolen verwenden, und für das Geistigste uns in seinem Geschehen illustrieren an Vorgängen der ebenso unbegriffenen Grundstoffe.

⟨Sonntag, 24. November 1912⟩

(Zu Beer⟨-⟩H⟨ofmann⟩ doch immer noch Zeit; er Morgens bei mir. Mit Georg Brandes bei ihm, wo E⟨llen Delp⟩ unwohl wird.⟨)⟩

Tausk-Kursus (III): Verdrängung: Grundlage oder Hindernis des Schöpferischen

⟨Dienstag, 26. November 1912⟩

Tausk-Kurs. III

In der Diskussion der grünäugige Student wieder sehr scharf. Er bemerkt richtig, inwiefern das Vergessen durch Verdrängung immer noch als rein mechanistischer Ablauf zu denken sei, während die »Ersatzvorstellung« bereits eine Intension vorauszusetzen scheine.

Obgleich Tausk ganz merkwürdig elend aussieht, hält er seine Fahne doch gut. In manchen Erörterungen, gelegentlich der Diskussionen, kam er mir *zu* Freudisch-exakt vor; jedenfalls wird man ihm das Gegenteil nie vorwerfen dürfen.

Nach Freud's meisten Schriften erscheint der Kulturmensch imgrunde als ein traurig gezähmter Wilder und seine Sublimation, mit Hilfe der verdrängten Wildheit als wesentlich negativ geartet, – Trieb und Kulturirung als Kontraste wie Innen- und Außenwert. Bei Freud scheint das zusammenzuhängen mit dem Narzißmusbegriff, der zwar Sexual-und-Ichtrieb unterschiedslos umfassen soll, aber schließlich doch so, daß alles was im Ich wirksam wird, wesentlich als sexualfeindlich auftritt, und so das Ende aller Kultur wie ein stetes Dünnerwerden des Triebhaften, eine schauderhafte Verklärung! In Wahrheit bedeutet aber Gesundheit immer den Ausgleich zwischen beidem, Neurose die Störung zwischen beidem, d.h. das Ich das in der Kultur mündet, muß in ihr unmittelbar Formen finden in denen es seine volle Triebkraft los wird. Denn die Kultur steht ihm ja nicht nur *gegenüber*, sondern drückt seine eigne individuelle Weiterentwicklung mit aus (ganz analog wie etwa in der Körperentwicklung die Verdrängung der erogenen Zonen, einerlei ob zunächst durch ein Außenverbot veranlaßt, doch dem Genitale zugute kommt und ihre Lustreize darin conzentrirt). Das was den Narzismus ausmacht und was uns sicherlich lebenslang geheimnißvoll begleitet, muß auch immer wieder das *schöpferische*, d.h. das zugleich natürliche und geistige Ziel jeder menschlichen Entfaltung sein: die *Einheit* von Geschlecht und Ich.

Mittwochsgesellschaft (5): Tausk: Narzissmus und künstlerische Hemmung

⟨Mittwoch, 27. November 1912⟩

Mittwoch-Disk: Abd.

Tausk's Vortrag über künstlerische Hemmungen. Er wird ihn gewiß schriftlich festlegen. Mir blieben aus diesen zwei Analysen (eines Schriftstellers und eines Malers) ein paar Bemerkungen im Gedächtniß haften, von denen aus mir vieles gut erschien was er sagt, aber das meiste blieb mir unnotirt nicht haften.

Ueber Narzismus (»Wo wir eins sind mit unsern Begehrungen«): wie alle Lebenserneuerung, nach Neurosen und auch im Schaffen, immer wieder von dorther stamme. Daß die Neurosen der Künstler (daher vielleicht?) obschon so besonders häufig, doch kleiner seien als die der Nichtschaffenden. Endlich die Beziehungen zwischen Narzismus und Analerotik (in der wir ein Werk von uns, etwas Objektivirtes, als uns selbst begreifen.) Von hier aus zum Vaterkomplex etc.

Freud's Entgegnungen waren viel strenger, als er sich sonst einstellt, und dabei spricht kein Zweiter ihm je seinen Vortrag mit solcher Ehrfurcht in die Augen. Mir scheint von Allen Tausk sowohl am unbedingtesten an Freud zu hängen, als auch am unbedingtesten sich unter den Uebrigen herauszuheben. Vielleicht ist das zu einem beiderseitigen persönlichen Konflikt geeignet. Freud's Entgegnungen hoben hervor:

1) Daß die Schwierigkeiten an so neu aufgefaßtem Stoff zu groß seien um ihn in glattem Vortrag zu behandeln, daß dies Maß von originellen und zusammenfassenden Gedanken anerkennenswert, daß aber vor allem Vertiefung in Detailforschung der Sache nottue.

2.) Die noch immer fortgesetzte Beschimpfung der ganzen Richtung durch die offiziöse Wissenschaft habe den Erfolg, daß man nicht wagen dürfe, sich so rasch in Neuland vorwärts zu bewegen mit so ungedecktem Rücken; immer wieder seien daher Bestätigungen des schon Gefundenen nötig. (Es ist ja wahr, daß dies Letzte wohl der Grund ist, warum Freud, statt einsamer Weiterforschung für sich, eine Schule und Anhängerschaft organisiren mußte. Zweiter Grund zu Konflikt mit selbständigen oder temperamentvollen Köpfen.)

3.) Die noch herrschende Dunkelheit in Bezug auf Sublimationsvorgänge und Definitionen; ob nicht die, von T⟨ausk⟩ erwähnte »teilweise« Sublimation weniger eine Grenze des Sublimirens, als eventuell grade im Künstlerischen eine Bedingung des Erfolgs darstelle. – Freud erscheint hier herrlich undogmatisch seiner eignen Terminologie gegenüber, von ihr ganz unbeschwert in seiner Forschung.

4.) Wie am narzist. Stadium alle Therapie ihre Schranke zu finden scheine und imgrunde nur umrangiren könne innerhalb schon vollzogner Libidobesetzungen; wie aber *bis* zu diesem Punkt hin eine Analyse vorzudringen suchen müsse.

Von seiner Münchener Reise in der Stekel'schen Blatt-Angelegenheit (wegen der das vorige Sonnabendskolleg ausfiel) ist Freud fast zu frisch und befriedigt zurückgekehrt. Sollte die Verständigung mit Jung eine so sichere Sache sein, wie sie sich am Mittwoch offiziell anhörte?

Seitdem sollten wir uns politisch zur Jungsache verhalten, aber tatsächlich ist München schon Bruch gewesen. (Tausk kann garnichts politisch.) Nur Rank *kann* es: zu gut!

Kolleg (V): Zum Analcharakter

〈Sonnabend, 30. November 1912〉

Freud-Kolleg V

Von Mittag bei Jak〈ob〉 Wassermann aus hingefahren.

Freud bemerkt, warum man die Benennung »Wunschtraum« nicht nebenordnen dürfe den Trauminhalten (Geständnissen, Warnungen, Vorsätzen etc.) oder doch nur so, wie man unlogisch »Frauen- und Magenärzte« sagt. Ich meine jedoch, daß das Wort »Wunscherfüllung« selbst schon zu inhaltsvoll klingt und manchmal daher Verwechslungen verursacht; das Wort ist zu stark gefärbt, wie fast die ganze Freud'sche Terminologie, die so stark und ehrlich sofort Farbe bekannte; unter diesem nacht- und sehnsuchtsblauen Wunsch ist streng genommen was wasserhell Farbloseres zu verstehen, unser Ur-Wesen selbst, von dem die wachen Bedenken abgefallen sind und das sich dadurch im Traume schweigend erfüllt.

Als er von »Trotz und Analerotik« sprach, verknüpfte er »den Anal-Charakter als Resultat des Sexualen« zu obenhin mit den Züchtigungen in der Analgegend. Das kann mißverstanden werden. Hiermit hängen die schwierigsten Fragen zusammen, wie überhaupt mit dem Analerotischen. Hier ist die starke Wortfärbung ein Grund, warum seine Erforschung so verpönt bleibt, als kämen die Leute über dies fleckige Gelbbraun nicht mehr hinweg. Wir sind aus Erde gemacht und nehmen von dorther unsern Ursprung auch im Charakterlichen und Sexuellen; doch ist die Erde ja auch dasjenige, worin sich das am schmutzigsten Geschimpfte am feinsten filtert, – feiner als in den technischesten Wasserfiltern, – und woraus allein die klarsten Quellen ihren Weg zu uns sich bahnen. (Ich verstand noch nicht viel davon, als mir schon auffiel, warum *Bjerre* in seiner populären Anweisung der Freud'schen Theorie für seine Patienten, die Analerotik ausläßt. Er hat, als er sich krank wußte, an sich nur Autoanalyse gewagt; an diesem Punkt stieß er auf den, nicht mehr aus eignen Mitteln überwindbaren Widerstand, jenseits dessen erst die Lebensquellen erst wieder ganz rein rauschen und sogar übermütig brausen.) Es ist interessant, daß der allen Menschen in gesundester Weise eigne Ekel – gewissermaßen der einzige »gesunde« und selbstverständliche, – an diesem Punkt liegt, am Punkt des eigentlichen Menschenbeginns (ähnlich wie nach Freud's schöner Auslegung der Macduffsage die Angst, die erste, vorbildliche Angst, im Geburtsvorgang, im Geborenwerden.) Aller Ekel der Neurotiker ist nur ein Vergrößerungsspiegel für diesen primären, und so zeigt auch schon er die tiefsinnige Verbindung des Wertlosen und Wertvollsten, des »Bösen« und »Schlechten« mit dem Besten und Schöpferischen, die alles Menschentum ausmacht. Es giebt Weniges für »ethische« und »aesthetische« Betrachtung, was nicht hier seine letzten Wurzeln aufgraben müßte.

Und es ist auch interessant, daß dieser erste und unabweislichste aller Ekel von vorn herein *von der Sexualität entfernt*. Dies ist ein Problem für sich. Denn wenn der Ekel auch innerhalb des Analen durch Verdrängung (Erziehung) entsteht, so ist er doch etwas, dem alle Sinne einstimmig Recht geben in ihrer *natürlichen* Entwicklung, – und anderseits doch nur der *menschlichen*. Hier eben liegt ein Problem. Es ist als *reifte* die menschl. Normalsexualität erst an diesem Abstand von der Ausscheidung, vom Unorganischen.

Tausk-Kursus (IV): Die Fehlleistungen

⟨Dienstag, 3. Dezember 1912⟩

December. Tausk-Kurs. IV

(Schluß der Fehlhandlungen: nach Vergessen und Irrtum das Versprechen als die geringste unter ihnen, die meistens gleich korrigirte; auch die geringste Dosis Unlust: fast nur eine dem Partner gegenüber, dem man nichts gebeichtet haben möchte; doch auch hier noch das Konfliktuose und Kompromißsuchende deutlich.)

Was diese Vorträge interessant macht, ist eine Doppelbegabung: einerseits der theoretische Kopf, andrerseits ein Eindruck, als wüchsen ihm seine Gedanken, und auch noch die am theoretischest gefaßtesten, durchaus auf lebendigerm als bloßem Gehirnboden, – irgendwo aus dem innersten Temperament heraus. Dementsprechend ist ein Drang, theoretisch zu überzeugen da, der nicht auf ein Belehren ausgeht, sondern eher und mehr auf einen Griff nach Menschen und in die Menschen.

Im Gegensatz zum bloßen Wissenschaftler oder reinen Künstler sollte dies den Psychoanalytiker ausmachen.

Mittwochsgesellschaft (6): Beinahe eine Adler-Debatte

〈Mittwoch, 4. Dezember 1912〉

Mittwoch-Disk.Abd.

Beinahe eine Adler-Debatte. Freud sprach sich lange darüber aus. Anlaß: vom Penisneid, daß er eventuell vorhanden ist, ehe »soziale« Unterschiede und Vergleiche gemacht werden, daher tiefer begründet als in den obern, von Adler allein in Betracht gezogenen Schichten, denen sich alles auf Einer Ebene abzuspielen scheint. »Die Hausmeisterstochter beneide auch früh die besser gekleidete Bankierstochter über ihr, ohne doch davon neurotisch zu werden: viel eher wird es später die Andere. Ebenso habe eine Menge organisch defektes Gesindel durchaus keine Neurose.«

Rosenstein spricht für Adler.

Einigermaßen auch Hitschmann: daß das *Bewußtsein* der Minderw. in den Neurosen überall im Vordergrund stehe, weshalb die Kranken sich durch die Adler'sche Theorie getroffen, erleichtert, verstanden fühlen, (auch bemitleidet: sagte T〈ausk〉) aber diese Behandlung mache somit *vor* den eigentlichen Neurosen Halt, während bei Freud anstatt rascher Befreiungsgefühle im Gegenteil Widerstände bloßgelegt würden. Ad〈ler〉's Buch tue Recht daran, sich mit dem Titel zu begnügen: »D. nervöse Charakter«. In der Tat unterscheiden Fr〈eud〉 und Adl〈er〉 sich in ihrer therap. Methode wie Messer und Salbe. Indem Adler nur das Physiologische und das Logische in Betracht zieht, verzichtet er eo ipso schon darauf, am physiol. begründeten, logisch interpretirten unbewußten Zustand selber Veränderungen vorzunehmen. Z.B. eine Ehrgeizüberkompensirung eines leiblich Minderwertigen, »arrangirt« zur Abwehr des kränkenden Vergleichs mit Andern, wird in diesem »Arrangement« durchschaut, aber daß diese Uebersteigerung des Selbstgefühls in einer gestörten Sexualeinstellung zu den Andern ihre Wurzel haben mag, kann nie bewußt gemacht werden, *weil es selbst schon unter die Arrangements des Bewußtseins fällt*. Dies sich gewaltsam Entfernen von den »Realien«, so charakteristisch für alle Neurotiker, auch nach Adler's Ansicht, haftet insofern seiner eignen Ansicht etwas an. Er will die Realien zu Gleichnissen machen (was der Normale in fruchtbarer Weise fortwährend tut indem er sich an ihnen zu seinem Wesenssinn aufbaut) doch unter der Hand wird ihm der Arrangeur, die betreffende Persönlichkeit zu einer Fiktion ihrer selbst, sie steht nirgends mehr auf sich selbst, sie kann sich auch *mit sich selbst nur noch einlassen wie mit dem* »als ob« ihrer Arrangements. Denn das, woraus sie aufsteigt zum Ich, und aus dessen Unbewußtheiten sie doch ihre breite Wirklichkeit entnimmt als den Untergrund ihrer bewußten Interpretationen, – diese Schicht der eigentlichen Freud'schen Errungenschaften ist darin ignorirt und übersprungen.

Deshalb konnte mich, einige Tage später, Adler in persönlichem Streit, auch nicht überzeugen, obgleich er es geistreich wandte, daß: ⟨»⟩es dasselbe sei, was der Körper mit seinen Organen und das Ich mit seinen logischen Aeußerungen in solchem Fall aussage, und kein Raum dazwischen für die Libidotheorie bliebe.« Ich fühlte als seinen Mangel den Mangel an *Anschauungskraft*.

Wir sprachen uns heiße Köpfe an, endlich durch alle Straßen rennend, und er lief rührend und getreu mit.

Adler schreibt mir über Stekels »Untreue« klagend , was ich heiter finde; schneller konnte die sich nicht dokumentiren. Aber auch über meine, worin er Recht hat. Uns getroffen und zwei

Stunden geredet und gerannt durch alle Straßen. Eigentlich läßt sich ja, was Fr⟨eud⟩ und Adler zu unterscheiden scheint, gut zusammenbringen, insofern Adler's »Minderw.« bereits eine »Urverdrängung«, eine erfahrene Grundzurücksetzung, in sich enthält, und insofern wiederum Freud's Verdrängtes bereits auf psychisirtes Material sozusagen, das schon mal im Bewußtsein angelangt war, zurückgeht. Wenn man dies Material »sexual« nennt, so geschieht es ja grade unter Voraussetzung seiner Unterscheidung von »geistig«: beides gehört zueinander um sich als zweierlei überhaupt abzuheben. Andrerseits: wenn Adler den Ichprotest betont, so erwächst ihm dieser ja erst aus der Abhebung vom dumpf gegebenen Allzusammenhang, also dem Sexualen in irgendeinem Sinn. Dessen Kriterium ist es eben, daß es sich gleicherweise von beiden Seiten her schildern läßt, vom Geistigen wie vom Körperlichen aus, und sich hier alle Störungen und Neurosen kreuzen müssen: wie im Durchschnittspunkt, einem Gleichniß des Ganzen. Aber nur Freud hat dafür das Wort »Kompromiß« gefunden, nur er ist der Doppelnatur dieses Vorgangs gerecht geworden, – ganz gleich ob er ihn, (besonders Anfangs, weil für Hysterie) vorwiegend sexual betonte. Nur er hat dadurch jenes Zwischengebiet der unbewußten Seelenarbeit aufgedeckt, Raum gemacht für die positiven Mechanismen die dort ablaufen: und nur darauf kommt es an. Denn über die bloße Krankheitserläuterung hinaus kommt es drauf an: vom Krankhaften dorthin verwiesen, ahnen wir nur von dorther auch den Weg in das Mysterium der normalen Unbewußtheit, worin Sexualität und Ich noch narcistisch gebunden ruhen und wo unser wahres Menschenrätsel anhebt. Für Adler kann es, streng genommen, keines geben: sein Ich steht nur dem eignen Spiel, keinem Rätsel gegenüber.

Im Swoboda-Kolleg: Männlich-Weibliche Periodizität

⟨Sonnabend, 7. Dezember 1912⟩

Im Swoboda-Kolleg

eingeladen ein paar Mal drin gewesen. Es geht aber nicht über den Inhalt der mir gut bekannten Schriften hinaus und ist geistreich im gleichen Sinn: vielleicht ist es das *zu* sehr; der Wille zum Geistreichen führt nie bis zum Letzten einer Einsicht, das tut nur der Wille zum Simplen.

Von den Periodicitätsgesetzen könnte man vielleicht sagen: sie werden sich am Normalen am ehesten aufzeigen lassen, dem pathologischen am ehesten fehlen. Das Unbewußte als Verdrängtes ist ja gleichsam bewußtseinsverklemmt, deshalb einerseits *immer da*, wenn auch nur schief, halb und störend, anderseits *nie* rhytmisch auf- und absteigend im Vollausdruck da. So ließen sich Freud und Swoboda wohl vereint denken, – oder: Freud und *Fliess*.

Die Bemühung das M⟨ännliche⟩ und W⟨eibliche⟩ *Weininger*'s speziell zu definiren kommt mir fruchtlos vor: *was* eine Vermählung der Gegensätze eingehn kann (zu Kind oder Werk) *ist* M. W., alles übrige sind eben die Zwischenstadien die zu Sw⟨oboda⟩'s »turbulent receptivem Zwiespältigen« führen.

Mir scheint es so: grade weil M. und W. Grundbestandteile *alles* Lebens sind, machen sie, von irgend einem Punkt an, Mann wie Weib beiderseitig aus. Der vielgenannte »Geschlechterkampf« der Liebe kommt zum Teil nur daher daß man die prinzipiellen Geschlechtsbegriffe mit den lebendigen Menschen verwechselt. Nämlich grade im Lieben, d.h. während der zugespitztesten Geschlechtseinseitigkeit, wo das Weib erst recht Weib, der Mann erst recht Mann zu werden scheint, erwacht am Gegengeschlecht gleichsam diese Erinnerung an das eigne Doppelwesen, – infolge des tiefen Eingehens, Verstehens, Umfangens des Andern. Wir werden in der Liebe, Hingabe, ja uns selber geschenkt, wir werden uns in ihr präsenter, umfänglicher, mit uns selbst vermählter, als zuvor, und nichts anders als dies ist ihre echte Wirkung, ihre Lebens- und Freudenwirkung. Das gilt dadurch auch für die *zweite* Seite unseres Wesens, die sonst zu verkümmern oder als unberechtigt im Daseinskampf unterdrückt zu werden pflegt; indem wir uns geben, erhalten wir uns *ganz*: im Bilde des Geliebten: scheinbar bescheiden!

Ich habe gefunden, daß überhaupt jede tiefere oder menschlich wertvolle Beziehung *diesen* Charakter hat, und daß eine ungeheure Banalität dazu gehört nur die Geschlechtereinseitigkeiten zu bemerken, nach denen allerdings stets Kampf das letzte Wort bliebe: das Besiegen des einen durch den andern. Dadurch prägen sich Menschen zu so entsetzlichen »Hälften« aus, zu unsensitiven Männern denen ihre eigne Herrschaft nicht einmal ein Erlebniß ist, und zu den zertrampelten Frauen, die manchmal zu ihrer Verwunderung als Wittwen erst aufblühen, d.h. dasjenige erst werden was einem Manne hätte Zuflucht und Zauber sein können. Nur bei doppelter Wesenswechselwirkung zwischen männlich und weiblich sind zwei Menschen *mehr* als einer, und sind sie nicht mehr aufeinander als *Ziel* gerichtet (wie die armen Hälften die sich zu einem Ganzen zusammenkleben müssen) sondern gemeinsam auf ein Menschenziel draußen. Nur da sind Liebe und Schaffen, Naturerfüllung und Kulturdienst nicht Gegensätze, sondern eins.

In Leuten die dem Erotischen abhold sind, entwickelt sich deshalb wohl auch trotzdem das Gegengeschlecht, nur in verzerrten Formen: im weibisch hantirenden Mann, der emanzipirten Frau.

Im Fliess las ich irgendwo, weiß aber nicht ob es stimmt denn er wird manchmal phantastisch: »Reife« von Ei und Samen heiße eigentlich ein Vorgang, wonach im Richtungskörper (nach *Ed. v. Beneden*) weibliche Substanz aus dem Samen, männliche aus dem Ei zurückbleibe, und das Abgewanderte damit befähige sich am Gegengeschlecht zu ergänzen. So würde die geschlechtliche Anziehung tatsächlich die Sehnsucht nach uns selber sein, verschoben auf das Bild des Partners. Psychisch ist es gewißlich so, und was dem Partner allein gebührt ist der *Dank*.

Besuch bei Freud (1): Erkenntnistheoretische Probleme

⟨Sonntag, 8. Dezember 1912⟩

Besuch bei Freud am Sonntag Nachmittag; sehr schön für mich, weil wir uns über alles auseinandersetzen konnten, worin ich abzuweichen glaubte und worin wir doch viel einiger sind als es schien. Es ist so ganz anders, Fr⟨eud⟩ denken und arbeiten zu sehn, als ihn nur zu lesen, obwohl seine Bücher seine Persönlichkeit klar enthalten. Wir sprachen auch über das Kolleg (VI) vom vorigen Tage, und er gab mir zu, daß manches darin etwas vergröbert für die Menge zugerichtet gewesen sei. So, wo er, bei Gelegenheit des Falles der Matrone von quantitativ vermehrte⟨r⟩ Libido spricht, ohne die andern Faktoren die an deren Nichtbewältigung mitschuld waren, wie soz. Zurücksetzung, Kränkung des Selbstgefühls etc. zu erwähnen: trotzdem sie sogar bei einem verringerten Quantum Libido die Niederlage hätten bewirken können. (Weshalb mir auch Tausk's Interpellation auf der Treppe richtig erschienen war, als er statt dessen von Qualitätsänderungen wissen wollte.) Ich bin auch nicht überzeugt, ob solche »Vergröberungen« nicht sehr gefährlich sind. Abgesehen davon noch, daß sie Adler, als ein »Todtschweigen der Ichtriebe, Machttriebe«, einen Schein von Recht geben könnten. Vor allem deshalb weil der wissenschaftliche Einwand hier Recht bekäme: daß der ganze Unterschied zwischen Natur-und-Geisteswissenschaft, etwa wie zwischen Chemie und Psychologie sich hier klaffend auftut, wo es sich um den Unterschied zwischen quantitativ meßbaren und unmeßbaren, d.h. nur qualitativ zu charakterisirenden Dingen handelt. Diese Verschiedenheit ist so groß, daß sie ja notwendig auf die Methode übergreifen muß. Mit andern Worten: die, gleichsam physikalische, Methode, angewandt auf Psychologisches, darf keinen Augenblick vergessen, wie ganz sie mit bloßen Analogien arbeitet. Aendern kann sie das nicht, der mechanistisch logischen Erklärung unterliegt schlechthin alles, was beansprucht sich wissenschaftlich darzutun, doch das Uneigentliche *aller* Geisteswissenschaft muß bewußt bleiben. Nirgends aber kann das auch besser geschehn, als grade innerhalb der Freud'schen Forschung, denn während z.B. schon Physiologie oder die von ihr beeinflußte Psychophysik sehr leicht übersieht, wie viel Unwissenschaftliches sich bereits mit dem Lebensbegriff selber in sie einschleicht, ist Freud's »Ubw.« wie nichts anders geeignet daran zu erinnern, daß mit Hebeln und Retorten ihm nicht beizukommen ist. Ist doch der Umstand an sich, weshalb wir es nur im Pathologischen erhaschen können, schon der Beweis für seine Ungeteiltheit, Einheitlichkeit, die nicht einmal in unsere lebendigsten individuellen Betätigungen faßbar eingeht. Aus diesem Grunde grade kann Fr⟨eud⟩ auf alle Spekulation so ganz verzichten, und sich so ganz an die praktischen Funde halten: aus diesem Grunde sind sie herausgehoben aus dem Streit der Meinungen, und wäre es selbst der Wechsel seiner eignen Meinungen. Was von aller Geisteswissenschaft gilt, das gilt hier im höchsten und entscheidenden Grade: daß wir nur *wissen*, was wir erleben.

Gespräche mit Tausk: Über Alkoholismus und Homosexualität

⟨Dienstag, 10. Dezember 1912⟩

Gespräche mit T⟨ausk⟩; neulich über den Alkoholikertyp: daß er homosexuell eingestellt sei, typisch Nicht-Onanist, typisch primitiv, explosiv und *akut* erregt dem Weibe gegenüber, – in alledem analog zu fassen derjenigen Menschenart, die selbstliebend- und -behauptend, wenig objekttreu und sexuell wenig bedürftig sei: nur daß hier eine Giftwirkung hervorrufe, was sich dort normal ergäbe. Dazu läßt sich überlegen, daß der Alkohol an sich das Selbstgefühl steigere und durch beseitigte Hemmungen allerlei Depression aufhebe (weshalb ja vielleicht bei Atrophie oder Entfernung von Schilddrüse so viel Alkohol anstandslos vertragen wird, bei Hypertrophie dieses stimulirend sezernirenden Organs Intoleranz gegen Alkohol eintritt). Dann würde der Alkohol einfach gesucht, um denjenigen

Zustand künstlich zu erreichen, den der gesunde auf sich beruhende Mensch im natürlichen Zustande seiner selbst ungefähr besitzt. Und die Frage ließe sich aufwerfen, ob die Homosexualität des Alkoholikers nicht oft etwas anders sei als die echte Homosexualität, nämlich weniger ein Nichtgeschmack am Weibe als ein Geschmackfindenwollen an sich und ein sich Stärken deshalb an Seinesgleichen (zwischen Narz. und Homos.). Tatsächlich aggredirt er ja auch das Weib. Nicht ganz selten könnte Homosexualität eine solche halb scheinbare sein, d.h. nicht so sehr in sexuellen Eigentümlichkeiten als innerhalb des Ichgebiets begründet, – z.B. sollte das nicht auch denkbar sein bei Zwangsneurose mit ihrem Zweifelcharakter, von der Freud sagt: (Bemerk. über einen Fall v. Zwangsneurose) »Das Charakteristische dieser Neurose, das, was sie von der Hysterie unterscheidet ist, meines Erachtens, nicht im Triebleben, sondern in den psychologischen Verhältnissen zu suchen.«

Und diese psych. Verhältnisse könnten sehr leicht dazu führen, ursprünglich masochistisch eingestellt zu werden, und, in der erstrebten Correktur solchen garnicht triebmäßig intendirten Charakters, als Mann den Mann zu suchen, während die Sexualität im physiologischen Sinn dem Weibe gegenüber intakt bleibt.

Mittwochsgesellschaft (7): Psychoanalyse und Philosophie

⟨Mittwoch, 11. Dezember 1912⟩

Mittwoch-Disk.Abd.

Der Winterstein-Vortrag wurde übermäßig gelobt, – sogar mit einem Bravoklatschen quittirt, – eigentlich nur weil er hier Keinem in's Handwerk pfuschte, was die Vorträge einander gewöhnlich tun, und zwar bis zu völliger Verwirrung der Prioritätsfrage, weil Alle in denselben Füllkorb greifen.

Einzelne sehr gute Stellen: z.B. inwiefern die Libido sich ursprünglich auf alles und jedes erstreckte, während man dann auf Kosten von allem sie an einzelnen Personen steigert (zum eigentlichen Liebesbegriff) so daß dadurch verschiedenes damals Tatbestand war, was uns jetzt nur noch Symbol scheint.

Freud beim Schlußwort: er bemerkt daß man das Bewußtsein vielleicht – im Vergleich mit den Sinnestätigkeiten im Verhältniß zur Außenwelt – sich verdeutlichen könnte als dasjenige, was aus deren quantitativen Errungenschaften Qualitäten schaffe.

Charakteristisch war seine zweite Bemerkung, die mich freute: daß, wenn er sich schon zu was bekennen müsse, er am wenigsten dagegen habe, philosophisch festgelegt zu werden auf einen gewissen Dualismus.

Wer, wie Freud, die Philosophie aus seinem Gebiet ausmertzt, erweist sich als philosophischer Kopf durch Ablehnung des Monistengeschwätzes und durch Inanspruchnahme der ganzen Breite und Tiefe der, sich dualistisch darstellenden empirischen Möglichkeiten.

Wintersteins Gesichtspunkt war wesentlich der, als Aufgabe der Psychoanalyse an der Philosophie aufzuzeigen, wie die Systeme aus der psychoanalytisch zu erschließenden Wesenheit ihrer Urheber sich ergeben. Man kann dies gelten lassen. Doch kann man noch folgendes hinzufügen:

Dies: etwas aus der Persönlichkeit sich ergeben lassen und damit im objektiven Wahrheitswert zugleich beschränken, bedeutet heute doch schon etwas anders als vor etlichen Jahrzehnten, wo man damit der metaphysisch anspruchsvollen Wahrheitsarroganz entgegenarbeitete. Das Persönliche, das jetzt als so maßgebender Faktor auch noch im abstraktesten Denken erkannt wird, ist seitdem an sich selber, wenn auch nicht entpersönlicht, so doch gewissermaßen schulterbreiter geworden, tragfähiger für etwas objektiver zusammenzufassende Wahrheitslasten. Es ist zur Art und Weise geworden, wie die Dinge nicht nur erkannt – subjektiv scheinbar »erkannt«, – sondern wie sie darin tatsächlich geschmeckt erfahren, vollzogen, d.h. zum Leben selber geschaffen werden, – wir bekommen eine Ahnung, daß diese *Wertung*, scheinbar rein persönliche Abschätzung, der Wahrheit nicht ganz so entfernt liegt, wie wir es zur Zeit der

Ueberschätzung des Logischen annahmen; und wie schon zum Vorstellen und logischen Erfassen, etwas Affektives, Auswählendes, Aufmerksamkeit Einstellendes, notwendig ist, so beginnen auch umgekehrt Werte, letzte, persönlich erfaßbare Lebenswerte uns Erkenntnisse des Seins zu erschließen.

In keinem Zeitalter so sehr, als in dem der Psychoanalyse, müßte dieses sich als Einsicht völlig durchringen. Denn niemals so wie jetzt, fühlen wir unser Erkennen so abhängig von dem was wir sind, und unser Sein so aus den engstpersönlichen Schranken gelöst in eine tiefe Weite hinter uns die mit dem Leben selber eins wird ununterscheidbar von uns selbst. Das alte philosophische: »Erkenne Dich selbst!« ist nicht mehr nur eine Frage des Ethikers, sondern die des Lebens, und fragt nicht mehr nach der Erkenntniß des Soll sondern des Sein.

Südslawische Balladen

⟨Donnerstag, 12. Dezember 1912⟩

Südslawische Balladen

T⟨ausk⟩ brachte sie mir in seiner Uebersetzung. Das ist die Poesie, von der Goethe zu Eckermann gesagt hat, es sei die schönste die er kenne. (Oder so ähnlich.) Es ist aber noch nicht genug, zu sagen, es sei schön: es macht direkt glücklich. Man reagirt weniger mit Urteil als mit Jauchzen.

Warum an diesen Menschen auch das Brutale und Grausame – als passend zu ihren Dimensionen, – hinreißt, das liegt nicht an Nietzsche'sche⟨m⟩ Entzücken an der »blonden Bestie«, an der primitiven Urkraft, vielmehr daran, daß diese Urkraft bereits sehr wohl bewußt ist, von Rangordnungen, Hemmungen, »Sünden« weiß, aber daß sie prometheïsch »sündigt.« (Naïves Handeln, im Sinn des undomesticirten Tiers, giebt es auch bei den »Wilden«, diesen ganz in religiöses Ceremoniell eingespannten Menschen nicht.) Die Uebergriffe, Auflehnungen erfolgen grade in der Annahme weit positiverer und unmittelbarerer Consequencen, als etwa unsere fernliegenden Höllenstrafen in Aussicht stellen, oder als die zwar näher liegenden, aber etwas platonischern Gewissensbisse, denn sofern für ihn die Sünde etwas Wirkliches ist, hängt mit dem wirklichen Weltgeschehen noch zusammen und rächt sich also selbst. Der Sündigende ist damit stets zugleich ein Heros, indem er sich ihr überliefert, – er bezahlt, er opfert, er weiß etwas von der Exstase, dieser Begleiterin der höchstgearteten Taten und Opfer.

Und hierdurch müssen diese Menschen ganz andres stehen zur Verdrängung. Was sich unmittelbar rächt, *kann gewissermaßen garnicht erst verdrängt werden* sondern bleibt im Zusammenhang des täglichen Naturablaufs: man bleibt wohl oder übel dadurch identisch mit sich. Auch Feigheit erwächst ja erst, wo Schlupfwinkel sind, – und es wird von Tieren weiter Ebenen angenommen, daß sie Tatenmut und Lebensmut besser entwickeln als die des bergenden Waldes.

Dabei kommt mir auch immer das Problem wieder, von dem ich finde, daß es in der Psych.An. nie erörtert wird. Nämlich daß, wenn verdrängte und verklemmte Stücke bewußt gelöst sind, es zum normalen Prozeß gehören muß, daß sie wieder zurücksinken in das Unbewußte, um nun grade erst voll wirksam zu werden durch ihre befreite Wesenskraft. So, wie ekelhaft faulende oder staubig abdorrende Pflanzen noch einmal wirksam werden, dem Boden zurückgegeben zum Dung, ohne den dieser bald müde und unfruchtbar werden müßte. Man stellt sich zu ausschließlich die normale Seele als das hellklare Wasserglas mit schön abgeschnittenen und geordneten Blumen vor, und vergißt die schwarze Erde worin allein ihre Wurzeln gedeihen, so daß der Zukunftsmensch fast »keimfrei« an Unbewußtheit erscheint, und so unfruchtbar an Seele und Leib wie nur möglich. Deshalb versenkt man sich mit soviel Genuß in große volkstümliche Poesie, weil sie nichts Sterilisirtes bringt, sondern unbekümmert alles woraus wir Menschen leben und weben und sind.

Die volkstümlichen Dichter haben auch immer Recht mit ihrer Schwarz-weiß-Verteilung der Eigenschaften, über die unsere

»psychologisch geschulten« Dichter längst hinaus sind. Die ursprünglichere Poesie giebt sich eben mit ihrem persönlichen Temperament an die Erscheinungen und deren Wirkungen aus, sie paktirt noch nicht mit der Wissenschaft die davon gerecht abstrahiren lernte. Dabei entspricht grade die volkstümlichere Denkart insofern der psychoanalytischen Einstellung insofern, als diese ebenfalls auf Typisierungen zurückgeht und in ihnen auf grundlegende Gegensätze: nur nicht aus Affekt- oder Moralurteil sondern umgekehrt aus möglichster Reinigung davon durch Ableitung des Individuellen aus objektiven Zusammenhängen, während das volksliche Denken ohne begreifende Auflösung bei seinen Vereinfachungen des subjektiv Wahrgenommenen stehen läßt.

Nun ließe sich aber noch weiter sagen: was in der Psychoanalyse in seinen Determinationen bloßgelegt wird, ist damit auch nur an seinem einen Strang bloßgelegt, nicht dem ganzen Gefüge nach, sondern nur mit dessen Seite und Richtung nach uns hin (etwa unserer Lebensgeschichte etc.) Insofern dies alles ein Stück des Allgeschehens darstellt, d.h. überhaupt nur ist, weil es zugleich ein Geschehen und Sein von der andern (unserer Subjektivität abgekehrten) Seite ist, sind wir darin auch noch ganz anders aufgenommen, damit verwurzelt, davon umblüht, als die paar Determinationen von uns aus erkennen lassen. Grade das Ubw. hat uns ja gelehrt, wie viel mehr wir *»sind«* als *»wir«* sind, und schließlich hört an dessen tiefern Grenzen nicht bloß das Affekturteil sondern mit dem letzten Affekt auch das Sachurteil auf. Und an diesem Punkt ist es denkbar, daß der ganz naïv gesinnte, ursprüngliche Mensch noch mehr leistet als »begreifenden Zusammenhang«, indem er sich selber so ganz unwillkührlich und ohne persönliche Prätensionen in das Geschehen *in* ihm und *um* ihn (in das reagierende und das bedingende) hineinstellt als in das große Einunddasselbe. Dann kann er momentweise *sehr* groß wirken und denken. Und etwas davon ist es wohl auch, was in diesen südslavischen Balladen bei den »Sündentaten« so stark berührt: ein Tun, das sich als das Sein selber empfindet, keine Rechtfertigung oder Ausnahmestellung verlangend, einfach bejahend, was, zugleich mit seiner Tat, auch die ewige Wirklichkeit des Geschehens ausmacht, – gleichviel ob es in den Folgen dieses Getanhabens Vernichtung sei.

Im Ambulatorium mit Tausk täglich, (durch die Liebenswürd. vom FranklHochwart der uns bis 1 analysieren läßt.⟨)⟩

Spinoza: Der Philosoph der Psychoanalyse

⟨Freitag, 13. Dezember 1912⟩

Spinoza

Man findet gewiß nicht selten den Ausdruck für sein Inwendigstes, Eigentlichstes in frühen Jahren schon, und so ist der Spinoza, den T⟨ausk⟩ 1907 niedergeschrieben hat. Es ist auch bezeichnend, daß er ihn vorher nicht in toto kannte oder las: grade von Spinoza gilt es, daß einige Seiten von ihm kennen lehren ob man zu ihm gehört, während große interpretirende Werke über ihn aus den gelehrtesten Mißverständnissen heraus geschrieben sind. Denn denken wie er, heißt nicht ein System annehmen, sondern – »denken« –.

Uebrigens ist das Wort »Repräsentanz« was in den Mittwoch-Abenden mir zuerst als ein Tausk'sches auftauchte, ganz charakteristisch für seine innere Zugehörigkeit zum Spinoza. Denn eben dies: die leiblichen und geistigen Aeußerungen als Repräsentanzien voneinander aufzufassen, das muß nur bis zu Ende gedacht sein, um Spinoza bereits zu haben. Das ist etwas anders als der systematische Parallelismus, dessen letzte Weisheit in den »Hirnlokalisationen« und ähnlichem bestehn: es ist die wache innere Anschauung von der Ganzheit und Gegenwart zweier Welten für *uns*, die einander nirgends ausschließen, nirgends bedingen, weil sie eine sind. Es ist das philosophische Weiterschreiten über Freud hinaus, der für die eine der beiden Welten, die psychologisch erfaßbare, ihre eigne, bis zu Ende geführte Methode errungen hat, die der andern stets gehörte.

In der Psychoanalyse ist etwas grundlegend, was allem Spinozismus äußerst stark entgegenkommt: der Begriff der Ueberdetermination. Diese Einsicht, jegliches sei psychisch überdeterminirt, ja *müsse* es sein, wenn man es nur weit genug verfolgt, hebt über den gewöhnlichen logischen Determinationsbegriff weit hinaus, zerreißt seine einseitige Kettengliedlinie, und macht aus ihm schließlich eine Allwechselwirkung. Die Wechselwirkung von allem mit allem muß aber nur bis in ihre letzten Konsequenzen aufgenommen sein, um das zu haben, wodurch man beim Spinoza aus der empirischen Bewegung in die Ewigkeitsruhe seiner Philosophie kommt, in diese erhabene Ruhe welche zugleich die leidenschaftlichste Hingerissenheit bedeutet, wie sie vielleicht nie ein Denker in solchem Maße besaß außer Dieser als er »Natur« und »Gott« im gleichen Sinne stammelte, und doch weder das Natürliche dadurch verübernatürlichte noch auch den Namen seines Gottes zu den Dingen herabzog.

Mir aber ist es schön, daß der Einzige, zu dem ich schon eine ahnende und fast anbetende innere Beziehung fast als Kind besaß, mir hier wiederbegegnet, und daß er der Philosoph der Psychoanalyse ist. Wo man in irgend einem Punkt lange genug richtig weiterdenkt, stößt man auf ihn; man begegnet ihm wie er wartend und bereit immer am Wege steht.

Kolleg (VII): Der primäre Lustgewinn in der Neurose. Suggestion versus Bewusstmachung. Zur Übertragung

⟨Sonnabend, 14. Dezember 1912⟩

Freud-Kolleg VII

Das letzte vor den Weihnachtsferien, – zu seiner Erleichterung, – er verspricht sich sogar und sagt: vor Semesterschluß.

Ueber Neurosentherapie; daß sie gelungen ist, *wenn der Lustgewinn der Neurose überflüssig geworden ist.* (Man denkt sich unwillkührlich dazu Folgendes: daß Neurose auf Lustgewinn basirt, kommt, weil sie sich psychisch äußert; körperliche Erkrankungen fühlen wir durchaus als auf Kosten von uns selbst vor sich gehen, sie kommen gleichsam nur irgendwelchen Tumoren oder Verkalkungen zugute, nicht uns; dagegen auch noch die verrücktesten, verrenktesten, real unbrauchbarsten psychischen Neu- und Umbildungen sind doch immer noch Durchsetzungen unseres Selbst, – für welche daher der Heilungsversuch zunächst Niederlage und Depression bedeuten muß. Sogar noch das kränkste seelische Leben ist noch so sehr »Leben« in seinem ganzen Wundersinn, daß man es nicht gewaltsam, d.h. von außen, in seinem Inwendigen berühren kann ohne es scheinbar zunächst zu schädigen, zu verkürzen ⟨)⟩ Von der Uebertragung. Daß sie nicht im bloßen Sinn der Suggestion wirken dürfe, weil diese ihre Grenze finde an der ambivalenten neurotischen Einstellung: deshalb ist die psychoanalytische Bewußtmachung und Mitteilung notwendig, welche mit Hilfe der Uebertragung die Widerstände lockert; andrerseits nützt die Bewußtmachung allein nicht, weil ihre affektive Verwertbarkeit nur vermöge von Uebertragung, Gläubigkeit, gelingt. – Freud übersetzt hier »Uebertragung« nur mit »Respekt, Zuneigung«, auch wo er das Uebertragen auf ein Vaterobjekt meint; er erwähnt ihre sexuelle Wurzel nicht, die Bjerre so stark chokirte aus guten Gründen seiner Neurose!, daß er die ganze Uebertragungstheorie ablehnte. Mir scheint es so: daß die sexuelle Wurzel, die alle Sympathie hat, im Fall des Neurotikers ganz speziell sexuell gefärbte Blüten treiben wird, weil er auf das Infantile regrediert, und schließlich damit immer bis dahin wo die psych. Wurzeln auf den Boden der Physis aufstoßen.

Freud's Auffassung der Abhängigkeit des Intellektuellen vom Affektiven, könnte man sich so weiterdenken, daß alles was wir Genialität nennen, dadurch entbunden wird daß affektive Widerstände fallen. Der ganz banale Mensch hätte keine zu überwinden, der Neurotiker wär außerstande dazu, dem schaffenden Menschen hingegen resultirt eben hieraus sein Schaffen, daß die gewohnten Arbeitsweisen des Geistes durch Lockerung ihrer Struktur zu immer neuen gesteigert werden (siehe Bjerre »der geniale Wahnsinn«.) Wie alle Krankheit sich ihrer Genesung entgegenstrecken soll, so sollte alle Gesundheit sich diesem Risiko der Selbstlockerung und -Wandlung zuversichtlich hinhalten, denn die Schranken und Mauern stellen unsere innerste Lebendigkeit nicht weniger in Frage als die Abgründe, und versteinern ist nicht minder ein Tod wie zerbrechen. Aber anstelle des Schmerzes, der Not, die den Neurotiker zur Genesung antreiben können, hält den Gesunden seine Schmerzscheu, sein »armseliges Behagen« zurück, – und doch ist alles Leben durchaus nur lebendig, wo es nicht Behagen, sondern Zeugung, das heißt eine Synthese von Schmerz und Glück, Not und Wonne ist.

Analysen: Entfremdungsgefühle in der analytischen Beziehung. Widerstand und narzisstisches Ganzheitserleben

〈Montag, 16. Dezember 1912〉

Analysen

sind im kleinen Maßstab im Neurol. Ambulatorium von Frankl v. Hochwart möglich, wo ich mit T〈ausk〉 Vormittags hingehe, was mir außerordentlich gefällt. (Von 9–1 im weißen Arztkittel). T〈ausk〉 sagt übrigens (wie außer ihm nur noch Gebsattel) daß Analysenbehandlung dem betreffenden Menschen entfremde (während die Meisten dabei die Leichtigkeit sex. Gegenübertragung betonen), und daß außerdem die Bruchstückarbeit dem individuellen Ueberblick nicht förderlich sei. Natürlich liegt das großenteils an zwei Ursachen: einmal, insofern der Schnitt eines Chirurgen in ein Antlitz dessen Schönheit nicht grade guttut, und dann, daß bei Entblößung der darunter liegenden Schichten der persönliche Ausdruck sich überhaupt über dem gemeinsamen, typischen verliert, denn wir haben, wie Eine Anatomie, so auch ein gemeinsames Unbewußtes. (Das weckt *auch*, nur andres, Sympathie.) Aber ich glaube, daß noch ein Drittes dabei mitwirkt, und daß dies in der Handhabung der Methode selber liegt. Nämlich in dem (nicht zu ändernden) Widerspruch, eine Methode die den Wissenschaften entnommen ist, – dem logisch Zergliedernden wodurch wir uns der Welt außer uns bemächtigen, – anzuwenden auf die unmittelbaren Lebenserscheinungen unseres Inwendigsten. Denn es handelt sich dabei ja nicht um eine äußerliche Betrachtungsweise des Psychischen, um »Psychologie« gewissermaßen, sondern um seine Durchwühlung und Konstatirung gleichsam bei »lebendigem Leibe«, in der Spontaneïtät des Ablaufs, – wobei der Analysirte Mithelfer ist, und auch er nicht so sehr als Erkennender allein, sondern mit seiner *Tat*, mithandelnd. Deshalb ist es schon an sich ein fraglos künstlicher Ausdruck, von »Determination« zu reden, wo es das Leben so sehr in der Bedeutsamkeit seiner Totalität gilt, die stets nur als Einheit sich selbst erleben kann, und hier einer nicht gemäßen Abwicklungsmethode sich unterzieht, – auseinandergenommen zu einer Kette von Einzelgliedern deren jedes verleugnen muß wie sehr es, im Moment seiner Lebendigkeit selbst, das ist, was Nietzsche so bezeichnend nannte: »die ganze Linie Mensch bis zu ihm selbst hin noch.«

Neben allen Widerständen die sich aus dem Inhalt des zu Analysirenden ergeben, aus den kranken Stücken die sich nicht lösen lassen mögen, muß es deshalb noch einen andern, besondern Widerstand geben, rein um der Form, der Ganzheitsform des Menscheninnern willen. Möglicherweise würde er im Gesunden am stärksten sein, und die stärkste Uebertragung verlangen, weil man sich in solchem Augenblick nur in die intakte Ganzheit des Andern wie in eine trostvolle Garantie retten kann.

Der große Gewinn, das psychische Leben in seinen eignen Erklärungen zu belauschen, anstatt in Vermischung mit den ihm wesensfremden halb oder völlig physiologischen, hat naturgemäß seine Grenze im Umstand, daß wir die Resultate zugleich zum Gewinn machen müssen unsrer logisch gerichteten, an der Außenbetrachtung der Welt geschulten Anschauungsweise. Und das ist auch der Grund, warum der von uns analysirend zugerichtete Mensch uns nicht sympathischer nahe tritt als zuvor, sondern sich uns gewissermaßen neu verhüllt. Könnte die Methode anders sein, wie sie es natürlich leider nicht kann, – d.h. kämen wir ihm in seiner Totalität so nahe, wie wir es seinen Bruchstücken tun, dann würden wir nicht auf die Monotonie weniger typischer Grundmotive stoßen, wo die Analyse ihr Ende in der Tiefe seiner Unbewußtheit erreicht, sondern wir würden, noch jenseits davon, in das stumme feierliche Wunder einer Welt versinken die auch die unsere ist, – unerschöpflich erscheinend grade wegen dieser Gemeinsamkeit. Nicht das schuldvoll Kranke, das besten Falles wieder zum praktisch Genesenen gemacht wird, sondern das unschuldsvoll Allhafte würde die letzte Nachwirkung bleiben, und einen weißstrahlenden Mantel (den des Narzistischen) um die entblößte dürftige Nacktheit der allzumenschlichen Struktur schlagen. Wo von unserm persönlichen Schicksal so viele Bemäntelungen abgerissen, fälschlich idealisirte Sachverhalte zerstört werden, da müßte man miteinander weit genug gehen können um dort zu landen wo der Einzelmensch sich ruhig verkleinert und in seinen lächerlichen Ambitionen durchschaut sehen kann, weil er zugleich zurückerhoben ist in seine Heimat sozusagen, in seinen Totalwert, der davon unberührt bleibt, und von dem aus über alles menschliche Getriebe überhaupt nur das eine Urteil Gültigkeit haben kann: »sie wissen nicht, was sie tun.«

[Tausk sagte neulich von der fast ausschließlichen Betätigung von Juden am Fortgang der Psychoanalyse, es sei verständlich, daß an uralten, zerfallenden Palästen durch Mauerschäden die innere Struktur sichtbarer würde und zu Einsichten auffordere, die an schönen neuen Häusern mit glatten Fassaden verdeckt bleiben, weshalb diese nur auf Farbe und Linie betrachtet werden.]

Weihnachten: Über Tausk

〈Dienstag, 24. Dezember 1912〉

Weihnachten

mit Ellen bei BeerHofmann verbracht, vorher ein paar Tage mit ihm und *Fritz Mauthner*, der herkam, verbummelt, und gleich nach Weihnachten wieder mit B〈eer-〉H〈ofmann〉 gewesen. Mauthner ist mir eine noch frühere Erinnerung als B〈eer-〉H〈ofmann〉, und daß sie auch ihm noch eine lebhafte ist, erwies der Abschied vor Z〈emek〉's Haustür. Aber B〈eer-〉H〈ofmann〉 ist mehr geworden als nur Erinnerung, und mich rührt die Art, wie sie *ihm* das geworden ist. Er, damals ein froher und leichtlebiger Wandrer an allem vorbei, ist jetzt seßhaft-schwermütig, und nichts ist ihm imgrunde fremder, als was *mich* aus dem auch damals noch vorherrschenden Ernste immer froher und leichtherziger gemacht hat. Aber in diesem Nachgehen und gewissermaßen Mitfreuen liegt etwas, was mich vom Moment des Wiedersehens an bewegte und mir dort in einer eigentümlichen Weise Raum gab. Man kann doch unmöglich sagen, dass er mir zusieht wie ein Erwachsener einem Kindskopf, – aber als ich am Weihnachtsabend vor dem winzigen geputzten Bäumchen, das auf meinem Teller brannte wie ein Däumlingsbäumchen, dasaß, da war es wirklich so, als wäre der ganze Mensch, mit jedem Blick, ein Bescheerenwollen und ein Warten auf eine versäumte Freude.

Sylvester: Der nackte Mensch

⟨Dienstag, 31. Dezember 1912⟩

Sylvester

T⟨ausk⟩ bei mir, nachdem wir uns, gestern früh, beinahe zur Altjahrswende, ganz zerkracht hätten, aber gestern Abend etwas notdürftig, wieder versöhnt haben.

Jetzt ist es wieder in der bisherigen Weise und die ist so: daß ich zum ersten Male sehe, was ein nackter Mensch ist. Dies aber muß nach zwei Seiten hin völlig von dem abgehoben werden, was sonst dafür gilt. Erstens nämlich von einer Zeitrichtung, Zeitkrankheit eigentlich, die hier und da fratzenhaft an Psychoanalyse erinnert: an die Selbstbespieglung des modernen Menschen der, sich als eigner Zuschauer seine Taten mit des »Gedankens Blässe ankränkelt«; eine Verfassung die wahrscheinlich der Psychoanalyse zur Heilung bedarf, weil diese aktionsfähig machen würde was sich vielleicht im Unbewußten verklemmt hat und daher nicht naïv ablaufen kann: eine Folge von allerlei nicht aufgearbeiteten, die Seele noch belastenden, aber intellektuell schon erledigten Vorurteilen, religiösen oder moralischen Negirungen etc.

Zweitens aber unterscheidet sich die wahre Nacktheit auch von jenem gutgemeinte⟨n⟩ Selbstbildniß, an dem wir so gern vor Anderer Augen herumpinseln (früher auch in den beliebten Tagebüchern) und bei dem es, halb künstlerisch, halb eigenliebend, besonders erwünscht ist, einheitlich, als Gesammtportrait, zu figuriren, – entweder »bitte recht freundlich«, oder noch lieber tragisch. Das Unterscheidende liegt hier darin, daß auf Einheitlichkeit verzichtet, und auf Bruchstücke zurückgegriffen wird, – daß es also nicht nur Nacktheit sondern das unter der nackten Haut Befindliche ist was sich bloßlegt, also sowohl ohne Rücksicht auf Schönheit wie auf Ganzheit.

Es giebt ein Ehrlichsein, das ist jenes unwillkührliche der Kreatur und steht am Beginn unsres Menschentums. Und es giebt eine Ehrlichkeit jenseits alles dessen, was Kultur uns an Hülle und Kleidung gelehrt hat, wiedergewonnen aus Einsicht, aus Intelligenzstärke. Diese Ehrlichkeit steht an einer neuen Lebenswende für uns, einer neuen *Ehrfurcht*, – der nackte Mensch, rücksichtslos und furchtlos um sich selbst ringend ist ihr Sinnbild.

⟨Mittwoch, 1. Januar 1913⟩

Januar

Beginnt mit vielerlei Leichtsinnigkeiten. Ich tauge doch ganz merkwürdig wenig. Aber mir ist doch nur wichtig das, weswegen ich hergekommen bin.

Kolleg (VIII): Traum und Märchen

⟨Sonnabend, 11. Januar 1913⟩

Freud-Kolleg VIII

beginnt nach den Ferien als richtiges Märchen-Erzählen unter vielen Gästen. Er machte es wunderhübsch, mit dem Traum von den 7 Wölfen und mit dem entzweigerissenen Rumpelstilzchen. Es tat mir leid, Ellen nicht mitgenommen zu haben. Hinterher nahm Freud Ferenczi und mich zum Ronacher, wo Ferenczi u. ich aber vergeblich auf die Andern warteten, infolgedessen zu einem sehr eingehenden Gespräch über Arbeitsgedanken von ihm kamen. Auf dem Heimweg sah ich die Andern im Alserhof sitzen, ging hinein und wurde Zeuge der Debatte Seif – Tausk, der Rank, Hitschmann etc. ziemlich neutral zuhörten. Es ist sicher, daß T⟨ausk⟩ am besten spricht, wenn er *antwortet*: dies ist wieder diese starke Rückbeziehung auf den lebendigen Menschen selbst in den Abstraktionen des Denkens. Kein Wort hätte anders sein sollen, klarer oder überlegter. Aber es beginnt sich zu zeigen, daß die rein sachliche Auseinandersetzung wegen Jung sich sehr komplizirt durch die ⟨F⟩rage, ob man nicht über die Spaltungen hinwegsehen müsse zu Einigungszwecken. Eine gefährliche Frage. Sie machte T⟨ausk⟩'s vorzügliche Antwort bei Rank verdächtig.

Immer halb abwesend durch das Leben mit meiner toten Muschka, von der Niemand weiß, damit Niemand dran rühre (hier, wo Keiner sie kannte und doch Jeder was sagen müßte.)

Mittwochsgesellschaft (8): Magie und Religion

⟨Mittwoch, 15. Januar 1913⟩

Mittwoch-Disk. Abd.

Freud's Vortrag über Magie, noch mit Ferenczi, den T⟨ausk⟩ unnütz in der Diskussion anrempelt; Nachts noch bis 2 zusammen im Ronacher.

Freud verspricht mir den Vortrag in der Fahnenkorrektur. Am Nachmittag, wo Ferenczi bei mir war, besprachen wir ihn schon im Verhältniß zu seiner eignen Arbeit, die er mir in M⟨ünchen⟩ zeigt. Es berührt so vieles aus der Religionsauffassung wie ich sie selbst habe, aber doch nur von außen her: mir ist am religiösen Gedanken das Wesentliche, daß in ihm der Mensch sich selbst mit den Kräften draußen in *eins zusammen-*

schloss. Das mußte er tun sobald sein Bewußtsein ihn ⟨in⟩ so viel bewußtere Distanz zur Welt draußen rückte, als etwa das Tier sie besitzt, dessen Einheit instinktiv bleibt. In der Beschwörung, der Magie, macht der Mensch sich ganz naïv gottgleich indem er seine Abstammung von Göttlichem bezieht, in der Religion, d. h. im Objektiviren der Götter macht er diese dafür menschengleich. Beides ist, an sich genommen, ein Ausbruch von kindlichschöpferischer *Zuversicht*; erst die einmal geschaffenen Fiktionen, zu denen es führt, dienen dann ihrerseits dem Unsicherheits- und Minderwertigkeitsgefühl zum Halt, zur Krücke.

Kolleg (IX): Analyse zweier Kinderlügen

⟨Sonnabend, 18. Januar 1913⟩

Freud-Kolleg IX

Zwei Kinderanalysen; man möchte sie am liebsten ganz wiederholen, man möchte ihm noch lieber alle kleinen Kinder auf den Schooß setzen.

1. Ein kleines Mädchen, protzend, prahlend und lügend, aus Liebe zum Vater (der als Zeichner sie zur Lüge mit dem Zirkelkreis veranlaßt und zur Prahlerei mit dem »Gefrornen«, das in der spätern Neurose als »glace«, als Glassplitterangst hochkommt.) Eine Puppe, die sie von einem Fremden geschenkt bekommt, nimmt sie nicht nur unartig-undankbar hin, sondern läßt sie bei nächster Gelegenheit aus dem Puppenwagen fallen und den Kopf zerbrechen: worauf sie vom Vater zum einzigen Mal Schläge erhält, die sie jedoch, auch noch während der Analyse, vollständig vergißt, und erst durch die Mutter in nachträgliche Erfahrung bringt. Der Vater ahnt weder die Identifikation mit ihm noch die »Rettungsphantasie«, für die ⟨sie⟩ sich demoralisirt. In der Analyse erfolgt der Fortschritt durch die Vaterübertragung; erst Entwertung: sie bleibt »krank« um ihn alsdann zu lieben: zu »retten«, indem sie mit ihrer Genesung durch Freud prahlte.

Privat erzählte Freud mir dann: die Neurose sei ausgebrochen, als sie erfuhr daß sie von ihrem Mann (dem »Vater«) kein Kind erwarten könne.

2. Ostereierfärbetag, Entwendung der 50 Heller dafür gelegentlich des Geldwechselns für Schulkranzgeldspende; der Bruder, als der »bessere Mensch« sich fühlend, verrät die Schwester: die Strafe aber, weil vollzogen durch die Mutter anstelle des Vaters, bewirkt wie Fall 1 eine völlige Charakterwandlung. Denn alles geschah um vom Vater eine körperliche Züchtigung zu erwirken, welche mit sexualer Zärtlichkeit (Raufen) wie er sie der Mutter im Beischlaf gewährt, verwechselt wird. Als kleines Kind, durch den Sexualverkehr der Wärterin mit einem Arzt, gewöhnt an die Annahme kleiner Geldstücke für Süßigkeiten als »Schweigegeld«, – später Geld wie etwas Böses auf die Straße werfend (der Patientin fällt dazu ein: »Judas Isch⟨ariot⟩'s Silberlinge«) Allmählich neurotische Verknüpfung von Geld und Liebesgenuß, Ueberempfindlichkeit, Konflikte.

Tausk-Kursus (V): Sexualität und der Kulturpunkt des Weibes

⟨Dienstag, 21. Januar 1913⟩

Im Tausk-Kurs. am Dienstag

hatte mich eine Bemerkung frappiert, über die wir auf dem Heimweg mit Dr Jaekels lange stritten. Er sagte bezeichnend, es gelte »sogar« für die Männer, daß ihre Erinnerung sich lieber mit dem Unterwegs als mit dem Ziel der Sexuallust einlasse, und vom Akt selbst als von etwas Peinlichem, fortblicke. Vielleicht gilt es nicht »sogar« sondern allenfalls besonders für Männer, und wird dann seine guten Gründe haben, wenn ihnen Kulturierung fast identisch wird mit dem schlechten Gewissen von Wunscherfüllungen. Für eine ganze Anzahl von Männern und für eine noch viel größere von Frauen gilt es bestimmt nicht. Und auch das hat gute Gründe. Denn es ist ja der fast einzige wirkliche Kulturpunkt des Weibes, daß sie das Sexuale weniger isolirt erlebt als eventuell der Mann, und daß es darin ein Rohes und zu Verdrängendes nicht mehr zu geben braucht, – ganz einfach deshalb, weil das Weib im Sexualakt gleichsam ihre Persönlichkeit aufgiebt, d.h. nach dieser Richtung (nicht nach jeder!) sich masochistisch eingestellt sieht und folglich sich dessen nicht schämen darf, wenn sie es überhaupt überleben will. Sie wendet darum ihre ganze Kulturkraft, die der Mann anderweitig verwendet, darauf, diesen einen Punkt dermaßen zu »kulturieren«, daß er den ganzen Trieb aufzunehmen imstande ist. Ja, vielleicht könnte man sogar argwöhnen, daß eine Frau die allzuviel Voraussetzungen von Treue, Ethik, Ehe und Aehnlichem dazutun muß um sich *nicht* zu schämen, schon in einem etwas zwiespältigen Gutmachenwollen ihres eignen Trieblebens drinsteckt, d.h. über sich selbst schon etwas zu niedrig denken lernte und einer Sanktion bedurfte. Und vielleicht ist es eine gewisse Entschuldigung für eine untreuere Frau, daß sie nicht genug Energie zum Verbrauch zurückbehielt, um sich noch extra mit dem Moralischen einzulassen, *weil* sie alles Herrlichste wovon sie wußte, verschwenderisch über das Fest ihrer Liebe ausgoß. Sie rettet dann nichts aus der Erotik der Stunde *heraus*, woraus sich Häuser bauen lassen, aber sie rettete dafür alles dort *hinein*, was jemals Einsamkeit hieß. Und wenn sich aus dergleichen niemals Bande ergeben, welche mit den ehelichen Ketten konkurriren können, so giebt es dafür auch nichts, in dessen vorhandene Formen, selbst schwesterlicher, mütterlicher, kameradschaftlicher, kindlicher Art, ihre Erotik nicht restlos einströmen könnte, – stark und anspruchslos durch die Selbstverständlichkeit ihres Geschehens.

Mittwochsgesellschaft (9): Märchenanalysen

⟨Mittwoch, 22. Januar 1913⟩

Mittwoch-Disk. Abd.

Ein Vortrag vom kl. Dr Lorenz , der voller Wissen aber auch bischen langweilig war, was T⟨ausk⟩ unverständig freute, der's auf Dr Lorenz abgesehen hat, er haßt ihn. Doch machte ein

Nachtrag Freud's das wieder gut, indem er ein paar Motive zu analogen Märchen, wie dem vorgetragenen Bergmannsmärchen, aufdeckte: und plötzlich gewannen sie brennendes psychol. Interesse. (Die »verwittwete Braut« als eine so peinigende Zufallsvorstellung, daß man ihr Motivirungen unterschob und diese im Konflikt zwischen Beruf und Liebe fand, welche beide dann wieder besonders verknüpft erscheinen. Ferner die Mutter Erde in ihrem ursprünglichen brutal echten Sinn, wonach die Beerdigung vielleicht als Verjüngung aufzufassen sei⟨.)⟩ (Und dann wohl auch das vielbeschrieene Lebendigbegrabenwerden der Aeltesten nicht als Grausamkeit!) Reitler's gute Bemerkung über den glanspenis als Rubin- oder Karfunkelstein, der ebenfalls »manchmal unsichtbar« ist, und Freud's Hinzufügung: daß diese Eigenschaft, um sie irgendwie in ihrer Negativität zu *beweisen*, Andern verliehen wird als Unsichtbarwerdenkönnen. – Lebhafte Diskussion über den Rubinstein.

Mir fiel wieder auf, wie so oft nun schon: daß abgesehn vom Wert des Einzelvortrags, man sich hier doch in so guter Gesellschaft fühlt. Daß Freud's Präsidium und die unmerkbare Lenkung die das Ganze von ihm empfängt, eine so gute Art der Arbeit hervorbringt, wie sie unter vielleicht – der Zahl nach – bedeutendern Köpfen nicht zustande käme. Und man möchte die besten Köpfe zu diesen Abenden einladen, und ist dankbar dafür, bei ihm zu sitzen.

Von den Tausk-Kursen: Tausk als Lehrer: Neurosenbegriff. Narzissmus

⟨Dienstag, 14. bis 24. Januar 1913⟩

Von den Tausk-Kursen

hab ich den IV auf eine tolle Weise verfehlen müssen, (fast hätte T⟨ausk⟩ ihn darüber selber verfehlt; leider war gerade ein Begutachter der Vorträge gesan⟨d⟩t worden) den V und VI mit Ellen und *Marie Lang* zusammen besucht, und die Abende hinterher bei Dr Weiss zugebracht mit Tausk.

Die Vorträge über den Traum beendet und die über Sexualität begonnen. Sehr einleuchtend gemacht wie (gelegentlich des Traums mit den beiden Ratten) die Träume Sexualsymbole bringen müssen, nur in dieser Sprache allein zu uns stammeln können, weil sie über den Körper hinweg sozusagen, in's Bewußtsein gelangen und sich durch seine Worte gleichsam artikuliren. Mir scheint die Körperlichkeit bei der Symbolbildung auch schon deshalb im Vordergrund zu stehen, weil die sowohl die frühesten Bilder liefert, als auch das Bildhaftere an sich bleibt.

Auf dem Heimweg mit T⟨ausk⟩ und Dr Jaekels über den Zensurbegriff gestritten. Freud selbst bindet sich jetzt nur noch sehr lose an seine ursprüngliche Definition, was mir in einem der Kollegs am Wintersanfang sogar auffiel. Jaekels ist in allem sehr punktuell dogmatisch. Mir schien immer das Wesentliche der Zensur vorweggenommen durch die bildhafte Natur der latenten Traumarbeit überhaupt, die eo ipso dem Bewußtsein gegenüber zu lauter Entstellungen führen muß. Zweitens aber scheint mir, wo wirklich Hemmungen am entstellenden Ausdruck mittätig sein mögen, daß sie da ebensogut aus dem Unbewußten selber manchmal stammen mögen, aus dumpf nachwirkenden Vergessenheiten, und nicht nur aus dem *Kompromiß* mit den wachen Bedenken eines richtenden Bewußtseins. –

Ganz gut wäre es, sich den Unterschied klar zu machen zwischen Freud's Zensurbegriff und den Adler'schen »Leitlinien« und Sicherungen. Als primäre Sicherungen nämlich sind sie zensurlos, einfache Ueberkompensirung; als secundäre dagegen, also gerichtet als Schutz und Vorsicht gegen die kecke Uebertreibung der ersten, tragen sie einen Zensurbegriff hinein, – nun aber charakteristischerweise nur scheinbar von oben her, denn es ist leicht einzusehen, daß ja in den zweiten Sicherungen sich das heimliche Triebleben wieder durchsetzt: all das für »minderwertig« Erklärte, bevor es sich »kompensiren« mußte. Mit andern Worten, es ist klar, daß die zweiten Sicherungen dem Freud'schen Verdrängten entsprechen, das sich in ihnen maskirt (also z. B. als »weibliches Mittel« maskirt, während es in Wirklichkeit weiblicher Selbstzweck ist.) Adler konnte ich natürlich, bei unserer Debatte darüber, nicht überzeugen. Wir streiten wie toll.

Tausk's Neurosenbegriff (Gespräch in der Alten Elster)

ist der Freud'sche, doch betont er beim Ausbruch der Neurose als unumgänglich notwendig den »Versager« im Ichgebiet, im sozialen Gebiet, worauf Zuflucht gesucht werde im Sexuellen und, wo dies disharmonisch befunden werde, die Erkrankung sich manifestire. Wenigstens verstand ich ihn so. Die Grundursache bliebe auch hier in der Sexualität, und man könnte eigentlich finden, daß auch schon von vorn herein eine Disharmonie zwischen Sexualtrieb und Ichtrieb wahrscheinlich sei, damit das gestörte Gleichgewicht später so brutal zum Ausdruck komme. Denn in seiner Wurzel muß man es ja bis in's narzistische Stadium hinabbegleitet denken, wo beide noch ungeschieden ineinander ruhen.

Der Narcißmus ist in Freud's frühern Schriften allerdings nicht so deutlich unterschieden von Autoerotismus, wie es jetzt der Fall ist: mir persönlich wurde diese *gleiche* Wertung von Ich und Sexus überhaupt erst an Tausk's Bemerkungen klar, doch sie entspricht jetzt Freud. Meiner Meinung nach macht sie erst die Möglichkeit des Sublimationsprozesses denkbar, indem, wenn der Ichtrieb ursprünglich gleichen Anteil hatte, auch eine Umrangirung des Sexuellen nach Ichzielen nicht ausgeschlossen ist. Bevor dies klar war, konnte Adler mißverständlicherweise eine Art Recht bekommen mit dem Ausdruck: das Ich bediene sich der Sexualität bloß symbolisch zu eignen Leitzielen, – während jetzt Licht auf das Wesentliche fällt, (was er grade entwertet und verflüchtigt zu bloßem psychische⟨n⟩ Spiel,) nämlich auf dies positive Ineinander der Psyche mit dem woraus sie sich in's Bewußte emporgliedert.

Ich habe es, nach einigen persönlichen Beobachtungen, sehr schön und merkwürdig gefunden, wie alles was Traum und Wahn erzeugen, durch den bloßen Umstand des nach innen anstatt nach außen gerichteten Blicks, sofort durch ein (manchmal gespenstisch Verzerrendes manchmal in's Grandiose rückendes) Vergrößerungsglas geschaut ist. Es ist grade so, als ob alles Vereinzelnde, Messende, was mit dem Gerichtetsein von Verstand und Sinnen zusammenhängt, hier mehr und mehr Raum machte der andrängenden Unendlichkeit, der Totalität einer Welt, die sich in uns selber traumhaft doch im Narcißmus noch wiederspiegelt. Freud hat jedoch Recht, die Vereinheitlichung der seelischen Vorgänge im Sexuellen zu suchen, als dem Letzten, worauf wir noch persönlich, personenhaft stoßen. Befällt uns ein Leid, so fällt gewissermaßen die Entscheidung ob wir's werden bewältigen können, *dort*, – grade als kämen wir, obgleich wir dazu vom Ichgebiet abbiegen in eine Art Selbstauflösung, doch wieder uns selbst, d.h. unsern haltenden Erdwurzeln, am nächsten, um uns da unten zu überzeugen, *ob* wir hoch oben wachsen und blühen und Frucht ansetzen können an unserm Ich. Es ist dafür auch bezeichnend, daß innerhalb des Sexuellen Lust und Schmerz leichter ineinanderübergehen, wie überall wo zeugerische Prozesse vor sich gehn, und die asexuellen (wenn sie's nicht nur scheinen), unerotischen Menschen, die meistens die viel weniger schmerzempfindlich⟨en⟩ sind, entbehren dafür andrerseits den geheimnißvollsten Trost. Daß Schmerz und Lust wirklich identisch werden können, wie alle Gegensatzpaarigkeit, erfährt der Mensch im narzistische⟨n⟩ Stadium sicher, er erfährt es in den Momenten ja auch, wo ein Schmerz durch seine gewaltige Größe nur noch als ein Lebensausbruch wirkt der ihn mit sich nimmt, nicht mehr als ein Leid das ihn verkürzt, – oder wo ein Glück zu weit geht um noch genußfähig sein zu können. Goethe's:

Alles geben die Götter, die unendlichen,
ihren Lieblingen ganz:
Die Freuden, die unendlichen,
Die Schmerzen, die unendlichen,
Ganz.

Nachtrag.

Der Selbstbehauptungstrieb kann den Schmerz nur negieren, doch wo ihm dies nicht mehr weiterhilft, kann der Hingebungstrieb (Sex.) einsetzen und damit den Schmerz noch zur Wollust machen, – den Tod gleichsam noch in's Wollen einbegreifen. Daher wirkt jeder überstarke Sensationsgrad, auch der schrecken-unlustvollste, auf die Sexualität. Und daher wirkt d⟨a⟩s Glück auf der Linie des Selbstbehauptungstriebes nur eine kleine Strecke weit und wird dann schmerzähnlich.

Kolleg (X): Typen in der Neurosenbehandlung

⟨Sonnabend, 25. Januar 1913⟩

Freud-Kolleg X

Typen in der Neurosenbehandlung. Es lief eigentümlich drauf hinaus, daß die Welt imgrunde doch weniger korrekturbedürftig- und -fähig sei als man wohl meine. Handle es sich nun um Typen, deren sozial schädigende Triebe so einheitlich verwachsen seien mit ihren wertvollsten, daß man allenfalls nur eine bessere Kräfteverteilung anstreben dürfe als sie in der Kindheit geschah, – oder handle es sich umgekehrt um Typen, an denen man weniger den Neurotiker als die neurotische Zeit vor sich sieht: die zu ihrer natürlichen Auslebung eigentlich nur Mut bedürften in ihrem unnatürlichen milieu, die aber damit auch dies milieu zugrunde richten u. verwirren würden. So bleibt am Ende schließlich noch das meiste am besten so wie es ist. – Das klang müde; Freud kann auch anders sprechen.

Am beeinflußbarsten der Schwerkranke, dessen Not am größten, weniger der Leichterkrankte, am wenigsten der Gesunde, der aus eignem Willen seine Einsicht und Kraft durch die Analyse mehren könnte.

Wer ist denn aber der Gesunde nach der obigen melancholisch⟨-⟩resignirten Ansicht? Freud sagte schon von den »Wilden« am Mittwoch, ihre Zurückgebliebenheit scheine mit ihren ungehemmten sexuellen Auslebungen zusammenzuhängen, ebenso wie manchmal ein Nachlassen der geistigen Regsamkeit nach der Pubertät mit früher und ausgiebiger Sättigung. Ist es so, dann könnte ja eigentlich das neurotische Kompromiß, welches sich der Auslebung mit dunklem Schuldgefühl entgegenstemmt, auf eine feine wenn auch mißverständliche Weise Recht haben: Recht mit dem hilflosen Streben *beiden* Seiten gerecht zu werden, der Natur wie der Kultur, – nur müßte und sollte man dann unter »Gesundheit« nicht den Kulturgegensatz, sondern die Einheit von beidem empfinden, d.h. das Kulturelle als auf dem Wege unsrer eignen Entwicklung liegend. Auf seine besondere Weise hat auch jeder »Wilde« das getan, und die Art wie es geschieht ohne das Erliegen gegenüber der bloßen erstarrten Convention einerseits und der haltlosen Triebmäßigkeit andrerseits, entscheidet über den Wert der Gesundheit. Und läßt das Producirenkönnen von neurotischen Schuldgefühlen als eine Sorte von »Gesundheitsgewissen« erscheinen, – einem freilich krankmachenden, aber aus einer Gesundheitssehnsucht, die über das banale Wohlsein hinausreicht.

Mittwochsgesellschaft (10): Periodizität. Objekt- versus Subjekt-Erotik

⟨Mittwoch, 29. Januar 1913⟩

Mittwoch-Dsk. Abd.

Referierabend. Rosenstein über Fliess' Freud sehr viel erwidert, aus seinen wissensch. Beziehungen zu Fließ, und wie er, von Fl⟨iess⟩ auf den bisexuellen Faktor aufmerksam gemacht, diesen doch etwas später auf seinem Wege hätte als eignen Fund aufheben müssen. Ueber den Anlaß des Bruches: die psych. statt organ. Methode.

Federn bemerkt, wie ich bestimmt auch meine, richtig, daß die Periodic. im Normalfall, resp. bei Genesenden, sich deutlicher durchsetzt, innerhalb des Patholog. sich dagegen stärker verdeckt und verschoben wird. (Sie ist ja eben nur ein Ausdruck für den rhythmisch ablaufenden Automatismus wo alles »klappt«. So sieht sich das Leben des Innern an, wenn man es als automatisch, d.h. als mechanisch erklärbar, organisch oder letzten Endes kosmisch, repräsentirt sich vorstellt: um so unfaßbarer lebendig ist es in seinen tatsächlichen seelischen Aeußerungen dann! Umgekehrt läßt der gestörte Außenablauf es viel schwerer berechnen, dafür wird es in seinen seelischen Aeußerungen selber automatenhafter und daher für die Psychoanalyse erwischbar, behandelbar.)

Freud über die Professorsfrau der er ihre Regel nach Belieben verschob, je nach dem Kollegdatum ihres Mannes.

Freud auf T⟨ausk⟩'s Traumkasuistik hin: Männlich-weiblich kann ein Symbol (wie die Ratte) deshalb sein, weil sie infantil, also vor der Geschlechterunterscheidung entstanden, oder auch weil der Träumer homosexuell eingestellt ist & sie sich ihm drum verkehrt.

Tausk auf Sadger hin: daß zwischen Objekt-Subjekt-Erotik nicht genügend unterschieden werde und beides logisch verwechselt. So dürfe man von Mund-, Schleimhaut etc. als vom erotischen Subjekt aus reden, nicht aber vom Gesäß etc., das als Lustobjekt dabei diene. – Zum Schluß nimmt Freud lobend Bezug auf diese klärende Bemerkung, wobei *er aber sofort vergißt wer sie gemacht, wofür er sich lächelnd entschuldigt.*

Im Verlauf polemisirt er einmal gegen Adler in einer mir mißverständlich vorkommenden Weise. Er betont, daß die Symbolbildung sich in zweierlei Schichten abspiele, vom Unbewußten her und von dessen Rationalisirung her, und Adler habe immer nur diese zweite im Auge. Dies ist jedoch wohl nicht ganz der Fall, Adler will seine »leitenden Tendenzen« ebenfalls von deren Rationalisirungen unterschieden wissen; nur sieht er sie bereits vonseiten ihrer psychischen *Struktur* an, anstatt ihres triebmäßigen Inhalts; deshalb spricht er immer bereits davon was die Psyche mit ihnen mache, wo Freud das meint was *sie* mit der *Psyche* machen; Beide reden aber insofern vom Gleichen, als das Leibliche sich zunächst nur über das Sexuale hindurch äußern kann, und wiederum dieses sich nur als solches zu äußern vermag innerhalb einer psychischen Tendenz die darin geltend wird.

⟨Sonnabend, 1. Februar 1913⟩

Februar.

beginnt mit herrlichem Wetter nach kalten Sturmtagen, und mit *Marius* und Горушцо im *Schönbrunner Zool. Garten*; hinterher Freud-Kolleg XI.

Besuch bei Freud (2): Die narzisstische Katze. Persönliches

Besuch bei Freud

Am nächsten Tag, Sonntag Nachmittag, bis Abends bei Freud. Diesmal unter viel persönlichern Gesprächen, bei denen er von seinem Lebensgang erzählte, und ich das nächste Mal Photographien mitzubringen versprach. Am allerpersönlichsten vielleicht mutete mich dennoch die reizende Erzählung von der »narcistischen Katze« an. Als Freud seine Arbeitsräume noch im parterre hatte, war sie zum offnen Fenster hineingestiegen und weckte in ihm, der sich aus Katzen und Hunden und Tieren nichts machte, anfangs sehr gemischte Gefühle, besonders da sie vom Sopha herabstieg auf dem sie es sich bequem gemacht, und begann seine, provisorisch auf dem Fußboden aufgestellten Antiquitäten eingehend zu mustern, während er Angst haben mußte sie von dort zu verjagen, d.h. zu ungestümen Bewegungen inmitten dieser geliebten Schätze zu veranlassen. Als die Katze aber fortfuhr, schnurrend ihr archiologisches Wohlgefallen kundzutun, ohne in ihrer Grazie den geringsten Schaden zu tun, da schmolz sein Herz und er ließ sogar Milch bringen. Von da ab erhob sie täglich Anspruch auf Sophaplatz, Antiquitätenmusterung und Milchnapf. Dabei nahm sie jedoch von ihm selbst trotz seiner steigenden Liebe und Bewunderung durchaus keine Notiz, richtete ihre grünen Augen mit den schiefen Puppillen kaltsinnig auf ihn wie auf einen beliebigen Gegenstand, und wenn er auch nur für einen Augenblick mehr von ihr wollte als ihr egoïstisch-narzistisches Schnurren, dann mußte er den Fuß vom bequemen Liegestuhl heruntertun und in den erfinderisch bezauberndsten Bewegungen der Stiefelspitze um ihre Aufmerksamkeit werben. Endlich, nachdem dies ungleiche Verhältniß lange gedauert und sich nie verändert hatte, fand er die Katze eines Tages fieberheiß und keuchend auf ihrem Sopha, und trotzdem sofort die sorgsamste Behandlung mit Wickelkompressen oder anderm einsetzte, erlag sie doch einer Pneumonie, – nichts von sich zurücklassend als ein Sinnbild aller friedevoll-spielerischen Anmut des wahren Egoïsmus.

Freud sprach auch darüber, warum ich wohl so tief in die Psycho-Analyse mich hineinbegeben habe. Ursprünglich war es kein anderes Interesse, als das ganz neutral sachliche, das sich aufmerksam gemacht fühlt auf Wege zu neuen Quellen. Dann kam aber, belebend und persönlich wirksam, der Umstand hinzu, einer werdenden Wissenschaft gegenüberzustehn, und gewissermaßen immer wieder am Anfang zu stehn, – dadurch in einem steigend intimen Verhältniß zu ihren Problemen. Das Dritte und Persönlichste, das den Ausschlag gab, ist aber das intime Beschenktwerden selber, das davon ausgeht: dieses erstrahlende Umfänglicherwerden des eignen Lebens, durch das sich Herantasten an die Wurzeln mit denen es der Totalität eingesenkt ist. Wenn Fr⟨eud⟩ lachend davon sagte: »ich glaube, Sie betrachten die Analyse als eine Art von Weihnachtsbescheerung!« so mag es ja wahr sein, weil es sich nicht um Lösung von Verwirrungen zwischen Tiefe und Oberfläche handelte. Und möglicherweise ist sowohl Glück als auch Qual nie stärker ausgeprägt, als wenn sie uns aus dem Unbewußten heraufkommen und zum Erlebniß werden: wie sich einstmals genossene Seligkeit noch gräßlich zur Pein wandeln kann auf diesem Wege der Nacht, so können wahrscheinlich sogar Erinnerungen an Stunden die am Kreuze hingen, als Auferstandene, Verjenseitigte, verklärt wirken, sternenumflimmert. Denn von der Heimat unseres Affektlebens gilt wohl, daß das, was sonst überall nur eine Fiktion ist, – Himmel und Hölle, im Ubw. uns aufbewahrt bleibt als unsere ewige Wirklichkeit.

Mittwochsgesellschaft (11): Die »Entdeckung« der Kindersexualität. Muskelerotik und hysterische Symptombildungen

⟨Mittwoch, 5. Februar 1913⟩

Mittwoch-Disk. Abd.

Freud vom Weg, wie er zur Annahme von Kindersexualität gelangt sei: ursprünglich von der prakt. Analyse aus, weil sie lauter Analogien zum sex. Fühlen der Erwachsenen dort vorfand. Dann ergab sich, daß speziell Neurotiker diese Tatsache aufwiesen, indem sie ihre Erinnerungen sehr stark sexualisirt reproducirten. Doch nachdem dies die ganze Frage nach der Kindersexual. strittig zu machen schien, zeigten sich die normalen Kindheitserlebnisse derartig mit den spätern normalsexuellen verknüpft, daß man sie als Wesensverwandt ansehn mußte. (wobei es offenbar ja gleich bleibt, ob man die Sexualität der Erwachsenen etwas allgemeiner im Begriff faßt als es sonst üblich war, oder die infantile etwas enger als sonst.) Die nähere Begriffsbestimmung möge sich allmählich feststellen, eventuell nach dem Entscheid anderer, hier eingreifender Wissenschaften; man brauche nicht dogmatisch an den Definitionen festzuhalten, wenn man den Allzusammenhang der Einzelwissenschaften und ihrer Beiträge überblicke. (Es ist auch nicht nur die selbstgezogene Schranke die darin liegt, zu würdigen, sondern die feine Forscherfreude am unbekümmerten Verweilen beim Positiven, wenn man Fr⟨eud⟩ so reden hört.)

Zurückkommend auf die »Muskelerotik« (Sadgers Vortrag) (von der Hitschmann sehr witzig sagte, Sadger tranchire den erotischen Menschen wie einen Ochsen, um ihn dann als Scherzl, Tafelspitz etc. zu serviren) meinte Freud noch: jene logische Unrichtigkeit, Subjekt und Objekt Sadgerisch zusammen zuwerfen (gegen die Tausk so richtig polemisierte), rechtfertige sich interessant im Pathologischen; in der Hysterie gäbe es wirklich so was wie Muskel-, Gesäßerotik etc., indem durch *Konversion gleichsam das Objekt ...*: zum Objekt (eine steifes Bein zum penis etc.) werde. Im Uebrigen aber – und damit fertigte er Sadger prinzipiell ab, – sind die Muskeln, wie alle sonstigen Organe, Exekutivorgane, und nicht zu verwechseln mit dem Affekt selbst, d.h. mit dessen psychologischen Aspekt, nach welchem die leiseste Muskelkontraktion oder auch nur ein Blick, heftigere Erregungen auslösen kann, als die wildeste Rauferei oder die Abarbeitung an einem Holzblock. So ist auch bei Sport und ähnlichem, immer zu berücksichtigen, daß er sexuell und auch ganz asexuell wirken kann, je nachdem er die Körperbewegung der Libido exekutiv dienen läßt oder es nicht tut. (In den »Drei Abh.« spricht Freud noch nicht ganz so.)

Kolleg (XII): Kindertraumen. Persönliche Kindheitserinnerungen

⟨Sonnabend, 8. Februar 1913⟩

Freud-Kolleg XII

Mit BeerHofmann der grade bei mir gewesen, hingegangen. Ueber Kindertraumen: daß sie nicht an sich selbst wichtig, sondern ein ungepflegtes, allen Traumen ausgesetztes Kind oft durch seine spätere unbekümmertere Lebensweise, gesundheitlich überlegen bleibe dem behüteten, daß vor größere Kulturentsagungen sich später gestellt sehe, und dann, um überhaupt noch irgendwo Sexualventile offen zu finden, auf die wenigen, spärlichen Kindererinnerungen solcher Art, die auch ihm noch zugefallen seien, regrediren müsse, und diese so *zu wirklichen Traumen nachträglich steigern*. Dies seien die Fälle, wo ein Verweilen auf dem Nachttopf oder die Entblößung irgend einer Person als auslösend für die Entstehung viel späterer Neurosen schuldig wird. Insofern nützten die »psychoanalytischen Prinzenerziehungen« nicht viel, da das Kind ja seine Sexualität doch stets mitbringe und irgendwie unterbringen müsse. Die Kindertraumen spielten ihre wahre Rolle erst als Ersatzkomplexe und Symbolsymptome. Die dem Kind auferlegten Ueberwindungen und Entsagungen seien auch nicht bloß moralischer Kultur, sondern bereits die der Hygiene oder der Sauberkeit bedinge beträchtliche Verdrängungen des Sexuellen zugunsten des Aesthetischen (man erinnere sich an die koprophilen Neigungen von Neurotikern als an ihre primärsexuellen.)

Die Schlußfolgerungen glitten doch wieder ab in den unversöhnten Gegensatz von Natur-Kultur, worin der Einzelne durch seine Befreiung nur in Zwiespalt käme, da die Freiheit nur als eine Freiheit Aller zu brauchen sei.

Doch stimmt die Mehrheit ihm hier mehr zu, und geht begeisterter hinaus als nach den 2 Kinderanalysen vor wenigen Wochen, wo man unverhohlene Enttrüstung laut werden hörte, als die ganze Schaar durch die winterlichen Gärten heimstrebte.

Wenn ich nicht mit Freud gehe, belustigt es Tausk u. mich auf dem Rückweg das Gerede der Heimstrebenden aufzufangen. Diesmal schon auf dem Hinweg mit Beer⟨-⟩H⟨ofmann⟩.

Wenn immer wieder durchgesprochen wird, wie bedeutungsvoll für die Kindheit die ersten Ahnungen der elterlichen Beischlafsverhältnisse sind, dann erinnere ich mich an einen Vorfall aus sehr frühen Jahren: ich schlief an der Seitenwand des Schlafzimmers, von der Hinterwand frei in den Raum hinein standen die elterlichen Betten. Ein schwacher Lichtschein von der Straße machte, daß ich bei einem nächtlichen Erwachen das Bett meines Vaters (das mir zunächst stehende) leer fand. Mein Eindruck war: er ist fort, d.h. nicht mehr da, *tot* keinen Augenblick Tod mit Leiche, einem Da-Sein, verbunden. Dies machte mich so traurig daß ich erschreckt vor mich hin zu weinen anfing. Da hörte ich vom andern, etwas von mir entfernten und vom schwachen Licht nicht mitbeleuchteten, Bett ein Stöhnen, das sich rasch wiederholte. Daraus schloß ich daß meine Mutter, wenn auch noch nicht tot, doch bereits im Sterben sei, und nun erhob ich ein mörderliches Geschrei. Als meine beiden Eltern außer sich an mein Bett kamen, konnte ich ihnen nur das Eine unter fürchterlichem Wehgeheul mitteilen daß ich eine runde

Waise geworden sei. Die leibhaftige Korrektur drang garnicht gleich durch.

Was meine Brüder betrifft, nach denen Freud an unserem Abend à deux auch fragte, so machte der Umstand daß sie viel älter waren als ich, und auch der Jüngste noch um 3 Jahre, ihr Verhalten zu mir sehr ritterlich und beschützend. Außer einigen Paukereien mit dem Jüngsten, kamen zwischen uns eigentlich nur solche Scenen vor, die mir später, wie ich als junges Mädchen in's Ausland zog, die ganze Welt als von lauter Brüdern bevölkert erscheinen ließen. Dies bestimmte stark meine Unbefangenheit und Zutraulichkeit lebenslang allen Männern gegenüber, und wurde nie Lügen gestraft. – Am auffallendsten ist ja, daß trotz solcher Brüder, mit denen bluteins zu sein mich noch heute stolz und froh macht, und trotz meiner Eltern in ihrer harmonischen Ehe und frommen Elterntreue, ich doch so bitter einsam gewesen bin unter ihnen Allen, und als dem einzigen Glück einer absoluten Phantastik hingegeben, – wie auch meine spätere Lebensgestaltung und mein herrliches Jugendleben im schroffsten Widerspruch zu allem daheim blieb.

Besuch bei Freud (3): Weibliche Psychosexualität: Penisneid vs. Fülle. Freud über Stekel. Ich-Bewusstsein und Vereinzelung

⟨Sonntag, 9. Februar 1913⟩

Tags drauf, am Sonntag den Nachmittag bei Freud, mit ihm darüber und über das Thema vom penisNeid gesprochen. Meine Kindervorstellung vom Weibes-Innern als Berg-Innern voll Edelgestein (frühe Schweizerreise, mit 2 ½ Jahren, Blick auf die Jungfrau; Bergwerkseinfahrt mit meinem Vater bei Salzburg. Eine zweite Einfahrt imselben Bergwerk mit B⟨eer-⟩H⟨ofmann⟩ und auch damals war ein Märchen im Gange.) Mein frühestes Lieblingsmärchen von der Prinzessin der bei jedem Wort Juwelen (ich glaube allerdings früher Frösche) aus dem Munde gehn. Noch heute ist für mich das russische Wort für Edelsteine

»Жемчуг« von besonderm (sanft-reichem) Klang. Die allererste Juwelenerinnerung aber meiner Mutter Knopfkasten voll buntgläserner Phantasieknöpfe.

Es war schön mit Blumen von Freud Abends in der Syringgasse anzukommen, wo beide Buben mir öffneten und die Rosenfülle Wasser bekam.

Freud sprach auch von Stekel und dem methodologisch Springenden, aber oft intuitiv Richtigratenden bei ihm. Mir erschien sein »polymorph kriminell« lange kolossal übertrieben, bis ich mir klarmachte, warum in alles erste Bewußtwerden notwendig eine dem Haß analoge Regung gehört: man kommt zu einer Sonderung, zu sich selber erst dadurch daß man was abstößt, abgestoßen wird von etwas. Wenn sich Haß – die Enttäuschung, beim Erwachen aus dem Allsein nicht allieben zu können – und Todesklausel in aller Träume Untergrund findet, so bedeutet das nichts als die erste Ausgangsstelle dafür, – für die erste Erkaltung, Entfremdung, Trennung, ohne die ein Ich sowenig zustande käme als die Lungenatmung ohne Aufhören der Sauerstoffzufuhr direkt durch den Mutterleib. Der ursprüngliche Haß ist nicht eigentlich gegen was anderes gerichtet, sondern ist Angst um sich selbst, Geburtsangst, Verlassenheitsangst, – wie umgekehrt aller Liebe stets das ursprüngliche Glück bleibt einstiger Zusammengehörigkeit, Totalitätserinnerung, mit der sie darum das Geliebte so verschwenderisch beschenkt, als sei es selbst eine Ganzheit. Aber vom Haß aus kann man merkwürdig weit weiterdenken. Ist das Ich nämlich erst einmal da, das Ichbewußtsein obenauf, so sucht es zwar seine Sonderung wieder zu überwinden ohne sich aufzugeben: d.h. es sucht unter den Dingen heimisch zu werden, die es nach dem Prinzip immer fortschreitender Sonderung in aller Breite um sich auseinanderlegt. Sieht man sich jedoch dieses Prinzip näher an, so ist es durchaus nicht zufällig affektiv in seinem Ursprung aus dem Haß und Todesgefühl geboren: es besteht ja letztlich aus Gegenüberstellung, Distanzierung, in allem Wahrnehmungs- wie Verstandesleben. Irgendetwas mit Sinnen und Intellekt betrachten, heißt ganz eigentlich nicht

»Ich!« dazu sagen, und kaum »Du!«, sondern es für sich abteilen. Soweit der Mensch auf Lebenserscheinungen trifft, die ihn stark an ihn selbst erinnern, ergänzt er diese Fremdheit dadurch daß er von Seele oder Geist redet, womit er immer sich meint, bei weniger vertraut anmutenden Erscheinungen wendet er wenigstens noch den Zwischenbegriff »Leben« an, dann aber, wo es sich um »Anorganisches« handelt, entblößt sich deutlich seine Methode als eine grundsätzlich im Erkennen entseelende, entleibende, mechanisierende, d.h. als eine der negativen Charakteristik. Man nennt stets das Anthropomorphisieren die Grenze des Erkennens, aber nur, *weil* Erkennen uns etwas dermaße⟨n⟩ Negatives, Verneinendes ist, und wir uns lediglich daraus die *erklärbare* Welt, die »materielle«, aufbauen; Anthropomorphisieren und Bejahen ist völlig dasselbe, und gilt deshalb überall da, wo wir nicht erklären sondern lieben, d.h. uns selbst wiederfinden.

Man muß durchaus die Schlußfolgerung ziehn: daß die ganze materiell gegebene Welt demjenigen entspricht, was unsere innere, seelische Fassungskraft (das, womit wir uns identifizieren konnten) übersteigt, – was wir dadurch ausdrücken, daß wir sie uns (intellektuell und wahrnehmend) nach dem Sonderungsprinzip, dem zerteilenden, negativ charakterisierenden, hinstellen als von uns getrennt. Steht sie aber erst mal da, so kehrt sich in unserer Realitätswertschätzung die Sache ganz eigentümlich um: indem sie nämlich das Praktischgegebene ist, – also dasjenige, wozu wir nicht einmal unser eignes Selbst stark erleben müssen um sie zu erfassen, sondern sogar uns selber ziemlich negativ erfassen dürfen, – wird sie uns unwillkührlich auch das früher und bedingungsloser Wirkliche, das wir für alles zur Basis nehmen. Wie sie hineinreicht bis in unsere eignen Körperverhältnisse – da wir uns leiblich ja auch erst von außen, gleich andern Außendingen erkennen lernen, – so sehen wir auch uns selber endlich unter diesem zergliedernden Augenschein, – fragen, an welchem Punkt dieser Reihe wir »entstanden«, eingefügt worden sind als »Seele« oder »Geist«, d.h. mit denjenigen Aeußerungen die wir noch mit uns als identisch nehmen, etc.

Wir haben damit also (dem ursprünglichen »Haß«- oder Entfremdungsprinzip folgend,) uns auch zuletzt noch von uns selber abgestoßen, distanziert, und wenn wir uns auch in der Gegenwart, dem Moment des stattfindenden Erlebnisses, mit uns selbst als eins wissen, so haben wir doch die Vergangenheit daraus herausgezogen und suchen nun ihre Spuren draußen, uns nachgehend in der Reihe der Lebewesen, und diese so ordnend daß sie schließlich »oben bei uns« mündet. Mit allem was lebt und was wir »entwicklungsgeschichtlich« zu begreifen suchen, päpeln und hätscheln wir uns nun aus unsern kleinen Anfängen zärtlich zu uns selber zurück. Denn in all der zergliedernden, negierenden Methode wollen wir ja zugleich in dieser so erkannten und beherrschten Welt heimisch werden: d.h. auch unsere Liebes- und Einheitsbeziehung, trotz der Ichsonderung, irgendwie unterbringen.

Und dies ist es eben, wozu in einer neuen Weise die Psychoanalyse verhilft. Denn sie ist es, die gewissermaßen alles wieder einbezieht in den Einen lebenüberquellenden Punkt des Ubw., uns zusammenfaßt mit unserer Vergangenheit, und nicht nur mit unserer, und unbeschadet der Verstandesordnung die wir draußen aufstellen, uns heimnimmt in die nie unterbrochene Urordnung alles Seins.

⟨Montag, 10. Februar 1913⟩

Sonntag, nach dem Besuch bei Freud, Montag, nachdem ich von Marie Ebner Eschenb⟨ach⟩ spätgekommen bin, war T⟨ausk⟩ bei mir an der Arbeit wegen *Putnam* und am zweiten »Angst«-vortrag für d. Kurs.

Dienstag versäumte ich den, wegen gleicher Abhaltung wie schon einmal, trotzdem die beiden Knaben bei mir waren. Aber Ellen ging hin u. erzählte heimgekommen Amüsantes von D[r] W⟨eiss⟩' Débût.

Mittwochsgesellschaft (12): Tausk Kritik an Putnam

⟨Mittwoch, 12. Februar 1913⟩

Mittwoch, am kritischen Referierabend, platzte die Putnamkritik unter Trommeln und Trompeten, Freud entzog T⟨ausk⟩ das Wort, und dies ward ein Signal, das die Andern nicht überhörten. T⟨ausk⟩'s Haltung gefiel mir. Nachts, nachdem er vom Zitahotel noch in den Ronacher zurückgekehrt war und sich gegen Federn Luft gemacht hatte, entstand aber noch eine Zwischenträgerei (Rank) als habe er sich Freud's privater Zustimmung gerühmt. Diese Bemerkung Freuds hatte ich dem richtigen Wortlaut nach gehört, Jemand verdreht alles.

Besuch bei Freud (4): Freuds Beziehung zu Tausk

⟨Donnerstag, 13. Februar 1913⟩

Donnerstag war ich wiederum bei Freud, zum Nachtmahl. Schon vorher, gleich im Wohnzimmer brachte er das Gespräch auf T⟨ausk⟩ und wir sprachen viel darüber, später nochmals in seinem Zimmer, erst gegen 1 ½ Uhr brachte er mich nach Hause.

Freud handelt aus bester Ueberzeugung, wenn er so scharf gegen T⟨ausk⟩ auftritt, daran ist nicht zu zweifeln. Aber neben diesem »Psychoanalytischem« (im Hinblick auf T⟨ausk⟩'s ursprünglich neurotische Einstellung) ist es ja auch klar, daß alle Selbständigkeit neben Freud, besonders eine aggressiv temperamentvolle, ihn in seinem forscherischen, also edelsten Egoïsmus, unwillkührlich hetzt und schädigt, zu verfrühten Auseinandersetzungen zwingt etc. Derjenige Wert, den ein selbständiger Kopf für die Sache hat, weist sich erst am Zukünftigen auf, und das führt durch Kämpfe in der Gegenwart, die wahrscheinlich nicht vermeidlich sind. Daß Fr⟨eud⟩ es als Störung empfindet und sich tief nach jener Ruhe stiller Forschung sehnt, die er bis 1905, bis Gründung der »Schule« genoß ist sicher, und wer sollte nicht wünschen, er dürfte sie immer und immer haben!

Ich verstehe deshalb auch wohl, daß Menschen von Intelligenz und Tüchtigkeit wie Otto Rank, der ganz nur Sohn ist, für Freud das weit Wünschenswertere vorstellen. Wenn er von Rank sagt: »warum kann es diesen reizenden Menschen nicht 6 x anstatt 1 x in unserer Vereinigung geben?« so ist aber auch mit diesem Wunsch nach dem halben Dutzend die Einzigkeit des Betreffenden in Frage gestellt. Und dennoch macht eben dies Freud nur ruhig bezüglich einer drohenden »Ambivalenz«; schrieb er an einem der Referierabende, während Rank über Königsmörder vortrug, mir doch auf sein Papier folgende Bemerkung auf: »R⟨ank⟩ erledigt den negativen Teil seiner Sohnesliebe durch dies Interesse für die Psychologie der Königsmörder, darum ist er so anhänglich.«

Das Onaniebuch

Das Onaniebuch.

Mir sagen, außer Freud's Einleitung die Ferenczi'schen und Reitler'schen Ausführungen am meisten zu; der Tausk-aufsatz darin ist weitaus nicht er selbst, sondern wie unterbunden.

Neben der besondern Versuchung zum Unmäßigen, besteht die Schädlichkeit der Onanie (trotz Stekel's Schwärmerei für sie) natürlich in der Phantasieanstrengung, die sich den Partner ersetzen muß. Ich habe in mehreren Fällen gefunden, daß diese am anstrengendsten wirkt bei Frauen mit männlicher Clitorisonanie, weil diese sich von der Wirklichkeitslage am meisten entfernen; sehr oft schwere Hysterie. Aber auch im Fall der weiblich gearteten Phantasie halte ich die Frauen-Onanie für schädlicher, denn das Weib, als die Empfangende, bedarf der, nicht nur lokalen, Anschmiegung viel mehr als der Mann, – es ist für sie eine Einnahme weit mehr als eine Abgabe, die sie sich dabei ermöglichen soll, indem sie sich den Partner träumt.

Das hängt damit zusammen, daß der Sexualakt für sie ja überhaupt ein viel untrennbareres Ganzes bildet mit ihrem leiblichen und seelischen Sein. Um deßwillen erlebt sie ihn auch dafür über ihn selber hinaus, sowohl in seinen Nachwirkungen, als auch in dem Drum und Dran, wovon Männer manchmal kaum wissen. Sie allein vielleicht weiß ganz, was »Anschmiegung« bedeutet: als das bloße Ausruhen aneinander, oder als der einfache gemeinsame Schlaf. Es ist auch ein großer Unterschied zwischen solchen Liebenden, die sich nur aneinander erregen können, oder die beieinander Frieden finden. Die Sexualität als Bedroherin des selbständigen Ichlebens oder der sozialen Tagesleistung gilt nur in dem ersten einseitigen Fall: im zweiten Fall dient die Nacht der Liebe dem Tage und jeder, mit gedoppelter Kraft geleisteten Arbeit. Ein Mann, der von solchem Frieden und Kraftzuwachs nichts erfuhr, kann eigentlich garnicht anders als das Weib entweder verachten oder idealisieren, je nachdem sein Ichtrieb oder sein sexualer die Oberhand hat, – dadurch wird seine Geistigkeit dünn und lebenslos abstrakt, seine Geschlechtlichkeit arm und roh. Deshalb kann sowohl »Asket« als auch lasterhaft im Grunde nur der Mann sein, – das Weib, (dessen Geist Geschlecht, dessen Geschlecht Geist ist,) wird dazu nur in dem Maße imstande sein als es sich entweibt.

Zentralb. II 1. Wulff über »Infant. Sexual.«: Biologische Bedeutung der infant. Onanie: gut.

Kolleg (XIII): Sexualität als Grundursache der Neurosen

⟨Sonnabend, 15. Februar 1913⟩

Freud-Kolleg XIII

Etwas müde nach der Eysoldt-Matinée mit B⟨eer-⟩H⟨ofmann⟩, Schnitzler, Wassermann etc. und dem Nachmittagsbesuch von Swoboda, der seine jetzige Auffassung der Traumdeutung im Zusammenhang mit der Freud'schen mir darlegen wollte (ich bin seiner schriftlichen Einladung zu den betreffenden Vorträgen unhöflicherweise nicht gefolgt weil ich die Gedanken anderwärts hatte). Von diesem Kolleg wenig nachnotiren können:

Eine von Freud's Bemerkungen betraf Sw⟨oboda⟩-Fliess übrigens: das Männlich-Weiblich von Fliess sei so gedacht, daß das

Gegengeschlecht stets im Unbewußten sich berge; tatsächlich seien aber da die Grenzen sehr verwischt und auch das Gegengeschlecht durchaus innerhalb des Bewußtseinsfeldes anzutreffen.

Sehr sympathisch sprach er über die Bereicherung die im Bisexuellen liegen könne, und inwiefern das die normalen Entwicklungsverhältnisse nicht zu stören brauche: erst wo diese schon anormal geworden seien, bemächtige die Neurose sich auch dieser Sachlage und mäste sich an ihr groß.

Ferner: in den Neurosen finde man die Sexualität stets als Grundursache, die Ersatzbildung stets als eine sexuale: doch unterschätze man gewöhnlich den Grad, worin eine solche Störung auf andere Gebiete übergreifen könne, z. B. auf das Ichgebiet etc. – Hier scheint eine der T⟨ausk⟩'s Auffassung ganz gleiche ausgesprochen: nur daß das Nachträgliche stärker betont wird, – aber beide Gebiete hängen ja da, wo die Neurose ihren ursprünglichsten Ausgang nimmt, im Narcißtischen, ohne »vorher« und »nachher« noch einheitlich zusammen.

Endlich bemerkte Freud noch: da die Sexualität im Traum und im Unbewußten überhaupt noch ununterschieden vorhanden sei, unspezialisirt gleichsam, so könnte es geschehen daß asexuelle Dinge höchst sexuell hervortreten, und sexuelle dagegen als solche unerkannt bleiben. – Dies enthält eine gewisse Neuerung gegenüber der Traumdeutung (auch gegen deren letzte Auflage.) Und eine ziemlich weittragende Neuerung in Bezug auf praktische Traumanalyse, scheint mir, die dann nicht mehr vom Symbol auf den adäquaten latenten Inhalt schließen darf?

Mittwochsgesellschaft (13): Reim und Refrain

⟨Mittwoch, 19. Februar 1913⟩

Der Mittwoch-Dsk. Abd.

brachte Dr Weiss' Vortrag über Reim und Refrain, der von Freud etwas à contre coeur gelobt wurde und zu dem er sonst nicht viel sagte.

Genuss in der Urania: Über Kino, Inversion und »Totem und Tabu«

⟨Sonnabend, 22. Februar 1913⟩

Am Sonnabend fiel das vorletzte Kolleg aus wegen Lichtbildervorführungen der neuesten Römischen Ausgrabungen, und T⟨ausk⟩, die Buben und ich fröhnten einem einigermaßen ähnlichen Genuß in der Urania. Wie denn das Kino überhaupt keine kleine Rolle für uns spielt, und worüber ich nicht erst jetzt nachdenklich geworden bin. Zu dem vielen was man über dieses Aschenbrödel der aesthetischen Kunstbetrachtung an Ehrenrettendem sagen könnte, gehören aber auch ein paar rein psychologische Erwägungen. Die eine betrifft den Umstand, daß allein die Filmtechnik eine Raschheit der Bildfolge ermöglicht, die annähernd unserm eignen Vorstellungstempo entspricht und auch dessen Sprunghaftigkeit gewissermaßen imitirt. Ein Teil der Ermüdung, der wir im Theater vor Kunstwerken endlich doch anheimfallen, resultirt garnicht aus der edeln Anstrengung künstlerischen Genusses sondern aus der Anpassungsmühe an die Schwerfälligkeit der Scheinbewegung des Bühnenlebens; ohne diese Mühe, im Kino, wird eine Menge unbefangener Hingabe an die Illusion frei zur Verwendung. Die zweite Erwägung betrifft den Umstand, daß, selbst wenn von bloßem oberflächlichstem Vergnügen geredet werden kann, die Fülle des Verschiedenartigen ganz eigentümlich mit Formen, mit Bildern und Eindrücken der Sinne beschenkt: und sowohl für den in seiner Einseitigkeit stumpfwerdenden Tagesarbeiter als für den Geistesarbeiter in seiner beruflichen oder gedanklichen Tretmühle bedeutet das allein und an sich schon eine Spur künstlerischern Erlebens der Dinge als vorher. Beides aber läßt bedenken, ob nicht diese Rücksicht auf unsere seelische Konstitution die Zukunft des Filmtheaters bedeuten könnte, und den kleinen goldnen Pantoffel für das Aschenbrödel der Kunst.

Hier in Wien bin ich durch T⟨ausk⟩ hineingeraten trotz Arbeiten und Ermüdungen und Zeitmangel; oft langt's nur für ½

Stunde, und immer muß ich über dies Tun lachen, dem wir uns da ergeben.

Inversion.

Während des Gangs in die Urania und vor Beginn im Café, nachdem T⟨ausk⟩ mir von der *Freiburger* Entdeckung erzählt hatte, derzufolge Fr⟨eud⟩ wirklich den Sexualcharakter der Dem⟨entia⟩ Pr⟨aecox⟩ psychoanalytisch vorauserraten haben würde, war er voll guter Gedanken über das Sexual- und Ichthema, aber als wir Abends bei mir notierten, fingen wir am verkehrten Ende an, und es stockte bald. Jetzt, wo er soeben fortgegangen ist, wird mir klar, warum. Sagt man nämlich, das Homos. wäre vollständig, das Heteros. nur bezüglich des incestuösen Objekts verdrängt, so handelt es sich um zwei prinzipiell verschiedene Objekte imselben Menschen. Nur im ersten Fall lebt es notwendig konfliktuos in den Uebertragungen wieder auf: der Mann im Vater, das Weib in der Mutter lebt auf, während im zweiten Fall, infolge der empfundenen Geschlechtsdifferenz die elterlichen Urbilder als zu etwas Neuem, vertiefend, vermenschlichend, hinzutreten indem sich das Glück der Kindheit dem der Reife verbinden kann.

Das Interessante aber scheint mir dies: daß durch das Einsetzen der Geschlechtsdifferenz, durch die Reifung der Sexualität *der Ichtrieb als solcher schon mitgesetzt ist*, – daß das Grenzenauflösende des Sexuellen ganz und gar auf dieser Grenzorientierung beruht. Erst wo ein Ich entwickelt ist, kann man von »Sexualität« im strengern Sinn ja sprechen: der Heterosexuelle bedarf deshalb keinerlei Sorge wegen eines zwischen beiden aufkommenden Widerspruchs, vielmehr fördern sich beide, gegenseitig erst aneinander gleichsam kontouriert, physiognomisiert.

Falls dagegen im Invertierten eine nicht bloß durch Verbote anerzogene Scheu vor seiner Triebrichtung leben sollte, so könnte sie möglicherweise sich darauf gründen, daß *bei ihm* in der Tat die Sexualität zerstörend auf den Ichtrieb einwirken könnte, weil sie auf denjenigen Charakter zurückgreift, der einer zwar sehr überbetonten, aber schlecht orientierten und unreifen Ichphase entspricht, und die S⟨exualität⟩ ihm in einer für sein prim. Ich unpassenden, weil späterer Entwicklung entnommenen Form des Sexuellen zusetzt: nämlich der ganz objektgerichteten. Vielleicht um deßwillen bei den Homosexuellen ein viel größeres Verlangen nach »platonischen« Liebesformen und nach allen Abarten der Schwärmerei, besonders masochistisch gerichteter: – – vielleicht aus einem richtigen Gefühl heraus, daß hier doch eine Abirrung, d.h. Ungeordnetheit des Triebes (trotzdem robuste Gemüter sie, wie sonstige Schädigungen, gefahrlos vertragen mögen) vorliege, und daß ein besondrer Grad von »Sublimation« nur eine unterlassene frühere Aufarbeitung in's Ich und Geistige *gleichsam stellzuvertreten habe.*

Denn ohne Zweifel hat ja unsere homosexuelle Wesensphase sich in ganz natürlichem Verlauf aufzuarbeiten in allgemeines Wohlwollen, Sozialität Güte etc., und pfuscht durch eine Abbiegung in's Spezialsexuale einer spätern Ichphase in's Handwerk. Es ist ja Freud's große Entdeckung, den Zusammenhang zwischen dem, was scheinbar asexuell Menschen an Menschen bindet, und dem Homosexuellen aufgefunden zu haben. Nur kommt mir immer vor, als spiele bei ihm dabei die »Verdrängung« eine unnütz große Rolle: an sich ist der Uebergang aus dem leiblichen Sicheinsfühlen mit Seinesgleichen zum geistigen, kein schwierigerer als etwa der Uebergang von der Betonung erogener Zonen auf die genitale. Es geht doch zu weit, die Güte als eine Reaktions-, d.h. Verdrängungs-Erscheinung *allein* zu nehmen (weshalb man Uebergütigen einen verdrängten Sadismus zutraut) und den Kulturmenschen aufzubauen auf dem homosexuell verdrängten Wilden. Wahrscheinlich besitzt sogar der Wilde, innerhalb seines kleinern Umkreises, weit viel ⟨mehr⟩ Sozialität als wir, und erst das Tier, voran Bienen und Ameisen, beschämen uns darin vollends. Bei Tieren wie Primitiven entspricht das noch vorhandener (»narzist.«) Identität: bei uns wird diese der Boden sein, von dem aus wir »sublimieren«, also aus Infantilität heraus, die nicht in's Sexualnormalreife wuchs. (sie ist ja noch der gleiche Boden für Ich wie Sexus, und darin besteht wahrscheinlich die eigentliche Sublimationskraft. – Reaktive Eigenschaften erwachsen wohl etwas höherher, – Umstülpungen von schon Ich- und Sexus, aber namentlich doch noch vom Sadomasochistischen Durcheinander dieser beiden aus.⟨)⟩

Nachtrag. (Imago.)

In Freud's Interpretation des Schuldgefühls ist Tausk's Angstkomponente schon vollauf vorweggenommen. – Aber das Allerwesentlichste ist, da⟨ß⟩, ganz abseits von jeder genetischen oder historischen Erläuterung der Vaterkonflikt wie der Vateraufblick urewig und urmenschlich gegeben ist durch den Umstand daß *wir selbst* es sind, und doch das Außerhalb unserer. *Dies* trieb im Vater den Gott hervor, oder umgekehrt ausgedrückt: ließ das Gottbedürfen im Vaterbesitz sich realisiert sehn. Im wirklichen Erleben unter Menschen musste grade dies Allumfassende, worin Selbst und Außenwelt ineinanderrannen, – Geborgenheit und Emanzipation, Abhängigkeit und Souveränität, – natürlich in ambivalente Einstellungen auseinanderfallen; es musste der Ausgangspunkt aller menschlichen Kämpfe werden.

Ja, vielleicht ist für alle Menschlichkeit hier das Tiefstgelegene berührt: der Mensch will sich bewußt vereinzelnen und gegenüberstellen: der Punkt dieses Abrisses wie auch der ewigbindenden Nabelschnur liegt eben hier. Im Tier kommt es weder zu diesem Grade der Unabhängigkeit noch des unerhörten Sichwiedervereinenmüssens.

Der mir plausibelste Grund für Exogamie: als der Mensch genügend Einzelner geworden war, anstatt bloßes Hordenstück, muß er aufgehört haben homosexuell im Sinn der Blutseinheit sein zu müssen; seine Ichentwicklung trieb ihn der Liebe zum Fremdern, der Ueberwindung der Distanz zu. Alle heterosexuelle Liebe ist ein höherer Grad Ichentwicklung als das erotische Verbissensein in die Blutsbande.

Besuch bei Freud (5): Freud und die Philosophie

⟨Sonntag, 23. Februar 1913⟩

Sonntag bei Freud erzählte er mir eine »Phantasie« die noch nicht niedergeschrieben ist, und die ich drum auch nicht niederschreiben will, von der Bedeutung des Vatermords für die gesammte Kulturentwicklung bis heute. Er hat noch nie etwas so Geistreiches zu einem Ganzen geformt, – geistreicher fast, als er es sich sonst gestattet.

Hinterher sprachen wir über seine Abwehr gegen reine Philosophie. Ueber seine Vorstellung, daß man imgrunde doch das denkerische Bedürfniß nach endgültiger Einheit der Dinge bekämpfen müsse, als hervorgegangen aus einer höchst anthropomorphischen Wurzel und Gewöhnung, und als zweitens vielleicht hinderlich oder beirrend bei der positiven wissensch. Einzelforschung. Er sagte von sich, er habe jenes Verlangen kaum je nennenswert besessen. In der Folge sprachen wir von der Schwermut, die das Leben mit seinen Erfahrungen, auch bei günstigem Geschick, allmählich mit sich bringe, dem steigenden Mangel an Euphorie, und von seinem Entsetzen an dem »Lebensgedicht« das er in Nietzsches Komposition grade gelesen haben muß. Sollte nun zwischen diesen beiden Dingen, dem mangelnden Einheitsverlangen und der mangelnden Euphorie nicht ein Zusammenhang bestehen? Freud gab zu, daß dies Einheitsstreben schließlich aus dem Narcistischen stamme, – dorther aber kommt uns nach seiner eignen Vermutung ja auch unser Lebensmut. Ist der stark in seiner Freudigkeit, so ist es auch das Einheitsverlangen und vice versa. Ist es aber so, so wäre damit gesagt, daß unser tiefstes Leben damit selber eins ist, und wir es nicht bekämpfen dürften ohne die Quelle auch aller unserer Einzelbetätigungen trübe zu verschütten. Unsern Lebensdurst und Denkerdurst stillt letzten Endes dasselbe Wasser, und ist darum unantastbar, heiliggesprochen. Gewiß ist es keck vom denkenden Menschen, die Einheit aller Dinge mit ihm selbst vorauszusetzen, nein, einfach zu »setzen«. Aber ist es nicht noch viel kecker von ihm zu leben als Mensch?

Um der menschlichen Euphorie willen arbeitet nämlich ja auch der gesammte wissenschaftliche Betrieb, der orientierende, praktisch-sachliche, – nur auf einem Umweg vom Lustprinzip über das Realitätsprinzip zur Lust zurück: Freud'sch gesprochen. Also handelt es sich höchstens bei ihm um eine Verschiebung, und Mangel an Euphorie wäre mithin der einzige Grund, aus dem man nicht genug aufbringt für Philosophie (oder Kunst). Wenn man einwendet (wie Freud tat) daß es sich dabei eigentlich um Regressionen zu den infantilen Fragestellungen handelt, so ist es doch vielleicht schon wieder ein Fall, bei dem »primitiv« und »primär« verwechselt wird. Daß uns etwas von frühester Kindheit, in irgend einer Form, nachgeht, dürfte vielleicht zunächst doch nur auf dessen bleibende und ungeheure Berechtigung schließen lassen, und der *Verzicht* darauf auf eine abnehmende Lebensfülle. Ja, mehr noch: ich habe nicht selten gefunden, daß ein solcher Verzicht, nach den philosophisch oder künstlerisch begeisterten Tagen der Jugend, manchmal nicht bloß Müdigkeit bedeutete, sondern geradezu eine Art der Betäubung durch die Hingabe an wissenschaftlich oder praktisch absorbirende Betätigung. *Eine Art Verdrängung von sich selber mit Hilfe einer Resignation.*

Daß alles, was wir philosophisch oder künstlerisch, und ehemals in religiösen Symbolen, vom Dasein aussagen, *notwendig schief*, entstellt im wissenschaftlichen und praktischen Sinn, herauskommen muß, darf uns heute so wenig beirren, wie die Traumentstellung in Bezug auf ihre Spiegelung sonst nicht erfaßbarer Seinszusammenhänge. Mit dem Wort »Symbol« wirtschaftet man ebenfalls nicht ganz klar, wenn man es als nur das Primitivere, als nur Vorstufe nimmt. Es ist die logisch unbrauchbare Art zu denken, aber sie ist nicht bloß ein Noch-nicht-denken, sondern auch ein selbstberechtigtes Andersdenken. Die Denk-Elemente erscheinen nur anders gemischt: wo die Logik abstrakt vorgeht, da erlaubt es sich die farbigste Plastik, – aber dafür da, wo die Logik streng sondern muß, Einzelnes auffassend, da erschaut es, unbekümmert um dies vorsichtige Konkretisierenmüssen, mehr Ganzheit. (Und so wird es im engern, rein ps.a.terminol. Sinn, Symbol, nämlich das, was Unsprechbares anklingen läßt, – aus dem Ubw. heraus »symbolisiert«.)

Die mir so lieben Besuche bei Marie Eb⟨ner⟩ Esch⟨enbach⟩ wobei wir sogar ps.a. sprechen. Neulich Unvergeßliches über ihren Bruder und seinen Tod. (Mit der jung. *Gräfin Kinsky* nicht viel zu machen, dagegen Fr. Dubsky, den Neffen dort kennen gelernt als sympathisch.⟨)⟩

Mittwochsgesellschaft (14): Federn über Neurose und Arbeitshemmung

⟨Mittwoch, 26. Februar 1913⟩

Am Mittwoch-Dsk. Abd.

Federn über Neurose und Arbeitshemmung als erster Vortrag zum »Buch«; im Theoretischen ungeklärt; Freud nahm es gut auf, sagte aber wenig dazu. Und am Sonnabend, den ersten März, zu Freud's Schluß-Kolleg, einem so schönen, vielleicht dem schönsten meines ganzen Winters hier, mußte ich fehlen! (Im Fieber zu Bett.)

Dann kam ein sehr lieber Brief von Freud, – auf eine kleine Correspondenz per Papierschub während des Mittwochvortrags.

Tausk und seine Buben: Über Kindheitserinnerungen, Gewalt und Verdrängung

⟨Sonntag, 2. März 1913⟩

Sonntag kamen die Buben mit T⟨ausk⟩ weil ich noch nicht ausging. Dieses: ihn mit den Buben zusammen zu sehn macht mir eine besondere Freude, und nicht nur eine persönliche. An diesen Sonntag Nachmittagen drängt sich zwischen ihnen Dreien alles ineinander, was unter normalen Verhältnissen sich über den Lauf der Alltage ausbreitet, Werbendes wie Strenges, und bekommt dadurch einen kondensirten Ausdruck in dem sich gleichsam eine ganze verhaltene Fülle von Vergangenem und Zukünftigen an der flüchtigen Momentgegenwart sammelt.

Wir sprachen über die Gefahr und Notwendigkeit der Verbote; T⟨ausk⟩ sagte: primär verdrängt wird stets nur durch Gewaltsamkeit dem Kind gegenüber, also durch Gebot oder Strafe: daher gehen die Verdrängungen durchweg in's Infantile zurück. Entstehen spätere Verdrängungen aus andern Anlässen, ohne im Unbewußten diese alten Vorläufer zu besitzen, so bleiben sie dort nicht haften, d.h. bleiben bewußtseinsfähig, obwohl grade sie die glücklich gelungenen Verdrängungen zu werden pflegen.

Aus seinem eignen Kinder-Erleben: wie er sich bei groben Strafen der Mutter half, indem er innerlich die Scheltworte beantwortete mit einem: »das bist du selbst! du selbst!« und das endlich zu einem beruhigend automatischen Reaktionsablauf wurde, – bis es ihm einmal ausrutschte, über die Lippen kam wie eine nach außen verirrte Bewegung und als ein Fremdes, Unfaßliches da stand.

Dann, wie er, in einem Uebermaß der Empörung die handeln *mußte*, in's Zimmer ging, wo ein Jugendbildniß der Mutter stand und es mit einer Nadel durch's Herz bohrte, – worauf er längere Zeit sich kaum in's Zimmer hineinwagte, wie nach einem vollzogenen Mord. Später erwähnte die Mutter einmal das »zerkratzte« Bild, und das erstaunte ihn, bis er sich überzeugte daß es wirklich nur zerkratzt, der Durchstich nur im innern Vorgang erfolgt war.

(Nachtrag aus einem Gespräch bei Weiss'.)

Mittwochsgesellschaft (15): Narzissmus

⟨Mittwoch, 5. März 1913⟩

März. Mittwoch-Dsk. Abd.

mit Helene Stöcker als Gast. Reik über Kunst. Freud Bemerkungen über Narcißmus, während der langen und sehr lebhaften Diskussion:

Narcißmus zu betrachten als ein Restphänomen, das auch einstweilen noch ein solches bleiben wird; man muß sich hüten, ihn zum Schlüssel für alles mögliche unerschlossen Uebrigbleibende machen zu wollen.

Die Abgrenzung des Narzistischen gegen Egoïsmus und Introversion. (Hartnäckige Debatte zwischen Silberer und Freud, weil Silberer beides für nicht genügend unterschieden hält. (Was wahr ist.)⟨)⟩

Freud: Narc. nur dann pathologisch wirkend, wenn er die Entwicklung hemmt, so wie es ähnlich mit der Homosexualität ist, die sonst ebenfalls bereichernd wirkt.

Freud: warum der Künstler narzistisch *bleibt*, ohne Entwicklungshemmung als Grund: weil er zum Schaffen den Narzißmus, d.h. die »Allmacht der Gedanken« braucht.

Freud: der Künstler, der mit seinen Objektbesetzungen Werke schafft, wandelt sich diesen Werken zuliebe in alle Arten von Objektbesetzungen um, was er für Menschen nicht täte. Es ist seine Art zu lieben.

Tausk: er ist nicht unfähig, Menschen zu lieben, er liebt schön, oft intensiver als Andre, mit voller Drangabe, aber mit akutem Ablauf.

Freud: er ist, wie die Frauenliebe, stets neu werbend um Objekte, um die Welt mit sich zusammenzuschließen, daher durstig nach Gegenliebe und verbittert ohne sie.

Dies scheint mir eine Verwechslung des Narzistischen fast mit dessen Gegenteil: der sich selbst zweifelhaften Unsicherheit. Denn nur diese ist in ihrem Antrieb abhängig von der Außenreaktion; der erotische Fehler des Narzistischen liegt grade darin, daß ihm sein eigner Liebesausbruch fast genügt, daß er ihn nach außen bereits entlastet als genügender Kontakt mit der Welt, und daß sein Dank dem Partner gegenüber nicht so sehr dessen Gegenliebe gilt, als dem Umstand daß er die Gewalt besaß ihn den Liebesausbruch zu lehren.

Dies ist jedoch der heißeste Dank, – Einer, der die Liebe selbst überdauert. Und in ihm begegnen sich im narzistischen Menschen gleichsam die ganz egoïstische und die ganz »selbstlose« Art zu lieben (: die vom Andern »absehende«) als ein und dieselbe. Alle wirkliche Objektliebe ist auch selbstisch objektgebunden, zum Entgelt für ihren Unegoïsmus, also angewiesener auf des Partners Verhalten.

Ueber die Diskussionen, soweit sie den Narzißmusbegriff betreffen, habe ich viel nachdenken müssen. Es ist sicher, daß er bereits auf zweierlei Weise benutzt wird, und das könnte, insbesondere auf gegnerischer Seite, zu außerordentlich störenden Mißverständnissen führen. Einmal ist er ja, wie Näcke und Hav⟨elock⟩ Ellis ihn wohl auch gemeint haben, als bestimmte, zu überschreitende Entwicklungsstufe gedacht, – doch da schon doppelt: erst als Uebergang zwischen dem Autoerotischen und Homosexuellen, in frühe Kindheit verlegt, sodann aber als die – etwa um die Pubertätszeit herum gern auftretende, – auf sich selbst gerichtete Verliebtheit, die ein Objekt schon kannte, sich jedoch für das begehrenswerteste ansieht. In diesem zweiten Fall, im Durchschlag der vollen Ich-Eitelkeit, kann es schon Züge zeigen, die dem Neurotischen nähern: dem Durcheinandergeraten von Ichtrieb und Sexualität, – indessen braucht es nicht bis zu einer solchen Fixierung zu kommen. Und ebenso kann, – insbesondere eine solche Pubertätsphase, diese »zweite Geburt« – auch Züge aufweisen, die, wie an das Neurotische, so auch an das Schöpferische erinnern, worin Ich und Geschlecht sich neu zu einen scheinen zu neuem Leben.

Dies nun, das Narzistische im schöpferischen Sinn, ist keine zu überschreitende Stufe mehr, vielmehr eine dauernde Begleitschaft allen tiefern Erlebens, – einerseits immer gegenwärtig, andrerseits noch tief jenseits allen Möglichkeiten vom Bewußtsein aus Stufen in unser Ubw. hineinzuhauen: im Narzistischen ist das Ubw. nur noch en bloc gegeben, – als das »Ursprüngliche« nicht einer bloßen Basis, sondern des Allesumfassenden. Freud hat vollkommen Recht – wie er es soeben tat, – davon als von einem Grenzbegriff zu sprechen, der nur ein Behälter für ungelöste Reste, nicht ein Schlüssel zu deren Lösung sei: aber eben, indem man ihn so definirt, wird er gewissermaßen identisch mit dem Ubw (d.h. dem »Unbewußten« nicht dem »Ubw« Verdrängungssystem) selbst hinter dessen letzt-deutlicher Menschenlinie.

Es ist garkeine Frage, daß an diesem Punkt Streite entbrennen werden, und daß sie nur noch philosophisch zu schlichten sind. Genau da nämlich setzt ja Adler's Organbegriff ein, sein Sprung vom Psychologischen auf ein anderes Wissensgebiet mit andern Methoden. Statt dessen an Freud's jetziger Narzißmusdefinition festzuhalten, heißt ganz prinzipiell: festhalten am Recht der Psychologie zu ihren eignen Mitteln und Methoden quand même, – also auch da, wo das psychisch Gegliederte ihr entwischt, noch *ihre eigne Dunkelheit*, ihr höchsteignes X. setzen dürfen, anstatt überzulaufen in die fremde Klarheit der andren, physisch genannten Seinsseite. Es heißt: Ernst machen mit dem Prinzip, wonach Psychisch und Physisch für uns einander *darstellen* (»repräsentiren« T⟨ausk⟩) aber weder *bedingen* noch *erklären*, und deshalb auch nicht *für* einander eintreten können (weshalb sich mit Adler's »Organgefühl« psychologisch nichts machen läßt, und diese seine Zurückführung keine ist, d.h. nicht auf Tieferes stößt, sondern bestenfalls eine Repräsentanz feststellen würde.) Es ist aber das *Recht auf die eigne Dunkelheit* sehr wichtig: denn nur dem darauf gerichteten, nicht dem in die fremde Helle abgleitenden, Blick kann sie sich auch nur um das geringste Stückchen selber erhellen, – wie sie es für Freud streckenweise schon getan hat, und woher auch die ganze Betonung liegen bleiben muß auf dieser entdeckerischen Richtung der Augen, und der ganze philosophische Streit auch nur drum gehen darf, *ihr* Raum und Recht zu verschaffen. Alle Philosophie innerhalb der Freudsache will und soll bloß Helferin an der praktischen

Sache sein: allein dort ist sie jetzt nötig geworden und nicht mehr zu umgehn.

Schließlich kommt bei alledem noch ein dritter, schöner Narzißmussinn heraus: neben dem Narziß der sich verliebt spiegelt (*traurig*, wie die Sage es will, ja nur dann, wenn er es neurotisch gebannt tun muß), und neben dem andern Narzißmus, (zu dem der Name so nicht paßt, weil er nicht sich spiegelt sondern ⟨gespiegelt⟩ wird, sich selbst gebärt, – also psychoanal.symb. in der Tat »aus dem Wasser« obschon als bloßes Bild) kommt endlich der entdeckerisch auf sich selbst gerichtete Narziß, der Selbsterkenner.

Die letzten Tausk-Kurse: Phobie und Zwangsneurose. Tausk als Dozent

⟨Dienstag, 11. März 1913⟩

Die letzten Tausk-Kurs⟨e⟩.

infolge der beginnenden Ferien schwächer besucht. Beim ersten »Angst«vortrag kam am Schluß hinzu, als Uebergang zum Zwangsneurotischen:

»Wie die Phobie ein Vorbau vor der Aggression, so das Ceremoniell ein Vorbau vor der Phobie.« Daß hinter dem Ceremoniell Angst als dessen Urgrund steckt, ergänzt Freud's Auffassung der Zwangsneurose (siehe Samml. Kl. Schrift. z. Neurosenlehre. Zwangshandlung u. Religionsübung p. 123: »Da es bisher nicht gelungen ist, das wahrscheinlich tiefliegende Kriterium der Zwangsneurose aufzuzeigen, dessen Vorhandensein man doch in ihren Aeußerungen allenthalben zu spüren vermeint.«) Dies wäre mithin *die Angst*, aber Freud spricht es (p. 124) schon aus wenn er fortfährt: wie in der Religion handle es sich um Abwehr- und Schutzmaßregeln.

Indem Freud so die Zwangsneurose als »pathologisches Gegenstück zur Religionsbildung« auffaßt, als eine »individuelle Religiosität«; »die Religion als eine universelle Zwangsneurose« berührt er etwas sehr Tiefes an aller Religion. Alle Magie und Beschwörung gründet sich auf die Bindung der Angst vor Lebensbedrohungen vermittelst einer Imitation, Fingirung einer Art von Naturgesetzlichkeit die sich mit dem menschlichen Willen zusammenschließt. Während uns, in unserer immer mechanistischer werdenden Welterklärung- und Beherrschung grade das unberechenbar Scheinende als das Interessante draußen und als das Geniale innerlich vorkommt, mußte dem frühern Menschen im Chaos der über ihn stürzenden Eindrücke, alle Rettung und auch alles Gottgleiche im Stereotypen, Fixierbaren gegeben sein, als in dem, worin er sich selbst mit dem Geschehen bündnißhaft zusammentun konnte. Alle alte Kunst und Religion redet deutlich vom Ceremoniell als der Zuflucht und als der Einheit, der Vereinigung. Sünde war Bruch *dieses* Geschehens, nicht irgendwelche Handlungen im Lebensgewirr draußen, wo wir die Sünde heute (gewissermaßen »sentimental«) suchen; Sünde konnte deshalb ein minimaler Mißgriff der Zerstreutheit sein, – wie eine verkehrte Geberde, ein offengelassener Riegel etwa heute elementare Katastrophen *physischen* Geschehens im technischen Getriebe hervorrufen könnten: Sünde war eben noch etwas im Zusammenhang der *Wirklichkeiten* und von ihren Folgen nicht künstlich getrennt.

In seinen Vorträgen wirkte T⟨ausk⟩ ein paarmal am besten, wenn er unbesorgt sein schlechtes Gedächtniß zum Besten gab. (Als er das spanische Gebirge nicht benennen konnte: »da in den – also in diesen bösen Bergen, wissen Sie –.« Und als er sogar die fünf Sinne nicht herzählen konnte: »– die Sie ja alle prachtvoll wissen –«.) Ist nun Jemand umgekehrt mit außerordentlichem Gedächtnis ausgerüstet, so muß er dies Wissen derart spielend handhaben, daß man es als *Wissen* wiederum vergißt, – also, wo der Eine die Lücken keck betont, statt dessen die Fülle leise verschwinden machen. Sonst argwöhnt man zu leicht, daß die persönliche Wirkung auf der gedächtnißhaften aufgebaut sei: auch er erreicht mehr, wenn er zu schweben anstatt fest zu fußen vorgiebt.

Analoges läßt sich aber interessant auf ganz andern Gebieten ebenfalls feststellen: *alle* Lücken vermögen noch den persönlichen Eindruck zu erhöhen, (– dermaßen sind wir in unserm eigensten Selbst undefinierbar, unumrissen) und *alle* positiven innern Besitze *können* ihn gefährden, sobald der Verdacht Eingang durch sie findet daß sie das Undefinierbare ersetzen, erhöhen oder auch nur präcisieren wollen. Lücken wirken daher am besten als Löcher, durch die man in's Unendliche sieht. (Zu T⟨ausk⟩ paßt das, denn sie entstehen ihm so oft durch innere Hingerissenheiten.)

Auch anderswo bedeutsam: da unsere paar Sinne die Welt nicht nur begrenzt, sondern auch nur mit Hilfe großer Lücken aufbauen (ähnlich wie Kinder ihre Bausteine nur so übereinander formen können), während sogar schon Geschöpfe um uns, z.B. Ameisensorten die Ultraviolet »sehen«, diese Lücken vermeiden oder verlegen, – da also wir so an die Täuschungen von Lücken als von positiven Bausteinen und objektiven Gültigkeiten gebunden sind, ist auch in dem Fall die überall hindurchscheinende Unendlichkeit die Hauptsache, die *erst eine Welt draus macht*. Etwa wie an einem impressi. Bild die es umflutende Luft. (Der Eindruck am Wesen eines Menschen ist da, wo wir Demut und Größe als eins empfinden.)

Mittwochsgesellschaft (16): Tausk Vortrag und Freuds Beunruhigung

⟨Mittwoch, 12. März 1913⟩

Mittwoch-Dsk.Abd.

Nachdem T⟨ausk⟩ den »Vaterproblem«vortrag Nachmittags in intensiver Hast beendet, (während die Buben mit dem goldgefaßten Doppelbildchen zum Geburtstag kamen, dessen verfrühte Feier am Sonntag mit einem kl. Горущцокrach geendet hatte.) fuhren wir zur Vereinigung; ich ging allein voraus, von Freud auf der Straße abgewartet, und mit ihm zusammen hinauf. Dann seine Unruhe und schriftl. Anfrage (Papierchen mir zuschiebend: »Weiß er schon alles?!« Ich schrieb zurück: »Natürlich nichts« – nämlich vom ⟨durch⟩ Freud gegen mich

Geäußerten) im Verlauf des Vortrags. Er lehnte ihn ab, weil die psych.anal. Anwendung auf Neurose (die jedoch geflissentlich ausgeschaltet geblieben war) fehle, und das Matriarchat nach Bachofen die Auffassung einseitig gemacht habe.

Besuch bei Freud (6): Die Tausk-Frage. Freud und die Philosophie

〈Freitag, 14. März 1913〉

Freitag Abend bei Freud geladen; ehe ich hinging, kam T〈ausk〉 mit dem neuen Kain-Abelmotiv des jüngern Sohnes. Freud sprach schon vor dem Nachtmahl, und später viel und bereitwillig über die ganze T〈ausk〉frage. Zuletzt sprach er sehr gut und weich. Er behielt mich sehr lange, indem er noch gegen 1 Uhr seine soeben abgeschlossene Arbeit für die »Scientia« vorlas und durchsprach. Sie ist ein résumé der möglichen Anwendungen von Psych.An. auf wissensch. und prakt. Gebieten. Mit ihm um ½ 3 heim.

Mir scheint manchmal, wennschon in der Psychoanalyse das philosophischtheoretische Interesse nicht unmittelbar mitsprechen soll, daß man dann auch die Beeinflussung durch die Entwicklungslehre, z. B. in ihrem Haeckelschen Dogmatismus, schärfer ausschalten müßte, als es bei der genetischen Betrachtungsweise geschieht. Weil es sich aber um Therapie und um krankgewordene Komplexe handelt, erscheint so ganz ohne weiteres das Bewußtwerden als das »Höhere« gegenüber dem »Primitiven«, »atavistisch Entstandenen«, und diese rein praktische Erwägung fixirt sich zu einer irreparabel philosophischen und zu einer Ueberbetonung des Bw., als sei alles Infantile pathologisch durch Unreife. Statt dessen hätte die Psychoanalyse noch eher die Aufgabe, die Entwicklungslehre (oder was dafür gilt) durch ihr gründliches Zu-Ende-denken über sich selbst hinauszuführen. Denn was man »ontogenetisch« in der Psychoanalyse zu fassen kriegt, geht in der Tat über das hinaus, was wir uns »phylogenetisch« mit mehr oder minder Wahrscheinlichkeit konstruiren, und hat seine Bedeutung weit über den Umstand hinaus, daß es so oder so »entstand«: es packt das Sein selber an seiner Wurzel und auch diese sind noch »wir«. Die steil emporführende Bewußtseinslinie verliert an ihrer Bedeutung durch den, sich ewigrund auf allen Punkten zusammenschließenden Ring des Ubw., für dessen Allgegenwart es kein Oben und Unten giebt. Nicht nur was wir, im Sinn der Fixierung und Regression, »infantil« nennen und damit pathologisch, ist für immer in ihn gefaßt, sondern auch was wir, ohne Fremdwort, »kindlich«, im Sinn des immer wieder Uranfänglichen, des Schöpferischen also, nennen, und ohne das kein voller Lebensaugenblick Leben hat. Und wenn Neurosen durch ihre Heilmethode dazu verführen, das Bewußtwerdende zu überschätzen, so sollten andrerseits auch grade sie dazu führen, Ubw. in seiner nicht bloß genetischen Bedeutung zu betonen. Denn ihre Fixierungen sind ja imgrunde nicht darum schlimm weil sie darin regredieren, sondern weil sie es nicht weit genug tun, – weil sie sich unterwegs schon festklemmen, ehe sie in die Heimat der neuschöpferischen Möglichkeiten zurückgelangt (der schöpferischeste Mensch würde jede Stunde wieder voll aus dem Urgrund schöpfen) sind: sie nehmen *irgendwelche letzte Stationen bereits für das Ziel*, und dadurch sind vergangene Einzelheiten für sie schon eingetaucht in die brausenden Gewalten aus denen ihnen sonst Zukünftiges geboren werden könnte. Aber Neurotiker ahnen und fühlen offenbar infolgedessen doch etwas davon, bringen uns, wenn auch verdrehte und mißverstandene Kunde von dorther, wo wir höchstens im Traume sind, und erscheinen uns deshalb närrischer und zugleich wissender als die eindeutig Gesunden. Am erschütterndsten tun das vielleicht die Psychoten und am schwersten Geisteskranken, von denen Jung so schön sagte: sie litten an den Reminiscenzen der Menschheit, – d.h. die dort, schon jenseits des individuell Erlebten, fixiert sind an *einstmals schöpferische Wahrheiten*, ohne doch, auf diesem Umweg über Jahrtausende, bis an den eignen schöpferischen Zusammenhang zurückzugelangen, der dem Gesunden natürlich ist, – nämlich dem Menschen mit der Oekonomie des kürzesten Weges.

In Lundenburg: Erkenntnistheoretisches. Die Frau als Glückstier

⟨Montag, 17. März 1913⟩

Lundenburg

Mit T⟨ausk⟩ bei Jelka in Lundenburg, im alten Schloß. Abends, bei Gelegenheit eines Gesprächs über Dr Reinhold und andern »Entdeckerköpfen« bemerkte T⟨ausk⟩ einiges was mir sehr einleuchtete. Unter anderm war es dies, inwiefern die Erkenntniß am Physischen, im Gegensatz zu der am Psychischen, gewissermaßen gleich ein Ende in sich selber habe, – d.h. inwiefern man von ihr aus nicht weiterdenken könne, sondern nur *neuerdings* neue Tatsachen finden, also den Aufwand vielfacher Entdeckungen machen. Im Psychischen dagegen lösen sich von einem Punkte aus immer neue Zusammenhänge: auch das Einzelne, Gefundene steht schon im Mittelpunkt des Ganzen.

Von ganz wo anders her ergab sich eine ähnliche Anschauungsweise aus unserm Zwiegespräch Abends drauf in Wien. Es war schön, wie T⟨ausk⟩ sagte: Gemeinplatz ist etwas nicht nur wegen Mangel an Geist, sondern weit mehr wegen Mangel an Leben, – es ist einfach das, was nicht an sich selber weitersproßt, sondern, wie klug es auch sei, allmählich abgegriffen und damit banal wird. Weshalb alle negative Lebensanschauung, wie begründet auch immer und wie geistvoll zugerichtet, zu einer Plattitüde führe. Umgekehrt eigne aller Lebensbejahung eine Tiefe für unser Gefühl, die Tiefe des Unkontrollirbaren, aus unermeßlichen Zusammenhängen Verlautbarten (so wenn Nietzsche sagt: »denn alle Lust will Ewigkeit, will tiefe, tiefe Ewigkeit«, – einerlei wie unsere sachlich-psychologische Betrachtungsweise den Lustbegriff zergliedern mag.) Das Wesentliche dabei bleibt (darüber einigten wir uns nach kurzer Debatte) daß hier aus der Ganzheit des Lebens, wie wir sie ohne weiteres als

Lebendige in uns selbst ebenfalls repräsentiren, gedacht werde, während die Lebensnegation mit einem Mangel an empfundener Lebendigkeit Zusammenhänge, der Weltschmerz ein *Symptom* darstelle. Das Beispiel von T⟨ausk⟩ selbst als Gymnasiast: wie er zur Gotteskritik kommt, berechtigt und sachlich, doch nur heimlich motivirt durch Verschiebung vom Vater her, der unantastbar wie das Leben. So ist unsere Lebenskritik, wie vollendeten Wissenschaftscharakter sie auch trage, gewonnen aus dem Kranken an dem, worin wir unausweichlich leben und weben und sind, womit wir identisch sind, und dem wir auf denkerisch-praktischem Wege deshalb wohl gegenübertreten können mit prüfend abschätzendem Blick, das wir aber in jedem Moment voller Intuition – erkennend, lebend, gestaltend, – nur immer wieder bejahen können, grade wenn wir unvoreingenommen, d.h. nicht düpirt von unsern eignen Momentmängeln sind.

Auf dem Wege der nicht-intuitiven Lebenserfassung, dem für unsern Verstand gangbarern, kann man aber so auch zur begründeten Vorstellung kommen eines Lebensverfalls durch Kultur; Kultur durch Lebensmangel, Kultur durch die Schwachen.

Das wären in diesem Fall die Männer. Sie wären das schwache Geschlecht, betrachtet vom kulturlos narzißtischern Standpunkt des Weibes, (das die letzten Intuitionen des Geistes vielleicht nicht erreicht, jedoch dafür als solches aus Lebens- und Geistesintuition heraus sein Wesen hat.⟨)⟩

⟨Dienstag, 18. März 1913⟩

Diesbezüglich ein heiteres Gespräch schon am Morgen noch in Lundenburg, in Jelka's Eßzimmer zu Dreien. Beinah wäre ein Beitrag zum Referierabend des Mittwoch Tags drauf draus geworden. Jelka und ich nahmen es als Kompliment an unsere Adresse auf.

Die Frau als das Glückstier. Eigentlich ähnlich wie der Neurotiker rückläufig zum Narzistischen hin, nicht wie das Tier undifferenzirt geblieben, aber ein Neurotiker d.h. ein Regredierter, ohne Neurose. Imgrunde wäre das Weibwerdenwollen des Neurotikers ein Gesundwerdenwollen. Und immer ist es ein Glücklichseinwollen. Denn nur dort ist die Sexualität kein Aufgeben der Ichgrenze, kein Zwiespalt, sondern sie bleibt Heimat der Persönlichkeit, in die sie jedoch alle Sublimationen des Geistes einbeziehen kann, ohne sich selbst zu verlassen.

»Gieb wie ein Weib giebt, welches liebt. Die Frucht des Gebens bleibt in ihrem Schooß.«

Vorlust und Endlust: Psychologie versus Physiologie

Vorlust u. Endlust.

Gestern nach der Heimkehr von Lundenburg noch darüber gesprochen, warum es mir als eine Unsauberkeit der Methoden erschien, daß die Vorlust in die psychologische Schilderung fällt, die Endlust aber in eine rein physiologische, die den Kulminationspunkt des psychischen Prozesses also garnicht auf dessen eigenem Gebiete berührt. Der Endakt löscht, grade bei starker Gefühlsentbindung, das Seelische in's fast Bewußtlose, oder aber übergeht es andrerseits fast als nebensächlich; umgekehrt bedarf die seelische Zärtlichkeit, je größer sie ist, desto geringerer leiblicher Nachhilfe, und die größte wäre insofern die anspruchsloseste, als sie noch den geringsten körperlichen Ausdruck für die ganze Fülle ihrer Beseeltheit beredt zu machen vermöchte.

Zärtlichkeit ist eben, wie T⟨ausk⟩ richtig sagte, ein Grenzbegriff und Bezirk zum Bewußtsein, und deshalb nur noch grade auf diesem einen Strich bewußt zu schildern und zu fassen. Im Akt selber entwischt er uns entweder in's Organische »hinab« oder über uns selbst hinaus, d.h. er erreicht noch nicht oder löscht das Bewußtsein. So unterbleibt die Schilderung der untern und obern Stadien, d.h. sie wäre überhaupt nicht mehr als Zärtlichkeit sondern nur entweder organisch repräsentirt oder aber metaphysisch zu geben.

Hier stößt man wieder drauf, wie für uns die physische Repräsentanz da eintritt, wo wir nicht mehr von uns aus, von unserer begrenztbewußten Beseelung aus, weiterbegleiten können, wie sie mithin, als gleichsam höheres Symbolum, *mehr* enthält, als uns im Umkreis unserer selbst zugänglich ist und so auch alle letzten, noch »überseelischen« Geheimnisse unserer Liebe. Aber, einmal gegeben als physische Darstellung davon, wird sie auch wiederum vorstellbar als die Basis, der gröbere Untergrund für alles Noch-nicht-Seelische: aus gleichen Ursachen unseres Nichtwissens.

Ebenso wird mir wieder mal klar: *wofür* die metaph. Ausdrücke stehn, und wir sie deshalb *schildernd* weitergebrauchen sollten, unbehindert von ihrer einstigen Bedeutung; sonst fehlt uns im geistigen Alphabet von irgendwo an der Buchstabe. (Mehr als ein solcher, und wär er X, würden sie nicht zu sein haben.⟨)⟩

Barock: Nachtrag zu Wilhelm Worringer

Barok

T⟨ausk⟩ erzählte neulich etwas Merkwürdiges: wie er, nach Zeiten starker rein intellektueller Produktivität, durch äußere und innere Störungen aus ihr herausgedrängt, spontan eine Uebersensitivität für einzelne Formen und Linien empfing; wie er den Bewegungen eines Pferdes auf der Straße nachstarren, oder ein Sförmiges Ornament am Schreibtischbein gleich einer ganzen Welt von geahnten Beziehungen in sich aufnehmen konnte, – so als erlebe er, gleichsam daran entlang, alles, was zu diesen formalen Seinsäußerungen hingeführt und in ihnen sich entladen habe, als die unendliche Allfülle selber.

Dies ist gewiß typisch für bestimmte Begabungen, für die auch das logische Denken, wie logisch immer es sei, nur ein Mittel, ein Weg ist zu zusammenfassenden, lebendigen Erkenntnissen. Kann es da, infolge von irgendwelchen Behinderungen, sich nicht in der gewohnten Weise weiterformen, da explodirt es sozusagen an den real vor uns hingestellten Formen der Dinge, so daß diese auf einmal ihre Beredtsamkeit und innere Beziehungsfülle auftun, und daß »die Steine reden.«

Es kann dies jedoch dieselbe Art der Begabung sein, die umgekehrt überall zur gedanklichen Architektur drängt, zum intellektuellen Aufbau und Ausbau dessen, was gefühls- oder handlungsmäßig sonst ungegliedert bleibt. Aber innerhalb dieser Architektur wird sie sehr leicht die Stileinheit gefährden durch den Einbruch und Einspruch immer neu darin unterkommen wollenden Lebens. Die klassisch-logische Linie wird sehr oft sich in der baroken lösen, – denn das Baroke ist ja nichts weiter als daß das Klassische seine Reinheit verliert durch die hereindrängenden Lebensmotive, den nie fertigwerdenden Reichtum der lebendigen Möglichkeiten, die *zugleich* zerstören und aufbauen. Im Barok hat man sich dafür einen künstlerischen Separatstil geschaffen: doch sicher ist, daß eine Begabung, die im Intellektuellen dazu führt, sich nie in der reinen Kunst als solcher am produktivsten aussprechen wird, sondern in dem, was die Kunst dem Gedanken, den Gedanken dem Leben, eint. – Wenn man sich das Barok im kunsthistorischen Sinn betrachtet, so gewann es seine Pracht und sein Odium zugleich, durch die zunehmende Unechtheit des Materials, dem die Kunst der Renaissance noch so rein diente, – aber man muß nicht vergessen, daß das Barok sein Material dafür großen architektonischen Träumen dienstbar machte, die mit treuem Dienst an kostbarstem echtem Material überhaupt nicht realisirbar wären. (Es ist da also in der Tat etwas Analoges zum Zersprengen der Logik durch über sie hinausreichende innere Ideenpläne.) Charakteristisch ist, daß die Kunst barok wurde mit dem Aufkommen des Höfischen, eigentlich mit dem »Fürsten als Erzieher« (17 Jhh.), mit dieser Art von Centralisirung und geselligem Ausbau der Kultur: der Mensch mit Barokanlage will wirken und Etwas oder Jemanden feiern; er ist nicht ein sachlicher Einsamling. – Der Verfall dieser Zeiten liegt im Ueberhandnehmen des Geselligen und Höfischen mit der Frau als Mittelpunkt (Frankreich.) In dieser Verweiblichung wird schließlich alles so erlaubte und kühne Rede und Möglichkeit (weil längst keine brutale Wirklichkeit) daß man aus fast den gleichen kecken Gedanken die hier spielen, den Ernst der brutalen Wirklichkeit der Revolution hervorbrechen sieht.

Nachtrag: Wilh⟨elm⟩ Worringer: Formprobleme der Gotik.

»– als barok empfinden wir jede Stilerscheinung, die ein organisches Leben zeigt, das unter einem allzustarken Druck steht. Und dieser Ueberdruck ensteht immer dann, wenn die rechten Ventile verstopft sind und die eigentliche Auslösung nicht vor sich gehen kann, wenn die organischen Ausdrucksmöglichkeiten ein Leben bewältigen müssen, das eigentlich über ihre Kraft geht und nur von überorganischen Kräften bewältigt werden könnte.« (85)

(In Worr⟨inger⟩'s »Hysterieauffassung« des »gotischen Formwillens«, wie er die Renaissance wieder durchbrach, wird das pathologische Moment an der »baroken Veranlagung« verständlich.⟨)⟩

Über Perversionen: Verschiebbarkeit des Triebes

Ueber Perversionen

In den »Drei Abh. z. Sexualth.« hat Freud ein schönes echtes Arztwort gesagt: »Vielleicht grade an den abscheulichsten Perversionen – – – – ist ein Stück seelischer Arbeit geleistet, dem man trotz seines greulichen Erfolges den Wert einer Idealisirung des Triebes nicht absprechen kann.« Es macht nachdenklich, daß Perversionen, gleichviel wie wenig angenehm manche aussehn, so ganz nahe am Wege zur Libidosublimation sich aufhalten: ja die »Verschiebbarkeit« des Triebes, die ihn erst sublimationsfähig macht, läßt ihn häufig auch erst perversionsfähig werden, und dagegen die Objektliebe, insbesondere die altmodische »wahre« der Leute, rührt sich nicht gern vom Platz und büßt hinter ihrem Sexualziel, wie hinter einem braven warmen Ofen, allmählich jede Beweglichkeit ein.

Allein da ist ein Grund warum man sie den Perversionen immer wieder ganz unvergleichlich vorzieht: und das ist der Umstand, daß nur sie uns aus uns selbst in die Realität hinausrückt. Unsere Sexualität hat aber keine wichtigere Aufgabe als uns über die Brücke unserer Physis der Wirklichkeit zu einen, und die Vermählungen die da stattfinden, gehen garnicht nur von Mensch zu Mensch, sondern noch weit darüber hinaus vor sich. Weil aber Personen für uns die Außenwirklichkeit mehr noch repräsentiren als wir selbst, die wir in uns hineinleben können und gleichsam nur noch von rückwärts an's Allsein (an das Sein Aller) stoßen, so ist nur im Personalen die Richtung und Rettung, die der ordentlichen Objektliebe wahrscheinlich ihren hohen Würdigungsgrad verschafft hat.

Und den Perversionen ihren eigentlichen unheimlichen Schauer verschafft haben mag. Denn der stammt nicht nur aus dem »Moralischen«. Er stammt genau aus diesem Mangel an Realitätsanschluß, den auch selbst die sublimsten Phantasien ja nicht ersetzen. Indem perverse Zärtlichkeiten, fein oder grob, lieber über die Körperfläche hinspielen, sich mit der Himmel weiß was allem kombinirend das den Körper in seiner treuherzigen Zweckdienlichkeit garnichts mehr angeht, – ist es fast, als glitten sie heimlich, nicht nur über die Leibesgrenzen hinweg, sondern über die Weltgrenzen überhaupt, – mit tastenden Fingern vergebens sich zu halten suchend, irgendwohin entgleitend, – in's Nichts.

Ueber Perversionen. II

Mit Tausk Erörterung darüber, wie im Ablauf der Entwicklung die erogenen Zonen in den Ichdienst treten, wie z.B. die Betätigung der Sinneswerkzeuge dadurch ganz von selbst den Sublimirungen dienstbar wird. Diese Stelle hat mir vieles klarer gemacht, als es mir je war. Aber es erhellt auch daraus, daß, wie hier gleichsam ein Heimatsursprung für alle Sublimationen liegt, auch alle Reize und Gefahren, die zwischen Ichtrieb und Sexualität überhaupt spielen können, sich hier ihr natürliches rendez-vous geben. Einerseits Ichauslebungen die sich mit der dort noch disponiblen Libido zu künstlerischer Wärme steigern, zu Wundern der Intuition, andrerseits sexuelle Wünsche und Visionen, denen es gelingt die Selbstbehauptung festzuhalten indem sie nur zum Schein, zur Hälfte, mit einem Fuß, auf das Sexualgebiet übertreten. Damit nähern sie sich schon stark den Perversionen, von denen jedoch ernsthaft erst gesprochen werden kann, wenn das genitale Sexualziel überhaupt aufgegeben ist für einen derartigen Ersatz. Ist das geschehen, dann sind Ich- und Sexualtriebe schon durcheinandergeraten, mißbrauchen einander auf ihren gegenseitigen Gebieten. Für die Pervertirung, welche man den klassischen Fall nennen könnte, den Sadomasochismus, ist das am klarsten: im Sadismus wird die Ichaggression, indem sie sich dem Sexuellen »verschränkt«, zu einer Wollust der Schädigung des Andern, und im Masochismus läßt das grenzenauflösende Sexuale umgekehrt das Ichrecht nicht mehr gelten. Ebenfalls von Tausk ist diejenige genetische Erklärung des Sadomasochismus, die mir die plausibelste scheint: daß er aus einer Zeit stamme, wo dem Kind die sexuelle Endlust nicht erreichbar sei, und es sich deshalb an die Vorlust des Raufens (auch ohne Raufen: schon durch stets weitertreibende Intensität = Schmerz), des Angriffes oder Erliegens fixire, die ihm dem Endziel am nächsten zu kommen scheine. Das immer weiter Gehn im Schmerzlichen des Zufügens wie Erduldens ist damit erst motivirt.

Der klassische Fall wiederum dieses Sadomasochismus' ist imgrunde die Religion (Algolagnie). Schon deshalb, weil die Vorlust der Gottesliebe mit ihrer unendlichen Hingebungsforderung sich nirgends zu Ende realisiren, sich an keiner Realität »sexualisiren« kann. Aus diesem Grunde gehören die ungeheueren Accente, die Ekstasen und Uebersteigungen aller Normalität durchaus zu ihrem Wesen selbst, nicht zu dessen Uebertreibungen: sie ist die göttliche Legitimation gleichsam aller Perversion, die Verewigung der Vorlust. Und zwar grade deshalb, weil der Mangel an Realität (– denn gäbe es etwas Analoges in der Realität, so brauchte es nie Religion gegeben zu haben –) sie zwingt, aus der *Umgehung* der irdischen Endziele, Relativitäten und Conzessionen an's Wirkliche, aus dieser fortwährenden *Negation* sich ihre Position fiktiv aufzubauen. Aus den frühesten Erinnerungsstücken des Menschen, in denen Fiktion und Wirklichkeit sich noch ebenso eint, wie Sexualtrieb und Ichtrieb vor deren genauerer Spezialisirung, entnimmt die Religion den Stoff, womit sie, wie Dido mit der Kuhhaut, ihre ganze Unendlichkeit an Land, umspannt; aus dem bischen Elternzärtlichkeit wächst ihr Himmel und Hölle, aus dieser Vergangenheit alle ewige Zukunft. Ja mehr noch: die Hölle (abgesehen davon, dass der Teufel schon aus der ambivalenten Einstellung zum Vater resultiert) selbst steht als ihre Bewahrheitung da, ohne deren schwarzen Schlagschatten der Himmel nicht glaubwürdig echt genug erschiene. Die Hölle ist das imposanteste Werk des Menschen der, für Zukunftslust, aus Vergangenem entnommen, aber unermeßlich wie alle Vorlust, die Gegenwart seiner Erde preisgab.

Rückblick: Freuds Auffassungen zur Neurose

Rückblick

Wenn ich die Sonnabende, Mittwoche und letzten Aufsätze Freud's in diesem Halbjahr überblicke, scheint er mir in 5 Punkten seine Auffassungen etwas lockerer gefaßt zu haben:

1. in Bezug auf verdrängtes Material als *einzigem* Inhalt seines Ubw.

2. in Bezug auf Neurose als *doppelseitiger* Störung von Ichtrieb u. Sexualtrieb.

3. in Bezug auf ein deutlicheres Einbegreifen des Ichs im Narzistischen.

4. Im Offenlassen der nähern Definition des Zensurterminus.

5. In der Bemerkung daß im Traum sexuelle latente Inhalte asexuelle Form gewinnen können u. umgekehrt.

In allen diesen Punkten ist der Ichfaktor im Verhältniß zum Sexualfaktor ebenbürtiger geworden, und insofern eine Annäherung gegeben zu Denen, die allmählich abzufallen drohen oder abgefallen sind: ausgenommen Adler. Denn nur Adler liegt nicht daran, den Ichfaktor zu betonen, sondern den Sexualfaktor auszuschalten, d.h. also das Doppelseitige des Verhältnisses. Und dort liegt allein das Entscheidende, und damit behält Freud allein Recht.

Vierter Besuch bei Adler: Abschließendes Resümme seiner Theorie

〈Karfreitag, 21. März 1913〉

Adler

am Charfreitag im Alserhof Adieu gesagt, nachdem ich ihn zuletzt Ende Februar gesprochen, wo er sich meinetwegen aus seiner Gesellschaft vom Hause entfernte, weil ich sie nicht mitmachen wollte. Indessen brachte er mich mit ihr, d.h. mit Strasser und Frau einige Tage später doch im Café zusammen; mir wär es recht gewesen zu schweigen, (wie Freud es wünscht.), als es nicht ging, gerieten wir um Freud aneinander.

Mit Adler ist es für mich nun so geworden, daß sein Buch »Über die Minderwertigkeit von Organen« mir die beste Erinnerung an seine Schriften bleibt. Die Art wie dort die minderwertigen Organe als zugleich diejenigen infantiler gebliebenen Charakters geschildert werden, und sich gleichsam erst nachgeburtlich weiterentwickeln können, und dann nur noch auf »nervösem« Wege, uns kenntlich durch Uebererregbarkeit, – was die spezialisirtern, gewissermaßen in physiologischer Tüchtigkeit aufgehenden Organe nicht zu leisten vermögen: das alles scheint mir noch heute außerordentlich anregend und nachdenkenswert, als organische Unterbauung dessen, was Freud gefunden hat, und auch in erfreulichem Einklang mit manchen neuesten biologischen Erforschungen über Blutdrüsen u. ähnl. Nun ist aber mit dem »Organgefühl« allein, medicinisch aufgefaßt, psychologisch nichts zu tun, es bleibt ein Gebiet für sich, kein Ersatz für die Basis die Freud gab. Wo unser psychisches Leben in der Tat organisch darstellbar wäre, da ist es das jedenfalls nicht für uns, für unsere Augen denen es ja selber ein Notbehelf für psychisch Unverstandenes ist, und wo wir es leiblich in seinen Prozessen arbeiten sehn, da wissen wir von einer Psyche dahinter nichts. Dies ist es ja grade, was nicht nur den alten, schon übel verrufenen Materialismus mit seiner Ableitung des einen vom andern, als Ursache und Wirkung, denkunmöglich gemacht hat, sondern auch dem Parallelismus mit seinen mühsamen »Lokalisationen« der psychischen Vorgänge in physischen, imwege steht. Die Psychoanalyse mit ihrer vollkommenen Scheidung der Methoden wie der Materialien verfährt, in all ihrer Ablehnung der Philosophie, allein philosophisch korrekt, und mit ihrem scheinbaren Dualismus allein raumlassend für *wahrhaften* »Monismus«. So muß sie auch drauf bestehn, daß die Psyche, deren Funktionen Adler in der »Fiktions«-bildung belauscht, nicht eine in leerer Luft stehende Wesenheit sei, sondern von derselben realen Bedeutsamkeit für unser praktisches Denken (d.h. für das Denken diesseits des erkenntnißtheoretischen Denkproblems) wie das physiologische Substrat für die medicinische Forschung. Beinahe ist es, als wäre für Adler von der Ambivalenz, (die er vor Bleuler festgestellt haben will) den unbewußten psychischen Urbildungen aus, ihm die Gegensatzpaarigkeit zu einer willkührlich spielenden Mannigfaltigkeit u. zu einem Willkührspiel überhaupt, zuletzt geworden, und mit einem schlechten Witz könnte man sagen, er habe den Narzißmus zu streng nach seinem terminol. Wortlaut genommen, und sich so lange drin bespiegelt, bis vom Narciß nur noch das Bild ihm wirklich blieb. Als es soweit war, da stützte er seine Fiktionstheorie, wie sie im »nervösen Charakter« vorliegt, bezeichnenderweise auf Vaihinger's »Als ob«philosophie, d.h. auf etwas, das von reinen Hilfskonstruktionen des theoretischen Denkens spricht, – von Arrangements, die sich nach zwei Richtungen absolut von den Adlerschen unterscheiden müssen: erstens nämlich, insofern sie durchaus bewußt intendirt sind, und zweitens insofern sie ganz jenseits aller Wertfragen stehn, (worauf V⟨aihinger⟩ sogar ein Hauptgewicht legt, da er um Gotteswillen nicht mit der Kantischen Moralwertfrage in Kollision kommen möchte, trotzdem er theoretisch kein bibe⟨l⟩fester Kantianer mehr ist.) Ganz umgekehrt wie diese theoretischen Zweckfiktionen, sind die Adlerschen nur durch ihr Unbewußtsein wirksam, ja ersterben durch ihr Bewußtwerden, und sind zudem alles was sie sind, nur als wahre Wertreservoire, unangreifbar jeder Kritik. Dabei darf man überdies nicht vergessen, daß es sich ihm nicht um die Fiktion als Krankheitssymptom sondern als centrale Seelenäußerung des Gesunden handelt (gleichsam einziges Symptom daß seelische Aeußerung vorhanden sei im Adlerschen Homunkulus), – und dadurch entgeht ihm jede Möglichkeit, auf dem Gebiet krank und gesund voneinander zu scheiden. Denn der faktische Unterschied zwischen beiden: daß die gesunde Fiktion nämlich garkeine ist, weil auch ihr vermessenster Traum aus jener Grundrealität stammt, die Adler negirt, und aus der wir schöpferisch unser Leben in Dessen Außenrealität aufbauen, – würde ihn unterwegs zu Freud zurückführen. Er würde dann merken, daß die Seele noch weit symbolisirender vorgeht, als selbst er meint, weil sie nämlich etwas zu symbolisiren *hat*: das Positive, woraus sie sich selbst schafft, und was nur im Kranken zu leeren Fiktionen verzerrt wird, in ihr jedoch Bild auf Bild wird dessen, was so sehr *ist*, daß es weder in Bild noch Namen ganz eingeht.

Nachtrag: Zu Tausks Kindheitserinnerungen

Nachtrag:

Zu Tausk's Kindheitserzählungen.

Als er sehr klein war, und krank, bettlägerig, zerbrach er die ihm vom Vater geschenkte Geige (die dieser eigentlich sich selber geschenkt hatte,) indem er zum Vergnügen damit gegen den Bettpfosten schlug. Nachdem die erzürnte Mutter das Zimmer verlassen hatte, hörte er die Apfelsinenfrau vorüberkommen, und schrie laut nach der Mutter; sie kam, verwies ihm aber seine Bitte um Apfelsinen, weil sie kein Geld mehr übrig habe; endlich ließ sie sich doch vom Mitleid mit dem kranken Kind erweichen, suchte ein letztes Geldstück vor, und kaufte ihm eine Apfelsine. Das gramvolle Gesicht, die Erwägung, daß sie ihr Letztes dafür hergegeben, bedrückte den Kleinen aber mit Schuldbewußtsein und schrecklichem Weh: er hielt die Frucht in der Hand und konnte sie nicht essen.

(Sie hätte, als er sie dann aß, noch bitter *sein*, – nicht nur ihm so vorkommen müssen, – wie Apfelsinen es bisweilen sind.)

Mittwochsgesellschaft (17): Die nicht gehaltene Abschiedsrede

⟨Mittwoch, 2. April 1913⟩

Mittwoch Dsk. Abd.

Nach allerlei Abschieden dieser Tage: – im Ambulatorium & bei der lieben alten Ebner, – der letzte meiner Mittwoche.

Sachs sprach (über Swift) gut und ganz lustig, fast ohne Notizen. Sogar Kraus erhob sich zu einer vorzüglichen Bemerkung in der Diskussion. Freud war sehr befriedigt. Von seinen Aeußerungen notire ich eine (nicht zum Thema):

Die reinliche Abgrenzung des Neurosengebietes gegen allgemeine Psychologie und auch gegen die Adlerische, ist der Psychoanalyse für ihre Problemstellungen nothwendig. So ist z.B. die Adl⟨er⟩ Minderw.lehre fraglos *sozial* bedeutsam, für Charakterentwicklung wie Erleben; doch wie wichtig es für Jemanden sein kann, körperlich benachteiligt zu sein, ja sogar an den Genitalien benachteiligt, so findet man doch nur hin und wieder dies als Ursache von Neurosenbildung, und sehr oft Neurosen bei größter körperl. Intaktheit. Die Grundursachen müssen deshalb, zwar so tief wie möglich am Ursprung der psychischen Heraufarbeitung, aber doch innerhalb des Psychischen, erfaßt werden.

Als ich mit Freud hinunterging, lud er mich noch für Sonntag ein, und fragte heiter, sich scherzhaft zu den Nachfolgenden zurückwendend, ob er nicht noch schnell einen kleinen Abschied insceniren solle. Nein! aber kurz zuvor, als ich noch neben ihm saß, hätte ich fast, zum erstenmal die Hand zum Wort gehoben, und hätte gern Folgendes gesagt:

Meine Herren!! diskutiren hab ich nicht mögen, und es Sie für mich tun lassen, aber danken mag ich selbst. Der Psychoanalyse danken grade dafür, daß sie mehr verlangt als nur einsame Schreibtischarbeit, und daß sie dadurch mich hinführte zu einer Art von Brüderschaft: hierher. Wodurch sie so lebendig wirkt, das ist ja keine verblasene Mischung von Wissenschaft und Sektirerei, sondern es ist dies, daß sie das höchste Prinzip aller Wissenschaftlichkeit, nämlich die Ehrlichkeit, zu ihrem Lebensprinzip erhebt, es fort und fort anwendend innerhalb jeder individuellsten Wirklichkeit noch, und so gleicherzeit das Leben der Erkenntniß beugend, – wie sie andrerseits ihre wissenschaftliche Großtat darauf gründet, daß sie die Erkenntniß, die verengte und vertrocknete der Schulpsychologie, dem Leben gebeugt hat. Dadurch insbesondere, ja grade dadurch, ergeben sich, über diesen Kreis hinaus, leichter als irgendwo, Spaltungen und Streitigkeiten, und schwerer als irgendwo ist ihre Schlichtung ohne den Zusammenhang der Ergebnisse und Methoden zu gefährden. Dies bleibt für die nächste Zeit gewiß ein Problem. Doch es steht ja imselben Zeichen der nicht nur denkerisch sondern im eigensten Leben bewegten Weiterarbeit, und wo es nur dem Hauptprinzip, der ehrlichen Gemeinschaft, treu bleibt, da ist es – wenigstens für Frauenaugen, – auch schön und eine Freude, Männer im Kampf gegeneinanderstehen zu sehn. Um so mehr fällt der andre Teil der Sache mir heute zu: der Dank. Er gilt allen diesen Abenden, selbst langweiligen, um Dessen willen, der an Ihrer Spitze saß und ihnen seine Zeit hingab. Und so ist, was den verschiedenen Geschlechtern in der Welt zu tun obliegt, hiermit gut geschieden und doch geeint. Denn Männer raufen. Frauen danken.

Untreue I–III: Die geistigen Fähigkeiten der Frau. Treue und Fixierung

Untreue I

Bei einem ähnlichen Gespräch sagte T⟨ausk⟩ einmal, die geistigen Fähigkeiten einer Frau, das-sich-geistig-vielem vermählen, sei aufgearbeitete Polyandrie. (Vielleicht ist auch die Eifersuchtslosigkeit so etwas, hervorgegangen aus Unverständniß für eigne Dauerbindung.) Nur kann man manchmal zwei Züge dabei beobachten: erstens daß Menschen die nicht »treu« sind, deshalb doch nicht einen Menschen für einen andern verlassen, *sondern nur getrieben werden zu sich selbst heimzukehren*, und erst von hier aus, irgendwann, wie aus freiem Weltraum heraus, erst wieder unter Menschen treten. Ihre Untreue ist darum nicht Verrat. Zweitens aber, braucht es überhaupt keine preisgebende Geberde zu sein, mit der sie Jemanden an dem sie hingen, loslassen, – es kann vielmehr eine ehrfurchtsvolle sein, die ihn zurückgiebt an alles; eine also, die ihn nicht als zu begrenzt oder unzulänglich ablehnt, sondern gerade ihn hineingestellt sieht in die unendlichen Zusammenhänge die sich sofort wieder hinter ihm schließen und ihn in ihre Größe hineinnehmen.

Drittens bleibt eine Erwägung zu machen: für ein Weib giebt es überhaupt nur die Wahl der Halbheit oder der Untreue. Sie ist wie ein Baum, der in der Liebe den Blitz erwartet der ihn spaltet, und sie ist doch auch wie der Baum der reich vor sich hin blühen will. Indem sie eins nur auf Kosten des andern vermag, muß sie mit der Halbheit paktiren. Es sei denn, daß sie lieber den *ganzen* Baum riskirt, – *aber dann auch wiederum den ganzen Baum neu einzupflanzen geht, vom Keim an, von der Versenkung in die Erdkrume an.* Man soll das nicht für Hoffahrt nehmen, wenn sie den immer neuen Anfang nötig hat: ist es denn nicht auch Demut, sich mit dem kleinsten Keimling, (der von allen Bäumen und Frühlingen ringsum so total entfernt und in einem Grab den Anfang nimmt) zu tragen, anstatt dauernd einen blitzzersplitterten Baum zu ertragen?

Viertens dürfte man noch sagen: nur der Verzicht auf Fakticität, nur Auferstehung im Scheingewordenen, *erlaubt* zu sagen: »Verweile doch!« und erst recht: »Du bist so schön!« und damit ist ein Gefühl auch schon über alle vulgäre Treue hinaus: ist ein Segen über allen künftigen Objekten, deren Sterblichkeit kompensierend.

Untreue II

Ich habe nicht selten folgende Beobachtung machen können:

was an einem Wesen entzückt und was später einmal von ihm entfremdet, kommt beides gemeinsam, und innerhalb des Eindrucks eines Ganzen herauf, und immer tief symbolisch. Es mag eine Geberde, Gangart, Nackenlinie, einen Augenaufschlag, Tonfall, oder noch viel Aeußerliches betreffen, immer scheint es *alles* zu sagen. Was es aussagt enthält irgendwie mit in sich die besondere *Kontour* dieses Wesens, der die nur ihm eigne innere Physiognomie charakterisirt, – und eben damit zugleich auch die nur ihm eigne, besondere Wesens*begrenzung*, an der wir auch schließlich seine Endlichkeit begreifen lernen.

Solange man sich selbst noch für treu hält, – und das tut Jeder eine Zeitlang, denn wer hielte sich von vornherein nicht für einen Ausbund edler Eigenschaften, – solange nimmt man wohl auch manchmal solche kleinen Züge wahr, von denen man ahnt, sie begrenzten imgrunde das Gefallen, jedoch man nimmt sie harmlos, wie ein gesunder Mensch einen Schnupfen bei dem er nicht gleich an Lungenentzündung denkt. Später ist es eine unheimlichere Sache damit: es kann vorkommen, daß man mitten in voller Leidenschaft, in der Befürchtung durch sie um sich selbst gebracht zu werden, gewissermaßen *ausspäht* nach diesen kleinen verräterischen Rettungspforten, durch die man vielleicht doch – doch noch entwischen wird und hinter denen man die Freiheit winken sieht.

Bis man die Befürchtung aufgiebt und mit gemischten Gefühlen die Anwesenheit geringer Züge der Nichtsympathie mitten in der Sympathie ähnlich tolerirt, wie das Wissen um den Tod:

irgendwo tritt er uns an, irgendwo auch unsere Liebe, aber weder uns noch ihr werden wir deshalb fortwährend den Puls fühlen. Wir werden im Gegenteil dafür sorgen, dessen volle Schlagkraft auszunützen.

Die große Erotik symbolisiert alle Sexualität in sich, so d⟨a⟩ß die physische Vereinigung absolut sinnbildlich der geistigen wird: dies gilt grade von der Frau deren geschlosseneres Wesen die Gegensätze noch ungegliederter eint. Aber man darf nicht vergessen, daß *eben deshalb der Mann als Person keine Grenze dafür abgiebt: auch er wiederum wird Sinnbild über ihn hinausreichender Einheiten*.

Untreue III

Wenn man in einem Haufen Sand ein Loch macht, und grabe es sich auch noch so tief, so rieseln die dabei fortgeschobenen Sandkörner an die offene Stelle nach, bis sie gefüllt ist. Doch: *die einzelnen Stellungen der Körner zueinander bleiben seitdem verändert*. Und zwar dadurch, grade dadurch, daß das Loch als Loch *nicht* bleibt. Und die einmalige Veränderung erstarrt.

Man kann doch nicht leugnen, daß zur richtigen Konservierung von Gefühlen wesentlich (wenn auch nicht *nur*) zwei Zutaten ungemein förderlich sind: nämlich entweder Ambivalenz oder Phlegma. Gefühle, deren Kehrseite dem »Ubw. zugekehrt« bleibt, können sich nie total zu uns herumdrehen, wir können daher mit ihrem Anblick nie fertig werden; könnten wir es, so würde in Bezug *auf sie* vielleicht wahr werden, was in Bezug *auf den Beschauer* vom Antlitz der Wahrheit als eines Bildes zu Saïs gilt: »wer sie sieht, der stirbt.«

Das Phlegma aber nun wieder, erspart sich einfach die rasch aufbrausende Intensität. Was man nicht intensiv benutzt, bleibt eben lange neu.

Wer garnicht (möglichst wenig) ambivalent eingestellt ist, muß seine volle Hinwendung zu Mensch oder Ding wahrscheinlich ganz urnotwendig durch Unterbrechungen ermöglichen, in denen er wiederum *ganz sich zu sich selber* wendet. Dann entgleitet seinem Blick das vorherige Gefühl dankbar und fröhlich, statt unwillig und gehässig wie in der Ambivalenz die es nie ganz los wird, – aber man nennt dennoch nur diese erste Art »untreu«, denn grade die widerwillige Treue erweist sich ja in ihrer Dauertugend.

Ein Neurotiker, also ein sehr Ambivalenter, wäre bezeichnenderweise von einer Treue (»Fixierung«) nur heilbar, wenn man nicht von einer der beiden Seiten dazu ausginge, sondern hinter beide zurückginge: seine Treue würde erst verdorren an der ausgegrabenen Haßwurzel.

Aus schriftlichen Analysen: Regression. Zwangsneurose. Masochismus. Psychoanalyse und Juden

〈Sonnabend, 5. April 1913〉

Aus schriftl. Analysen.

Heute mit Tausk auch beim *Kino* gründlich verabschiedet, nämlich gleich bei zweien nach einander (*»Wilde Reiter« Alserstr.* und *»Unsichtbare Hände«, Jörgerstr.*) Von da noch einmal Zeit gefunden für die schriftl. Masochistenanalyse.

Für Regression ein gutes Bild: der zurückschnellende Gummi. Wodurch der Affekt scheinbar am ursprünglichen Erlebniß, (tatsächlich an dessen Relationen) geknüpft bleibt, anstatt an neuen Erfahrungen verbraucht, so daß diese leer ablaufen. (T〈ausk〉)

Zwangsneurose- oder Paranoia-ähnliche Anfälle bei Aufgeben von Phantasieen infolge der Behandlung: Ceremoniell um die vermeintliche Einbuße daran gutzumachen, oder Gefühl von Verfolgtsein dadurch.

Der Zwangsneurotiker, als Zweifler, eben deshalb an andern Punkten abergläubisch. (Analog wie die von T〈ausk〉 im *Café*

Landmann erzählte Geschichte seines Handlesens: der Zweifel den das Ablesen vom Gesicht noch übrig läßt, gebunden durch die größere Unsicherheit der Handliniendeutung, und daher der physiognomische Eindruck unbewusst-sicher reproduzirt.)

Im Masochisten das Sexuelle vom Physischen gespalten durch die betreffende infantile Perversion, an die es so selbständig fixirt bleibt, daß es genital nur noch ausgelebt werden kann auf Grund ihrer Phantasieerzeugung. Die zweierlei Frauentypen, die aber dadurch notwendig werden, sind miteinander für den Ps.A. verlötet dadurch, daß die psychisch Wirksamen (welche nicht sexuell benutzt werden können) als Befehlerinnen auftreten in den masochistischen Situationen welche die andern Frauentypen (Dienstmädchen etc.) auszuführen haben.

T⟨ausk⟩ sagte neulich von der fast ausschließlichen Betätigung von Juden am Fortgang der Psychoanalyse, es hätte vielleicht ohnehin nicht genützt, wenn es Freud gelungen wäre, die Psychoanalyse in Zürich taufen zu lassen (wie Freud es nennt.) Denn es sei verständlich, daß an uralten, zerfallenden Palästen durch Mauerschäden die innere Struktur sichtbarer würde, und zu Einsichten auffordere, die an schönen neuen Häusern mit glatten Façaden verdeckt bleibt, weshalb diese nur auf Farbe und Linie betrachtet werden.

Besuch bei Freud (7): Letzter Besuch. Abnormitäten versus Neurosen. Therapie und Forschung

⟨Sonntag, 6. April 1913⟩

Sonntag, letzter Besuch bei Freud, wo ich auf seinen Wunsch die Conferenz der Leute unterbrach. Zwischendurch am Theetisch sprachen wir von der Unterscheidung zwischen Abnormitäten, die ungeheuerlich weit gehen können, und Neurosen; und wie selten Perversitäten abstellbar sind, und daß es meistens genügen muß zu erreichen daß man sich mit ihrem Vorhandensein abfindet. (Wir saßen am Familien-Theetisch *der Kleinen* wegen, die aber ausgerückt war,) nachdem sie den Tee doch veranstaltete. Später in seinem Zimmer: über den Konflikt zwischen Therapie und Forschung. Gewiß sind die Kranken ja ein rührendes Material, insofern sie es zugleich sind, die dem Arzt erst jene Erkenntnisse vermitteln, die der Internist sich wenigstens zum Teil am todten Körper holen kann, oder am empfindungslos gemachten. Aber er sprach schön davon, wie die, wenn auch meist durch unheilbare und unglückliche Fälle am reichsten, erweiterten Erkenntnisse es später erst möglich machen können, eine immer sicherere Therapie auszubauen, – bis praktischer Arzt und wissenschaftlicher Forscher sich wenigstens so weit trennen können wie es in der Medicin der Fall ist. Gleichzeitig betonte er aber außerordentlich die Notwendigkeit im fortwährenden engsten Kontakt mit dem Krankenmaterial zu bleiben. Diesem immensen Arbeiter, der 10 Analysenstunden neben seiner theoretischen Nachtarbeit hat, würden 7–8 Analysenstunden »genügen.« Unter dem geht es deshalb nicht auf die Dauer, weil es mit der Psychoanalysenforschung fast so geht wie mit dem Traum, der nicht durch conzentrirte Assoziation auf ihn hin, oben erhalten wird, – sie sinkt rettungslos unter. So sehr sind und bleiben es zwei Welten, – und man spürt tief, wie sehr dieser starke Kopf in der *andern*, der Welt der Normen heimisch ist. Vielleicht ist seine Tat am meisten Genietat dadurch schon, daß sie eine *Leistung am Andern* war, nur teilweise an sich selbst.

Als ich mit seinen Rosen fortging, da freute ich mich, daß ich ihm auf meinen Wegen begegnet war und ihn *erleben* durfte: als meinen Wendepunkt.

Entsprechend dieser Schwierigkeit, im Ubw. arbeitend zu verbleiben ist dafür das seltsame Neubleiben der Resultate, scheint mir, die stets wieder unbemerkte Pforten öffnen.

II. Budapest: 7. bis 9. April 1913

Budapest: Ferenczis Diarium. Dynamisches versus primäres Ubw. Psychoanalytische Bewegung

〈Montag, 7. April 1913〉

Budapest.

1. Schlaf und Ueberleistungen (eventl. Kongreß.)
2. Hemmungen (Passiv. des Willens.)
3. Algebra des Denkens.
4. Pietät.
5. Zwangsneurose. (sehr schönes Material aus Analysen. – Gehorsam *ironisch* gegenüber der Unsinnigkeit aus Angst.)
6. Alles, was Ferenczi mir zeigte, war noch aus seinem Diarium und von den sechs Arbeiten die wir daraus herausgeordnet haben, will ich auch hier nichts notiren, sondern nur Bemerkungen die mir später selbst darüber kamen, um an ihnen mich weiter zu orientiren zu können.

1. Ueber »Schlaf« und »Ueberleistungen in der Hypnose« müßte man sich mit Bjerre auseinandersetzen, dessen Arbeiten sich an vielen Punkten damit berühren, wie auch mit Ferenzci's letztem Aufsatz in der Imago.

N° 2 könnte philosophisch bedeutsam werden. (»Die Dürftigkeit des Bewußtseins gegenüber der Verschwendung der Natur.«) Der *Grad* der Determination macht den *Freiheits*eindruck. Der »Wille« = das Passive, das dort ausströmt, wo die Hemmungen Platz dafür ließen, und um so stürmischer, je enger *umhe*mmt der Platz.

Man kann sagen: Bewußtes wie Unbewußtes hat seine Art sowohl der Einheitlichkeit wie der Zerstücklung. Was im Traum heraufkommt ist so einheitlich im Latenten, daß es in seinem farbigen Nebeneinander sich nicht stört; umgekehrt verlangen wir, in der Vielheit der wachen Wahrnehmungen, die Dinge als »materiell« zu befestigen und nennen sie zusammenfassend »Realität«.)

Bei N° 3 sind zwei Möglichkeiten zu bedenken:

Freud's ursprüngliche Auffassung war, daß nur verdrängtes Material den Inhalt des Unbewußten bilde, irgendwo in den spätern Schriften und auch einmal im Kolleg, ging er davon ab zu Gunsten solchen Materials, das fast bis zum Bewußtwerden gelangt, vor seinem Eindringen aber von dorther abgewiesen worden sei. Im ersten Fall dürfte man im Unbewußten nur solche denkerische Elemente vorfinden, die *Rudimente* repräsentiren, also nicht ihm wesenseigne Urelemente. Und selbst im zweiten Fall bliebe diese Frage wenigstens offen.

Andrerseits aber, gäbe Freud ihre Ferenczi'sche Beantwortung zu, so würde eine zweite Schwierigkeit dadurch eintreten, daß die Wesensverschiedenheit zwischen Ubw. und Bewußtseinsfeld nivellirt erschiene, d.h. etwas von der Adlerschen Schichtenablagerung erhielte. Es wäre jedenfalls ein gefährlicher Punkt Adler und den andern »Abfällen« gegenüber, wenn man sich mit ihnen auf gleicher Ebene träfe (wenn auch nur durch ihr Mißverständniß).

Man könnte sich unter den andrängenden aber noch nicht ganz bewußtgewordenen Gedanken (die sozusagen im Herankeimen schon unterdrückt werden) die an ihnen vorgenommene Verdrängung etwa so denken: daß nicht nur von der Höhe des Bewußtseins aus erst eine Verdrängungstendenz herrscht, sondern in all unserm unterirdischen Werden schon, – daß sie dasjenige ist, was unserer innern Physiognomie ihre natürliche Kontour bestimmt, durch instinktive Wahl und Wehr gegenüber den möglichen Reizen. Grade wie jeder lebende Organismus in solchem Rhythmus der Reaktionen sein Leben grade in seinen Begrenzungen manifestirt. Dies entscheidet also schon von vornherein über die Keimfähigkeit der Gedanken, und deren spätere Verdrängung vom Bewußtsein aus wäre gleichsam nur die verschärfte Wiederholung dessen, was (bis in alle Tiefen des Somatischen hinein) sowieso auch geschieht. Dann enthielte das

Ubw. in der Tat alle spätern Bew.Elemente vorgeformt schon in sich, wie auch alle Idealbildungen.

In den Gesprächen mit Ferenczi wurde mir sehr deutlich warum, wer Freud liebt, momentan die toleranteste Politik gegenüber den Spaltungen für ihn wünschen muß, als für seine Ruhe und Arbeit die beste, und *insofern*, indirekt, auch für seine Sache, in der schließlich auch die Abwegegehenden unfreiwillig *seine* Wege bereiten helfen, d.h. auf ihn zurückweisen müssen. Freud will deshalb »undogmatischeste« Freiheit.

Für Die dagegen, die nach ihm kommen, wird diese Politik die gefährlichste gewesen sein. Sie sind es, die für alle ihre Widersprüche werden einstehen müssen mit ihrem persönlichen Schicksal.

Ferenczi ist der Sohn, der dies tun will. Es ist gewiß, daß auch seine ursprüngliche Einstellung zu Freud sich an der Grenze des Neurotischen vollzog. Von Ambivalenz ist aber nichts zu bemerken. Vielleicht ist er weniger Sohn als Tochter.

Nun ist das Schlimme an aller Ambivalenz nicht nur, daß sie den Haß durch die Liebe hindurchschlagen läßt. Für sachliche Beziehungen beinahe noch schlimmer scheint mir, daß im Kampf gegen das stets drohende Ambivalente, man sich die natürliche, gesunde Grenze aller Beziehungen nicht einzugestehen wagt. Ohne Zweifel ist in Ferenczi's Gedanken vieles, was ihn z.B. von Freud's philosophischen Auffassungen entfernen wird. Und, wie phantastisch manches auch in seinen Consequenzen ihm selber noch aussehn mag: es wäre schön, wenn seine Art zu sehn, auf Freud's philosophischen Blick einwirkte. Aber es ist bezeichnend, wie Ferenczi diese seine liebsten Gedanken, von denen er in seiner ziemlich großen Einsamkeit gewissermaßen lebt, (man fühlt das gut an der Weise wie er sie mitteilt) – wie er diese Gedanken zugleich seinen »Aberwitz« nennt, seine »pathologische Neugier«, sein brennendes »Alleswissenwollen.«

Mir sind diese Budapester Tage so wertvoll, nach den Wiener Stunden mit Ferenczi, dem ich immer näher kam. Nur *seine*

Arbeiten (auch Arbeitsart) interessiert mich leidenschaftlich. Für das, was Freud jetzt und zunächst arbeitet, ist vielleicht das Herauskommen mit dem Ferenczi'schen zu früh: aber sie *sind* sich die Ergänzer! Und drum *muß* Ferenczi's Zeit noch kommen.

III. München: 11. bis 21. April 1913

Gebsattel: Charakterkunde

München

In der buddhistischen Lehre, wo das Leiden geflohen wird, geschieht dies durch das Sichvergegenwärtigen des Leidens überhaupt, wodurch, von jeglichem Erleben aus, die Nirwânarichtung eingeschlagen wird; im Gegensatz dazu bedingt sonst jedes erlebte Leid nur die Hinwendung zu andern Erlebnissen als enthielten sie keines.

Die wirkliche Arbeit *Gebsattels* ist am ehesten eine Charakterologie, die verschiedenen möglichen Typen in ihrer Zeitlosigkeit auffallend, – so wie sie sich immer wieder, jenseits aller veränderlichen Wertungen, wiedermanifestiren können. Etwas wie: modern gefaßte platonische Ideen, etwas sowohl über Milieutheorie wie über Individualismus hinaus. (eigentlich Klages.)

Mir scheint jetzt die ehemalige Milieutheorie, die das Individuellste noch vollgültig sollte determiniren können, ersetzt durch jenen umfassenden Hintergrund den die Psychoanalyse hinter dem Einzelnen erkennen lehrt. Man muss sich nur hüten, hier in den stückweisen Determinationen stecken zu bleiben, die nur ein Notbehelf der Methode für das in sich Einheitliche sind: und aus solcher Einheitlichkeit lassen sich überpersonale charakterologische Typen in der Tat gewinnen.

An den *Isar-Ufern* wurde es schon ein wenig grün, und der Vorfrühling hatte mehr zu sagen als wir. Wir waren auch bei den wilden Thieren die auch viel Philosophisches von sich gaben. (Steinadler; Trüffelschweinmutter.) Und imgrunde ist es nicht anders als nach den ersten 1 ½ Tagen an denen wir uns in *Weimar* kennen lernten, um uns dann nach 1 Jahr wieder für 1 ½ Tage in *Berlin* zu sehn: ich fühle immer den *Raum*, wo ich ganz hineingehe, ganz gleich wie ich bin oder wäre, – diese persönlichste Uebersetzung dessen, was man unpersönlicher »Toleranz« nennt, in eine reine Wärme. Mehr weiß ich aber nicht: denn dieser Mensch ist sehr viel – – wenn er nicht bloße Spiegelung ist.

VI. Göttingen: Ende April bis Mitte August 1913

Loufried Pfingsten: Bjerre und Rilke im Vergleich

⟨Sonntag, 11. Mai 1913⟩

Loufried. Pfingsten.

Seit seinen Winterbriefen kein neuer Ausbruch von Rainer, aber sehe ich seine Sandalen im Hausflur stehn, so fallen mir die Pfingstwochen ein die er hier verlebte.

Um die Pfingstzeit vor einem Jahr war ich zuletzt mit Bjerre.

Und denke ich an diese Beiden nebeneinander, dann kommt es mir jedesmal so vor als ob sie, zwar ausgehend von ganz entgegengesetzten Seiten, in der Mitte irgendwo genau zusammenträfen.

Beides Blondköpfe mit sinnlichem Mund und prachtvoller Stirnpartie, sonst verschieden genug.

Rainer's Kopf sitzt auf schlankern Schultern, dünnem Nacken, mit zurückweichendem Kinn und fast ohne Hinterkopf; Bjerre ist untersetzt, kurzhalsig, fast ohne Absatz des massiven Hinterkopfs von den Schultern, die Kiefern stark betont, und die ganze Physiognomie, turmartig hochgebaut, mit einem einzigen Strich zu umzeichnen. Mit einer gewissen Uebertriebenheit könnte man vielleicht vom Gesammteindruck sagen: kränklicher Aristokrat der Eine, Emporkömmling der sich übernommen hat der Andere.

Rainer kam von der Uebersensitivität her, sowohl durch Vererbung wie Erziehung (die Eltern Nervenmenschen, in verunglückter Ehe und Trennung, er ursprünglich als kleines Mädchen, zum Ersatz für ein gestorbenes Schwesterchen, erzogen, dann ohne Heim in militairischen und andern Instituten herumgeschoben); er korrigirte das durch sein Genie in's Schöpferische, und sein menschlich Strengstes erreichte er in der Zucht *darin*; ja, obwohl Lyriker, konzentrirte er sich sehr früh, und unnachsichtlich gegen sich selbst, entriß sich jedem Dilettiren und jedem Schwanken: während er als Mensch der Zerfahrenheit verfiel.

Bjerre kam umgekehrt von der Realität her und einigermaßen der Banalität (Kaufleute, hier der Vater der Leichtsinnige wie dort die Mutter) und etwas Banal-brutales war auch in ihm: das korrigirte er selber mit einer Brutalität, mit einer totalen menschlichen Umstülpung, die ihn als »edelsten Heiland und Helfer« in's Leben stellte, jedoch seine schöpferischen Gaben unterband durch den Mangel an innerer Freiheit. Er erscheint vielseitig, hie und da dilettirend, weil darauf gerichtet auf allen Wegen an sein »*eignes*« Geistesziel zu kommen: *empor*zukommen.

Der Eine typischer Hysteriker, sich an seine körperlichen Zustände verlierend, und ebenso selbstverloren preisgegeben in jeder Hingabe, stets herrenloses Gut, ratlos wem er gehört, wenn er nicht in die Heimat des Schaffens als Erlöster eingeht. Bjerre der ebenso typische Zwangsneurotiker, durch 1000 Fixierungen und Vorwürfe gebunden, stets zu fest »untergebracht«, gefangen und befangen auch dem eignen Schaffen und Wesen gegenüber, deshalb keineswegs Heimat darin ersehnend, sondern Uebergang, Unterwegs, Brücke zur Welt. Rainer's Traum: Ein »Ding unter Dingen« zu sein, friedvoll und endgültig zusammengefaßt; dagegen Bjerre's Entsetzen, als er von meinem Traum erfuhr, worin er Statue geworden war und von sich sagte: »ich werde ein Gegenstand.«

Darum Rainer unter Menschen frei, beinahe aus sich hinausgedrängt, fähig zu jeder Rolle, froh mit Schauspielern, Vortragen, Geliebtwerden, wie auch ein leidenschaftlicher Einsamling weil er auch mit sich selbst noch alles dieses treibt. Bjerre unter Menschen mißtrauisch, schüchtern, voll in sich hineinbrennenden verleugneten Ehrgeizes; ich vergesse nie die zitternde gellende Schulknabenstimme seines Vortrages beim Kongreß.

Rainer's Sehnsucht ist Landarzt zu sein, was idyllisch Helfendes, Heiliges, Segnendes, Priester, Mönch; er wirkt auch manchmal auf junge Menschen durch solches Vollkommenheitsideal, das ihm tatsächlich am fernsten liegt. Bjerre statt dessen wurde beinahe wild gepackt durch die kleine Napoleonhafte Anekdote meines Vaters von Nicolai I. und den Dekabristen: Aggression, Machtfülle, explodirender grausamer Ehrgeiz, der auf einmal alle seine bürgerliche Bravheit entzweiriß.

Aber dies ist es, was ihn unglücklicher macht, als Rainer je sein kann trotz seiner Verzweiflungen: daß er den bürgerlichen Arztberuf und den schwer erworbenen Heiligenschein *braucht*. Denn obschon es eine Wesensumstülpung, ein Kopfstehn für ihn bedeutet, obgleich er klagt, daß er nicht Menschenliebe sondern Kälte dabei fühle (mit andern Worten: die Menschen als Mittel zur Selbstentäußerung und Selbsthilfe benutzt) so ist es doch die einzig noch mögliche Brücke für ihn nach außen, das einzige noch übrigbleibende Surrogat für irgendwelche Temperamentsbetätigung. Das galt sogar für sein Liebesleben: sogar Ehe und Weib sind diesem Schema auf eine furchtbare und seltsame Weise angepaßt, indem er der Pfleger seiner Frau, der Helfer und Heiland ihres Lebens ist, – und nur dadurch sich Liebe *gestattete*, und doch nur dadurch sich einen Menschen neben sich, eine »Zweisamkeit« wenigstens *ermöglichte*. Sein Sichgehenlassen erhielt nur so seine Legitimation, wenn auch mit dem Zusatz, daß dieses seine Schritte in die Welt und in die eigne Tiefe weiterhin abschloß. Dadurch hat auch sein sexuelles Temperament, so zart es erscheint, gewissermaßen kränkere Untergründe als Rainer seins, das ebenso zart erscheint und sich haltlos ausgiebt. Rainers Verfehlungen gehen entweder nach außen oder nach seiner eignen Außenseite, als Mißbrauch, Schwächung, sie sind keine Heimlichkeit *vor ihm selbst*; er kann sich alles eingestehn, weil aus solchem gelegentlichen Zusammenbruch die Geniestunde der Gnade ihn aufrichtet. Bjerre jedoch kann sich nicht sich selber eingestehn: das ist die Voraussetzung eines Lebens in völliger Umstülpung, und daher giebt es zum Entgelt für alles Grauen der Selbstverheimlichung keine Stunde der Gnade, sondern nur die handfeste Dauer der ermüdenden Vollkommenheit.

Die Büste: Über Bjerre in seinem Kunstwerk

Die Büste.

Bei Bjerre steht, sorgfältig jedem Blick verhangen, eine von ihm selbst, dem Unkundigen, modellirte Büste Gunhild's, die *Malles* und andere Namhafte, für ein Kunstwerk erklären, und die mir noch heute wie ein Erlebniß vor Augen ist.

Manchmal schien mir: an diesem Menschen, an dem alles in Fessel und Ketten gelegt ist was sich schöpferisch regen will, müssen auf einmal die Hände, – sie, an die Niemand gedacht hatte, die bisher nur der Alltag beschäftigt hatte, aus lauter Not zu Schöpfern geworden sein, und, wie im Traum, auf einmal hinausgegriffen haben und gestaltet haben.

So ist diese Büste, fast wie ein Symbol, hingestellt auf einen Weg, der eine Sackgasse ist; sie markirt nicht eine Etappe, sie verkörpert nicht einen Fortschritt zu einer Vollendung, sondern den Traum von einer Vollendung, den vergeblichen Traum.

Wie wunderschön ist sie. Der Hals hoch hinauf geschlossen, sogar das massige Haar noch fast nur wie Hülle, schwer zudeckend, nur das Antlitz, einer halb Liegenden, leidend und gläubig, daraus emporgehoben gleich einer Blüte aus lastenden Blättermassen.

Ein Ausdruck fast wie von Ekstase, – in einem welkenden Antlitz; die Lippen halb offen und doch nicht redend oder singend geöffnet (le language des cieux), ohne jede Effektrücksicht, die Oberlippe vor lauter Selbstvergessenheit ein wenig grimmassirend.

Nicht ein Werk, worin ein Mensch gefeiert wird vom Künstler-Liebenden, – nein, mehr, mehr: ein Werk abgründlichster Einsamkeit dieses Künstlers selber, so dass er, um überhaupt »Welt« zwischen seinen Händen zu fühlen, im Schaffen nach dem Menschen neben ihm greifen mußte, ihn zum Material verwendend, ja vielleicht missbrauchend. Wenn man vom unterirdischen Bjerre weiß, berühren sich erschütternd darin seine Kälte und sein Liebenwollen, – Lieben über alles Weib hinaus. Von daher das Tiefpersönliche und dennoch Abgewandte des Werkes, seine seltsame Schönheit und seine unheimliche Grenze.

Wie das kurzwallende Haar übergeht in die Wellung des Hemdes darunter, und der Ausdruck des Antlitzes darin abschwillt in den Stein, wünscht man hinter diesem Kopf, anstatt der Rückseite, nur noch den unbehauenen Block, – fast ein Kosmisches. Und man möchte die Aehnlichkeit nicht wiederfinden, wenn man sich Gunhild wieder zuwendet, in einem lebenden Menschen. Etwas tut weh daran um ihretwillen. Vielleicht dasselbe, ja ganz dasselbe, als wenn sie erzählt wie er Sommers in den Ferien wochenlang dasaß, eingesperrt, und Liebesverse schrieb, und allein herumstrolchte und von neuem schrieb, – schrieb, während sie um seine Anwesenheit bettelte und, im Zimmer nebenan, sich vergessen fühlte.

Wie könnte es eine Frau geben, die das nicht verwirrt? Gleichsam Notbehelf-Material sein, und doch das Alleinige was er zu schaffen wagt? Ihm Heimat geworden zu sein, so eng daß selbst die letzten Türen nach außen verrammelt sind, und doch nur, weil es: »sonst nur noch ein Grab *unter* der Erde gäbe und dies wenigstens *auf* ihr« ist? (Bj⟨erre⟩'s Wort.) Wie sollte irgend welche Frau das nicht verwechseln: Erstarrung mit Treue, Lebensangst mit Liebe, Krankheit mit »Moralität«, Verdrängungen mit Sublimationen, das Zuwenig an echter befreiter Hingabe, die sich aus der Welt das Ihre erwählt, mit dem scheinbaren Zuviel der Bedürftigkeit gegenüber einer lebensrettenden Medicin?

Und wie sollte in einem so gehemmten Menschen wie er, die empfangene Liebe, trotz aller Selbstlosigkeit seines Gebens, nicht infolgedessen zu neuem Schuldgefühl werden, so daß er den geringen Spielraum den er dadurch erreichte, sich auch wieder neu verrammelt. Auf diese Weise kann er zwischen Schaffen, Lieben, Vergewaltigen nicht mehr unterscheiden, – und nicht mehr ob er modellirt, umarmt oder vernichtet.

»Ich vergriff mich an Dir, – ich wähnte Dich Stein:
Ich tödtete Dich, – so sehr warst Du mein.«

In Bjerre's Ehe war auch eine Wiederholung einer infantilen Situation: die Mutter (Alter seiner Frau) gegen den Vater vertreten, der sie durch Liederlichkeit zertrampelte (Syphillis des todten ersten Mannes⟨)⟩: dadurch Sohnes- und Kampfesstellung. Und endlich: Wollust am Schmerzsehen. (Amelie's Worte.) Grausamkeit in »Lust ohne Schuld«.

Das Märchen: Bjerres Menschenscheu

Das Märchen.

Ich habe nicht von Anfang an so über Bjerre gedacht, und er weiß nicht genau, daß ich so denke, denn früher hielt er sich an folgendes Märchen: Ein Knabe lehnt über einem Bootrand, träumt in die See hinab und erzählt seinen Traum den Schiffsleuten; allmählich horchen sie auf seine Erzählungen, erst einige, dann viele, und endlich wird er ein berühmter Dichter, denn sie begreifen daß man nur so reden kann von den Wundern einer Tiefe in die kein Lebendiger stieg. Ein andrer Knabe macht es jedoch nicht so: er läßt sich wirklich dort hinab, er erlebt die Wunder der Tiefe am eignen Leibe, und als es ihm gelingt nach oben zu steigen und vom Schiff aus aufgefischt zu werden, da meint er ihnen mehr als einen Traum, – eine Wirklichkeit zu bringen. Allein was sie von dieser Wirklichkeit sehen ist nur tropfendes Wasser zwischen seinen Fingern, und was sie an ihm selber sehen ist auch nur daß er – naß ist, und vor Kälte und Zittern unverständlich lallt. Da versteht er, daß er zu voreilig war, und daß er erst tun muß was Alle tun, den Dienst auf dem Schiff erlernen und einer der Ihren werden, um dann einmal, mit allem Wissen und Rüstzeug eines Tauchers angetan, hinabzusteigen und, wenigstens teilweise, in Teilstücken, emporzuschaffen was am tiefsten liegt.

So, glauben wir, sei es mit Bj⟨erre⟩'s ersten Büchern gewesen, deren Kritik und Verlachung ihm so schwere Wunden riß, und mit seinem jetzigen Beruf, zu dessen Studium er sich so schwer zwang, der ihn aber lehren sollte die Tiefe, deren Wunder er selber gekannt, den Menschen zu entschleiern.

Indessen, der Knabe im Märchen hat eins sich selber nicht bekannt: daß er von da unten zu den Menschen floh, weil die Tiefe Grauen barg. Nur dem Dichter war sie wahrhaft wundervoll, da er die Symbole ihrer Wunder der Oberwelt entnahm und so die Tiefe erst zu einer Höhe für Menschen umschuf. Er aber vermochte das nicht infolge der unten verlernten Menschennähe; er konnte nur entweder Dienst tun auf dem Schiff mit dem Wehgefühl eine bloße Rolle damit zu spielen und in die Tiefe zu gehören, – oder er konnte als Taucher hinabgehn und Stücke herauftragen, – doch diese Stücke gehörten keinen Wundern an, sondern dem zerfallenden Bau eines aus der Menschenwelt versunkenen Wraks, das sich nicht hatte oben halten können: so, wie auch er nicht Taucher geworden war um dieses Stückwerks willen, sondern um gegen die Tiefe gewappnet zu sein und nicht auch in sie hinab zu sinken, wenn die Stunde des Schwindels ihn rief.

Schuld-Mechanismen: Utilitaristische vs. neurotische Genese

Schuld-Mechanismen.

Sehr schön haben Freud's Entdeckungen die Auffassung ergänzt, wonach Reuegefühle etc. geschaffen wurden durch Verbote deren ursprünglicher Nützlichkeitsgrund vergessen wird und die Furcht vor Strafe als mystisch verbunden mit der begangenen Handlung erscheinen läßt. Es ist von außerordentlicher Bedeutung, daß wir nun am Neurotiker lernen können, wie Schuld- und Angstgefühle, die garnicht diese Provenienz haben, sich ganz traditionslos an die harmloseste aller Taten fixieren können. Wir sehen den Mechanismus, durch den das entsteht, in jedem Augenblick entstehen kann, ohne irgend etwas von der gespenstischen Wucht einzubüßen, die man erst langsam, geradezu phylogenetisch schon, erworben glaubte. Damit erst wird der Einwand hinfällig, den Viele gegen die utilitaristische Genese der Gewissensbisse rein gefühlsmäßig hatten: sie fühlten richtig, wie in ihnen selbst, abgesehen von jenem Nützlichkeitsursprung, aus unbegreiflich eignen Quellen, diese unheimlichen Dinge in Fluß kommen konnten.

Im zweiten Punkt der Triebverdrängung, derjenigen ohne spezielles (fremdes oder eignes) Verbot, einfach im Kampf der mannigfaltigen Triebe untereinander, scheint mir jedoch keine genügend genaue Unterscheidung gemacht zu werden. Natürlich resultirt aus einem durch seinen Nachbar oder Gegensatz fortgedrängten Trieb Schmerz und damit eine Art Zwiespalt: insoweit sind eben Krankheit und Gesundheit nur gradweis verschieden, – doch was diesen Schmerz und Zwiespalt vor Angst- und Reuegefühlen und Spaltung im persönlichsten Centrum rettet, ist der Umstand daß beide hier als Lebenserweiterung, nicht als Lebenshemmung wirken. Sie stellen die Reibung dar innerhalb der geschlossenen Persönlichkeit wodurch diese weiterkommt und reicher wird, indem sie, neben dem Trieb der sich durchsetzte, auch die andern Triebe ihr zur Fühlbarkeit bringen, diese also mitumfassen lehren, in den bewußten Ich-Umfang einbeziehen. Das Resultat ist also statt eines Zwiespalts, eine erhöhte Selbsteinheit.

Dafür bleibt es natürlich gleich, ob die egoïstischen die altruistischen Triebe, oder umgekehrt, abgedrängt hatten, wenn man auch nur den ersten Fall mit Gewissensbiß zu verwechseln pflegt. In beiden Fällen repräsentirt der nachfolgende Schmerz einfach den Preis für die Durchsetzung die man sich erlaubt hat, – den von der Natur selbst angesetzten Preis, der sich sogar nur erhöht im Maße unsres lebhaften Ichgefühls. Wo er ganz fehlen würde, dürften wir nicht auf die einheitlichere, sondern nur auf die rudimentärere oder verkümmertere Persönlichkeit schließen, die gewissermaßen noch kaum Notiz nimmt in ihrer Ganzheit von dem, was triebartig in ihr sich regt, – die solcher Ganzheit noch oder schon entbehrt. Das Interessanteste aber scheint mir daran dies zu sein, daß hier plötzlich die Qualität so sehr auf Quantitätsverhältnisse zurückzugehn strebt: denn es ist eine reine Frage der Dimensionen, ob z. B. ein Egoïsmus eine triebhafte Sättigung bleibt, oder ob hinterher auch die Consequenzen die er hatte, innerhalb unserer Gefühlswelt zum Ausdruck kommen können, – d.h: ob dieser Egoïsmus es vertragen kann, hinterher immer auch gesprengt zu werden, um sich nur zu desto weitern Formen immer wieder zusammenzuschließen, und jeden Tod als Neugeburt, jeden Schmerz als vermehrten Lebensstachel zu empfinden.

So scheint mir, wie ein innerer Einwand gegen die bloß utilitaristische Gewissensgenese berechtigt ist vom Pathologischen her, das Schuldgefühle spontan entstehen läßt, (nachgewiesen durch Freud) so auch ein innerer Einwand gegen die bloß vom Pathologischen her vorgenommene Ergänzung, – weil noch viel spontaner, aus dem Lebendigsten heraus, unsere Lebensförderung immer nur von daherkommt, wo noch Reibung, Kampf, Polarität das stets erneute schöpferische Zurückgehn bis in den tiefsten Zusammenhang von beidem ermöglichen.

An der Todesfurcht ist etwas, wobei sich an eine aparte Art von Schuldgefühl denken läßt: an ihr rächt sich manchmal, daß wir das Leben nicht lieb genug hatten, d.h. zu viel von ihm verdrängten, und dadurch mit ihm (also uns) nicht in Einigkeit verblieben. Da nahm es Todesgestalt an, d.h. hatte *uns* nicht mehr lieb genug. Das kommt in solcher Verschiebung als Angst herauf. Das Leben lieben, ist das einzige aber probate Mittel, vom Tod verschont zu sein: denn der Tod ist ein Vorurteil.

Unter Grausamkeit versteht man sehr viel etwas, was garkeine ist, d.h. garkeinen besondern grausamen Vorgang in der Seele des Betreffenden voraussetzt, sondern nur im Effekt an Grausames erinnert; so wenn man Schmerz zufügt ohne von der Schmerzfähigkeit des Objekts zu ahnen (wie Kinder oft tun) oder wenn man im Zorn einfach eine Haßreaktion entlädt, die genau ebenso spontan gegen einen leblosen Gegenstand gerichtet wird: und zwar seine Vernichtung meint, um unsretwillen, aber sich garnicht um die Frage kümmert, ob ihm das leid ist.

Wirkliche Grausamkeit, als ein ganz spezieller Seelenprozeß, hat ihren Ursprung da, wo die natürliche naïve Bosheit, Wildheit, Brutalität, wie sie Tiere zu ihren vitalsten Zwecken äußern, nicht innerhalb dieser Selbstbehauptungsdomäne bleibt, sondern sich mit der Sexualität »verschränkt«, zu ihr hinübergreift. Dadurch geschieht das ungeheuer Seltsame und Unheimliche, was die Grausamkeit so rätselhaft charakterisirt: daß sie nur auf das Geliebte geht, und im Maße der Liebe steigt; während Gleichgültigem gegenüber ihre Ausübung ihr peinlich, – und Unsympathischem gegenüber *unerträglich wäre, weil* ein Grad der Intimität sich in ihr äußert, der sich daran prostituiren müßte. Ich habe gefunden, daß man Menschen dieser Art manchmal ganz überraschend daran erkennt, wie intim und schamhaft sie Schmerzäußerungen oder Berichte von Schmerzlichen anhören: es erregt sie zwar, aber durchaus nicht gierig, vielmehr foltert es sie ähnlich, wie wenn sie Liebesintimitäten fremder Leute lauschen müßten die ihnen vielleicht ekelhaft wären.

Insofern grausame Menschen immer auch Masochisten sind, hängt das Ganze mit einer gewissen Bisexualität zusammen. Und es hat einen tiefen Sinn – –

Als ich zum ersten Mal im Leben mit Jemandem dies Thema besprach, war es Nietzsche (dieser Sadomasochist *an sich selber*.) Und ich weiß, daß wir hinterher nicht wagten, uns anzusehn.

Auch Mitleid kann dreierlei sein: Identifikation aus Sympathie (homos. Libido); Identifikation aus der Vorstellung, daß einem dasselbe zustoßen könnte; Identifikation aus Schuldgefühl, entweder direkt oder durch Verschiebung; (z. B. Ueberängstlichkeit mit Todtgewünschten, oder Uebersensitivität mit allen möglichen Lebewesen infolge bereuter Brutalität gegen eines davon: Reaction.⟨)⟩

Realität: Freuds Realitäts- und Lustprinzip

Realität

In Freud's philosophischester kurzer Arbeit, der »Form. d. zwei Formen d. psych. Gesch.«, nennt er das Realitätsprinzip den

Umweg, den das Lustprinzip machen müsse, um zum eigner Ziel zu gelangen. Sicher ist, daß der Mensch ständig in einem Doppelbestreben befindlich ist: einerseits sich allem zu einen und alles sich (wie es nach Fr⟨eud⟩ dem unmittelbaren Lustprinzip entspräche) und anderseits das auf dem »Umweg« erlernte Sondern, Gliedern, Differenzieren seiner selbst sowie des damit geschaffenen Draußen immer weiter zu treiben. Man könnte auf die Idee kommen, daß das, was wir an dieser Gegenüberstellung von Welt und Uns »Realität« nennen, imgrunde einem Kompromiß zwischen den genannten doppelten Bestrebungen sei. In der Tat vergessen wir in jedem Moment wo wir uns voll ausströmen, sei es in sachlicher oder persönlicher Hingerissenheit, das Zweierlei von uns und der Welt: es tritt erst wieder in ganzer Schärfe heraus, wo wir mitten drin stehen teils im ungestillten Verlangen auf- und einzugehn in alles, teils, umgekehrt, jegliches immer genauer von uns und in sich selbst abzuscheiden. Indem wir dann der eigentlichen »Realität« wieder gegenüberstehn ersetzen wir uns im grunde durch diese Betonung des Begriffes »real« nur den selbstverständlichen Allzusammenhang, der in den Unterscheidungen und Vereinzelungen sonst verloren ginge: er wird dadurch beiden Seiten gerecht. Allerdings käme die »Realität« dabei fast wie eine Symptomhandlung heraus, – von der Projektionsäußerung eines Kranken nicht mehr absolut zu trennen, nur daß in diesem Fall die absolute Menschenmehrheit ihr zustimmt und auf diese numerische Ueberlegenheit das ganze praktische Dasein aufbaut. Und dennoch könnte grade die Hartnäckigkeit, womit infolgedessen die Dinge so überaus real *bleiben* u. beharren, grade vom Kompromißcharakter der Sache herkommen: denn ein Gegenüber, also etwas im Außensinn Wirkliches sind die Dinge uns ja eben weil die reine lebendige Ichfunktion sie nicht restlos mit durchdringen konnte, sondern an irgendwelchen Grenzen versagte; deshalb ist das Ich sich selber nicht im Außensinn »Realität«, vielmehr so ganz Funktion, Leben, daß es philosophisch schon »in Zweifel« gezogen worden ist. Real im Außensinn ist also, was im Halben hängen blieb, und Zweierlei widerspruchsvoll gerecht werden muß.

Es mußte deshalb aller Weltweisheit, schon vor-indischer, und über Kant in die modernste Erkenntnißtheorie hinein, stets sehr nahe liegen, die sogenannte Realität für bloßen Augenschein und Täuschung zu erklären. Wenn trotzdem ihre Lehren ebenso stets esoterisch blieben und das naïve Urteil nicht beirrten, so ist das, weil trotz alledem das naïve Urteil Recht hat. Recht nämlich deshalb, weil die ganze zergliedernde Methode, durch die wir unser tausendfältiges Gegenüber aufrichten, doch nur unsere Unfähigkeit darstellte, es mit unserer lebendigen Identificirung damit weiter zu begleiten: mithin stellt es etwas über uns selbst (über unser gesondertes Ich) hinaus dar; es ist gleichsam wie eine Fülle von Attrappen, in denen, uns nicht mehr unmittelbar präsent, der Lebensinbegriff nach wie vor drinsteckt: und zwar immer wieder der ganze, unteilbare, in jeglichem. »Alles Vergängliche ist nur sein Gleichniß.« Insofern geschieht es nicht nur aus Gründen der praktischen Orientierung daß wir uns vor dem »Realität« im Außensinn Genannten, als dem Ausschlaggebenden beugen, sondern auch philosophisch gesprochen liegt der Wahrheit nichts näher, *als die unermeßliche Ehrfurcht vor allem was ist.*

So ist auch unser zergliederndes,wahrnehmend und logisch vorgehendes Erkennen in Symbolik eingesponnen: ja es ist imgrunde nur eine noch weitergetriebene Art, Bilder für den Einheitlichen zu formen, – gewissermaßen ein sie-noch-weiter-auseinanderschauen-können, bis sie sogar noch im kleinsten Teile nicht aufhört ganz zu sein, und selbst wenn das Kleinste unendlich geteilt würde, noch immer »dingfest« gemacht bliebe. Uns scheint dies Tun so wesensverschieden von dem, was wir »Symbolisieren« nennen: doch namentlich nur darum, weil wir dort unser Augenmerk gerichtet halten auf das Verschiedene, Mehrfache, was sich darin zusammenschiebt, – indessen ein Zerteilen des Unteilbaren ist ja auch das schon. Wo das Ubw. einen Formwillen zeigt, ist es bereits auf demselben Wege, den unsere Logik nur zu Ende geht, und wo wir logisch unterscheiden sind wir andrerseits immer noch in einem Gleichnißakt, der – sozusagen – von Realität spricht um nicht von »Gott« (d.h. von Inbegriffen) zu sprechen.

(Aus gleichem Grunde verhält sich alle Seelenerkrankung in ihrem Wahn – und je schwerer sie ist, desto mehr – »realitätschaffend«, d.h. sie kommt vom andern Ende, hinten herum, zum gleichen Resultat.)

Sublimation: Natur versus Kultur

Sublimation.

Die genetische Betrachtungsweise die sich soviel mit dem Primitiven als dem zu Ueberwindenden zu schaffen macht, daß sie darüber den Blick für das dauernd Primäre zeitweilig verlieren muß, hat dem Sublimationsbegriff einen gefährlichen Charakter des Gegensatzes zum Natürlichen angeschaffen. Natur-Kultur, überall gemeinsam vorhanden, weil Gesammtausdruck des Menschlichen als solchen, wird darin etwas historisch-künstlich verschärft, und »sublimieren« und »verdrängen« damit in eine verhängnißvolle Verwandtschaft gerückt. Tatsächlich geht ja der heutige Mensch so gut wie der »Wilde« in den Naturbeschränkungen, die auch jenem nicht fehlen, nicht nur aus etwas Natürlichem heraus sondern auch damit in das eigne Wesen erst ein, – ganz analog etwa der Sexualität, wenn sie, aus dem Bereich der erogenen Zonen in die Genitalzone gedrängt, erst zeugerisch wird. Grade wie dies kein Sublimieren, also Ablenken vom Sexualziel ist, sondern umgekehrt dessen Erreichen, so ist auch die Kulturierung der Natur nur scheinbar eine Entnatürlichung, vielmehr kommt sie durch den gleichen Naturfond zustande.

Wir haben ja nämlich nur zwei Möglichkeiten, unser Wesen zu äußern: entweder indem wir träumend die Welt in uns einbeziehen oder indem wir, ihr gesondert gegenübergestellt, diese gezogenen Ichschranken in der sachlichen Hingegebenheit wieder durchbrechen. Ein nicht krankhaft aufgehaltener schöpferisch veranlagter Mensch würde deshalb, wie »narzistisch« er sich auch in sich selber sättigen wollte, doch irgendwo in der Kulturtat landen, – ähnlich etwa, wie auf dem vermeintlichen Wege nach dem Traumlande Indien das sehr entgegengesetzte Amerika entdeckt wurde. Was Sublimation genannt wird, ist seinem Wesen nach Realisation unserer Selbst (weshalb das Wort Tausk's das jetzt öfter dafür gebraucht wird: »Aufarbeitung«, das viel bessere ist), es ist die lebendige Benutzung des Naturgegebenen für dessen eigne Zwecke, und beides auseinanderreißen dürfte nur, wer diese Zwecke in's metaphysisch Spiritualistische setzt. (Daran ändert selbstverständlich der Umstand nichts, daß wir unter den Mißbildungen und Fehlgriffen der Kulturversuche leiden, wie ja auch das ganze natürliche Dasein voll von den Schmerzen seiner Unzulänglichkeit ist.)

Erst der Mensch der sich prometheïsch in der Kultur das Menschendasein noch einmal, zur zweiten Wirklichkeit, schuf, ist auch erst der voll zur Entfaltung gekommene Narziß vor seinem eignen Ebenbilde: *sich* schaut er darin an, – nicht der gepeitschte Sklave ist er, der unfreiwillig dorthin sich selber entrinnen mußte. Mit Unrecht sieht man den Gegensatz Natur-Kultur so, wie Sonne und Schatten, hinsichtlich unseres natürlichen Glücks- und Ichverlangens; mit Unrecht scheint das Großwerden dieses Schattens mit dem Schrägerfallen der sinkenden Sonnenstrahlen zusammenzufallen: das Bild ist falsch gewählt. Das richtige Bild wäre eher das von der Pflanze um die Zeit der vollen Mittagsstunde: da breitet sie ihren eignen Schatten senkrecht unter sich, – eine Selbstverdopplung, darin sie ihren Umriß wiederholt und anschaut, – als ihren feinsten Schutz, damit der große Brand sie nicht verbrenne vor ihrer Frucht.

Ambivalenz: Dualität und Kreativität des Lebens

Zu ›Ambivalenz.‹

Die ambivalente Einstellung wird meistens nur als krankhaft oder als primitive Menschheitsäußerung genommen: das zweite besonders seit den sehr merkwürdigen Erfahrungen über den

»Gegensinn der Urworte« und Analoges. Aber in diesem Urwissen steckte eine Auffassung, der wir Heutige kaum mühsam nachkommen mit all unserm Wissen: denn das Relative derart zu Ende zu denken, heißt schon fast spinozistisch das Absolute denken, – und tatsächlich, wenn sie auch nicht als Spinoza's *dachten*, so *lebten* doch die Menschen der alten großen Religionskulturen gleichsam noch am Rande von Absolutem.

Dies ist jedoch nur der Fall gewesen, weil, von Grund aus und unausweichlich, das Ambivalente in der Wurzel der Lebenserscheinungen selber steckt, weil sie nichts ist als die Polarität, Dualität, der nichts Lebendiges je ganz entwächst: und weil darum auch alles Schöpferische, woraus Menschheitskultur je beruhte, nur aus ihr herausblüht. Hier ist die Unterscheidung zwischen schöpferisch, primitiv und neurotisch darum ganz fließend und schillernd. Das Ubw., in sich einheitlich, kommt deshalb nach außen noch in Umgreifung der Gegensatzpaare; geschieht das schöpferisch, so gewinnt es verständliche, der Oberfläche entnommene Symbole dafür, verklemmt es sich aber nur ein klein wenig statt dessen, so zupft, symbollos und positiv, der eine Gegensatz abwechselnd den andern herauf, wie auf einer Wippe. Der betreffende Affekt gleicht dann einem Fisch der an der Angel, aber doch innerhalb des Wassers zappelt, er kann weder schwimmen noch sterben.

Am gesunden Menschen ist vermutlich das Ambivalente aufgehoben in den natürlichen, sich selbst begrenzenden Umriß, durch den seine Gefühle ihre Physiognomie und Eigenart erhalten: so daß, paradoxerweise, seine Ambivalenz nur dazu dient, seine Eindeutigkeit ausdrucksvoll zu machen.

Nicht immer wird genügend unterschieden zwischen Ambivalenz und Reaktionserscheinung: dem Nachlassen eines Triebs etwa durch Sättigung und dem entsprechenden Raumgeben dadurch an einen entgegengesetzten; hier charakterisiert das Nacheinander.

Das Verzauberte: Der Phallus als Weltenzeuger

Das Verzauberte.

Die typischen Märchen, in denen Häßliches oder Ekelhaftes sich in Herrliches umwandelt (etwa ein Frosch in einen Königssohn) werden psychoanalytisch mit großer Wahrscheinlichkeit so gedeutet, daß das Sexualobjekt sich durch die Sexualliebe nach behobener Verdrängung in Begehrtes wandelt. Dabei bleibt es aber natürlich möglich, daß hier auch schon das Sexuale als Symbol des Symbols figurirt: was um so weniger zu entscheiden ist, als es wohl einstmals alles symbolisirte und die Grenze sich leiblich und geistig nicht immer so einseitig streng gezogen war wie bei uns.

Jedenfalls aber *läßt* es sich von diesen Märchenverzauberungen aus sehr schön weitersymbolisieren. Es muß nicht grade nur der Phallus, als Aschenputtel der Kloake, sein, der sich zum Prinzen entpuppt nach dem Opfer der Überwindung die den Frosch in's Bett nimmt. Vielmehr ist es ja überhaupt so, als ob, mehr als irgend etwas anderes, ja mehr als das Höchste und Blendendste, es das Häßliche oder ganz Banale sei, was wie ein Symbolum in unserm Leben stehe: als bezeichne es die Grenze unseres Verständnisses, unserer sympathischen Begleitschaft, und verhäßliche oder banalisiere sich erst dadurch. (Wirklich kann man ja philosophisch auch sagen, daß wir die Dinge nur darum überhaupt als vereinzelt unzulängliche, sinnlose, auffassen, weil wir sie in ihrem Allzusammenhang, ihrer Selbstherrlichkeit, wegen unsrer eignen Vereinzelung nicht erleben. Für den frühern, märchenschaffenden Menschen, dem Eines so leicht symbolisch (und nicht nur symbolisch) für alles stand, und umgekehrt, lag dies besonders nahe.) So würde denn hinter dem Banalsten oder Häßlichsten nur am unbegreiflichsten zugedeckt die darein verzauberte Herrlichkeit stecken. Insofern wir sie manchmal ahnen, umschwebt dann solche Dinge, die wir sonst nur praktisch nüchtern als untergeordnete Mittel ohne Eigengestalt, verwerten, eine ihnen nicht zukommende Größe:

dies würde sich äußern in der besondern Gewalt des Ekels oder Grauens, die sie uns in krankhaften Momenten einflößen, und hinter der die nicht zum Leben gekommene verstehende Liebe wirksam wird. Die Angst, sie in ihrer wahren Bedeutung umfassen zu sollen und doch nicht zu können, macht diese Dinge dann plötzlich außerreal und furchtbar; an sie verhängt sich das übrige Wirkliche plötzlich, so, wie ein Riese am kleinen Finger Menschen baumeln läßt. Man sieht daran immer nur wieder den kleinen Finger, aber man ahnt an diesen Consequenzen den Riesen dahinter. Die Angst (das Schuldgefühl: nicht zu können) befreit sich in einem Opfer (Ueberwindung des Grauens), und dadurch umfassen wir den herrlich entzauberten Sinn: denn indem wir »uns« überwanden, d.h. aus unserer eignen Verdrängtheit und Beschränktheit lösten, einten wir uns dem Sinn, der nicht an die einzeln und banal gewordenen Dinge gebunden ist. Im Sexualsymbol ist dies sehr schön deutlich, indem der kleine, häßliche, unscheinbare Phallus sich als der Weltenzeuger bewährt.

Bei der Bemerkung von Spielrein, warum ein Unglück durch seine Allgemeinheit leichter werde (»der Schmerz beruht auf der Differenzierung der getrennten Ichvorstellung« 472.) wird sehr gut klar, daß seine Erleichterung nicht so sehr darin besteht, Andere in das Unglück mit *hinein*gezogen zu wissen, als vielmehr sich selber *heraus*. Indem man selbst nicht mehr als speziellstes Wesen dran beteiligt ist, sondern als Allgemeinwesen, bekommt man gleichsam ein Stückchen schizophrener Gleichgültigkeit dazu, – Abtrennung vom Selbsteigentlichsten, – und redet im Innersten vielleicht mehr bildlich als rezentaffektiv davon.

Zu Libido: Probleme des psychoanalytischen Libidobegriffs bei Freud und Jung

Zu ›Libido.‹

In Jung's Libidobuch hat Ferenczi richtig herausgebracht, daß er Freud eine Ansichtsänderung zuschiebt, die dieser nie gemeint hat, und ihr also auch ganz unnütz gerecht zu werden sucht, indem er den Libidobegriff so erweitert, daß Ich und Sexus einträchtiglich zusammen darin unterkommen.

Darin hat Jung allerdings Recht, daß in den »Incest«Deutungen der Libidocharakter oft viel zu eng sexuell gefaßt wird, insofern der »Incest« ursprünglich in eine Periode fällt, wo von Subjekt und Objekt kaum noch unterschieden die Rede sein kann; doch grade deshalb, meine ich, kann auch ebensowenig dort von »Vorsexualem« im eigentlichen Sinn gesprochen werden, durch ungebührliche Ueberbetonung des Ichhaften im Nahrungsbedürfnis etc., sondern beides ist eben noch eins, und ein gegenseitiger Prioritätsstreit der später getrennten Triebe ganz überflüssig. Aber es ist klar, was Jung zu seiner Neuerung verleitet hat, (abgesehn von dem Hang zu verfrühten Synthesen, den er mit andern teilt), – nämlich der Umstand, *daß grade ihm die schönsten Entdeckungen bezüglich des Zusammenhangs von Libidoregressionen und archaïschem Denken zu verdanken sind;* insofern das archaïsche Denken das symbolische Denken ist, hat sich ihm die *Libido* selber sozusagen *daran versymbolisirt*, und schien dort in einer urtümlichen Façon aufzutauchen.

Wenn man an Freud's Libidoerklärung denkt, gleichviel worin sie sich in der Tat mit der Zeit etwas gewandelt hat, so leuchtet vor allem so außerordentlich ein, warum ihm das ganze psychische Leben in ihr seinen Untergrund finden mußte. Denn wirklich ist die Sexualwallung diejenige, in der allein das Organe sich für uns in einer speziellen psychischen Weise äußert: also nicht nur, wie etwa die Einwirkung der übrigen Organe, durch deren besseres oder schlechteres Befinden, entweder stimulierend und deprimierend im Allgemeinen, sondern auf doppelte Weise davon unterschieden; 1) durch die Eigenart der Wallung selbst, die es psychisch erzeugt, und 2) durch deren charakteristischen Uebergriff auf die Gesammtpsyche (weshalb man es so oft mit den Wirkungen einer Intoxikation verglichen hat) nebst ihrer ganzen Urteilskraft. Damit war für Freud ein Kreuzungspunkt des Physischen und Psychischen für unsere Augen gegeben, über den hinaus sich die Psychologie nicht mehr weiter rückwärts treiben ließ.

Ohne Zweifel ist auch hiervon immer der stärkste Libidoeindruck auf die Menschheit ausgegangen: daß leibliches Geschehen sich hier unfaßlich zu geistigem erhob, und geistiges ebenso geheimnißvoll sich im leiblichen bestätigte. Bedenkt man, daß der Mensch ursprünglich unter nichts so fundamental gelitten haben kann, wie unter dem durch sein menschliches Bewußtwerden aufgerissenen Abgrund zwischen sich und dem Uebrigen, seinem Stamm und der Welt, unter dem beginnenden Innen und Außen: so erscheint alles, was mit seiner Libido zusammenhängt wie eine Oase in der Wüste, wie die rettende Planke in der Flut. Denn hier wenigstens einten Innen und Außen, er und die Welt sich noch einmal vollkommen. Welch ein Glanz muß gelegen haben, mitten in der bloßen Brunstbefriedigung, wie selbstverständlich muß sich alle religiöse Ceremonie grade um den Sexualakt herumgebreitet haben, – feierlicher als alle individuellen Weihestimmungen heutiger Liebe auch nur ahnen können, die weder so brutale Nöte noch Not-Erlösungen kennen (es sei denn in der Geisteskrankheit, der unter den Füßen der Realitätsboden wieder schwankt.) Heute ist die Gefahr viel eher die, über all unsern Liebessublimirungen der religiöse Ursinn der Menschenvereinigung im Sexualakt zu verlieren: daß wir uns der Wirklichkeit vermählen, – daß die Benommenheit in die das Sexuelle welt- und ich-auflösend uns zurückwirft, sich als Realität draußen uns *beglaubigt*. Weil dieses simple Wunder uns keines mehr ist, daher sind wir imstande das Sexuale trivial aufzufassen oder aber sentimental (romantisch). Auch der frühere Mensch kannte und übte es trivial, –

wie den Freßtrieb ebenfalls: doch er kannte auch die Opfermahlzeiten, die man mit dem Gott teilte.

Bleuler: Über das Unglück des Schizophrenen

Bleuler. (Autistisches Denken.)

Bleuler's Einwände gegen Freud lassen sich von einem bestimmten Punkt aus anders rücken.

So ist es z. B. wahr, daß Fr⟨eud⟩'s Lustprinzip nicht auslangt um die Selbstdurchsetzung von Unlustaffekten zu erklären, – aber beides ist eben umgriffen von einer totalern Lebensdurchsetzung der im einzelnen Menschen ja sogar noch Selbstmordimpulse dienen *als* »Lust.«

Ebenso ist der Wille zur Realität der frühere, wie Bleuler es will, nicht der zum Hallucinieren, wie Freud meint, – aber ursprünglich heben sie sich *voneinander eben noch garnicht ab*, insofern das Einzelne mit dem Ganzen verschmolzen sich fühlt, und man deshalb so schlecht orientiert ist in jenem Realen, das man sich später als ein Gegenüber und Außerhalb aufbaut, daß in aller Treuherzigkeit für reale Ziele sehr phantastische Mittel benutzt werden können. Umgekehrt fehlt dem Schizophrenen diese Treuherzigkeit und mit *seinem* Autismus *intendiert* er garnicht Realität in diesem Sinn.

Endlich ist zu beachten, bis zu welchem Grade unsere Realität gefärbt *bleibt* nicht nur von Autismen aller Art, sondern auch als Realität lediglich aufgebaut ist durch affektgerichtetes Denken, da auch das logische Denken nur durch solchen Aufmerksamkeitsbetrag sich ermöglicht. Wie Realität nur mit Hilfe von Affektivem »real« wird, so das Wahngebilde des Schi⟨z⟩ophrenen noch untergründet durch irgendwelche Eindrücke, es ist ja nichts aus dem Nichts geboren: die Linie bleibt letztlich fließend.

Wenn Bleuler feststellt, daß der Schizophrene in seinem Wahn glücklos sei, weil ihm die Kontinuität der Ekstase fehle und auch weil eben Wunscherfüllung durchaus nicht hinlänglich beglücke, – so muß man wohl noch zwei Gründe hinzufügen: nämlich teils, daß seine Schizophrenie ja erst die Folge ist einer Nichtbewältigung des Lebens, und ihr Wahnbild nur genau so exorbitant ausfällt als die Resignation furchtbar ist die sich damit behalf; und teils, daß er in der einzelnen Wunscherfüllung sein Ziel ja garnicht erreicht sieht, sondern im Wunsch das Ganze, Alles zu sein, – was sich ihm nur ebenso halb realisiert, wie unsere Nötigung bloß Einzelne zu sein.

Bleuler übersieht manches derartige infolge von einem gewissen Rationalismus der nur auf Denkfehler fahndet; so auch, wo er von der noch nicht genügend erforschten »intellektuellen« Seite des Autismus spricht.

So stellt er den Autismus zwischen primitive Realfunktion und logisches Denken mitten hinein, und erst hochentwickeltes Denken ergiebt ihm die kombinierenden Phantasiefunktionen, die Freud schon dem »hallucinierenden Hühnchen« als das Allerursprünglichste zuschrieb. Aber das Wesentliche ist nicht, daß die »Realfunktion« das »frühere«, das Hallucinieren und Phantasieren das »spätere« Verfahren darstellt, sondern daß wir das »Frühere« eben von uns aus nur so, nur physisch, nur als Reflexwirkung anschauen können, und als bloße »Vorstufe«, während es in seiner Weise bereits alles-enthaltend ist. Ebenso wie dem Hühnchen den »Autismus« absprechen, könnte man auch sagen: nur das Hühnchen im Ei ist noch da, wohin der Schizophrene intendiert: *im Ganzen.*

Rainer in Göttingen: Rilkes Persönlichkeit und Kreativität

⟨Im Juli 1913⟩

Eines Tages stand Rainer in der Abenddämmerung am Gitter, und noch ohne daß wir sprachen, lagen unsere Hände über das Gartengitter weg ineinander. Die ganze Zeit die er hier verbrachte, machte mich sehr froh! Nicht nur als ein Wiedersehn wie irgend ein sonstiges, sondern weil es so sehr ein Wiedersehn mit *ihm* war, der sonst sich selbst von je und je, durch einen

»Andern« (wie wir es stets nannten) entfernt und entwirklicht wurde. Allerdings hatte ich ihn in seinen Briefen unbeirrbar immer wiedergefunden, aber so Tag um Tag ihn als ihn selber zu finden, in allen Stimmungen und Stunden, auch in den schlechtesten, als *ihn*: dessen erinnerte ich mich noch aus keiner Zeit.

Doch da stand das Problem vor uns, daß er selbst sich in seiner eignen Geisteshaut nicht besser, sondern kränker fühlte als einst. Wir sprachen viel darüber. Es ist nur zu verstehen, wenn irgend ein Besserwerden sich mit diesem Sichschlechterfühlen bezahlt macht: der Umstand grade, daß er nicht mehr in zwei Wesen auseinanderfällt, die sich sogar zu fremd sind um auch nur aneinander zu leiden, – dieser Umstand macht ihn leiden an allem, was sich nicht recht in ihm organisiert und realisiert und doch bereits mit ihm eins ist, keine abgespaltene Persönlichkeit mehr.

Gleichzeitig damit scheint sich alles Schiefgehende, Entgleisende in ihm zu hysterisieren, – mehr noch als früher. Als ob, seitdem seine innere Persönlichkeit ihr Zentrum nicht mehr dadurch spalten läßt, sondern jeglichem zum Trotz reifte und wuchs, der Körper zum Aushilfsmittel und Ausdrucksmaterial dafür allein übrig bliebe. Nicht mehr nur, wie früher, anfallsweise oder in einzelnen Sondernzügen, vielmehr als Ganzes; es ist weit mehr ein Körper, in dem man Krankes voraussetzt, und fast ein Körper ohne Alterung, als sei die Reifung der Jahre durch kränkliches Zögern und nicht mit dem wahrhaften Geschehen der Zeit Mitkönnen ersetzt.

Deshalb klagt Rainer vielleicht auch, daß ehemals, *wenn* produktive Stunden einmal durchbrachen, sie ungehemmter verliefen, auch den Leib beherrschend, während sie jetzt, ob auch sein Geist nie so völlig wie sonst unterjocht sein mag, doch auch nie völlig eine Störung aufhört: und dafür ist im Produktiven das *Bruchstück* charakteristisch geworden. Der »Andere« ist nun der Leib selber ihm geworden.

Hier liegt eine ungeheure Gefahr: die einer verstärkten Leibfeindlichkeit: einer neuen Introvertierung dadurch, in dem

Maße als die ursprüngliche abnehmen konnte durch die geistige vollere Selbstidentifikation. Immer war ja Rainer in der ungeheuren Expansivität seiner – produktiv lyrischen und krankhaft hysterischen, – innigen Preisgebung an die Dinge, dennoch leibgetrennt, d.h. wie bemüht, durch all das das leibliche Dasein einzuholen oder zu ersetzen. Jetzt jedoch könnte sich dies zu einer Art Hoffnungslosigkeit zuspitzen, die sich von vornherein nur noch auf Geistesersatz richtet.

Man muß bei ihm dergleichen an der Produktion ablesen können. Und da ist nun folgendes: Zur Zeit der Neuen Gedichte, als er unter Rodin's Einfluß gleichsam das Handwerkliche des Bildhauers mit dem des Lyrikers verwechselte, geschah es für ihn in höchst fruchtbarer Weise, indem es ihn auf die Dinge hinausbezog, aus sich heraus entspannte; jetzt sieht er es selber als eine Methode, einen Weg, einen Uebergang an. Hingegen die neue Technik die in seinen allerletzten Gedichten ist (*nach* den Marienliedern) enthält die umgekehrte Richtung: wohl will er auch wiederum nur die Dinge aussagen, also nicht gefühlsreflektiert »sich«, aber es geschieht mit einer Rückwendung von den Menschen fort, denen er es sagt (– dies meint er mit dem: nicht einladende Worte wählen.) Hier scheint mir kein Raum für Methode im Sinn von Technik, die ja auf Aeußerung und Verständigung geht; hier scheint etwas auf eine ähnlich neue Art von Introvertierung zuzugehn, wie im (oben erwähnten) Körperlichen.

Gewaltig wölben sich die »Elegien« darüber hin, in Verheißungen, in Erfüllungen! Und als ich die allerältesten »Christusvisionen« aus dem Münchener Jahr unserer ersten Bekanntschaft daneben las, da ergriff mich tief die reine, konsequente Linie von jenen ersten bis zu diesen letzten Beredtsamkeiten der innersten Rainer-Seele. Lange saß ich nach seiner Abreise über diesen Zusammenhängen, und es war wie ein Wandeln in einem sehr großen und noch nicht herbstenden Garten.

Die anhauchenden Sphynxe. Lotosblume. Kuh. Töpferscheibe. Beduinendorf. Beduine mit dem Messing im hochgenommenen

Gewand & dem Doppelstoß des Pilgerstabs und Rufs. Der Kabylenhund.

Toledo als Hügel unter Hügeln, mit der Flußschlinge um den Hals. Auf dem Weg nach Cordoba der Fluß der nach düstern Mühlen-Ufern licht wird und ein blaues Haus blau spiegelt, als bekäm er Ferien, seine eigne Bläue.

Graeco's: Mariä Himmelfahrt: gestoßen fast von unten, stets sanfter gezogen, oben Aufflug. Die Kreuzesstunde: gleichsam aktuell gemacht durch das Auffangen der Blutstropfen durch den in der Eile sich fast wagerecht verrenkenden Engel, und durch die Seitenengel an den Handmalen (gezückte Fittige, an den ältern Sachen auch die Nasenlinie und gewundene Beinlinie.) Toledo: mit dem Hospital extra, auf einer Wolke, und nun auch umgedreht, nicht nur vom richtigen Platz entfernt (weil es dort den Ausblick verrammelt hätte) die Inschrift unten am Plan, vom Sohn gehalten.

Garten von Duino: unten der Wind der immer mehr Präsenz wird, und die klappernden Tritte auf den Steinstufen, und die Mäuse und Drosseln die sich gegenseitig nachmachen. (NB: die entgleitende Produktionsstimmung setzt sich am leichtesten in Grauen, – *wie vor Wesenhaftem* – um.⟨)⟩

Die Glocken von Chartres. (Stuhl u. Schwindel.) Der Goldfisch.

Die St. Sarahfeier.

Marthe.

Die Palettenséance

Нижинский

Unser Frosch.

Die Taubenjagd in Duino (im Riesengebirge bei den 3 Dackeln besprochen.) Wie der aesthetische Genuß verging, setzte man für die Tauben die Dackel ein die man schon kennt und liebt. Rainer's Einwand: beides als ein Nebeneinander möglich, das Entzückte und Empörte. Graeco in der Dresdener Gallerie im Oktober: Die Blindenheilung. Die Stille in der sie geschieht (heimlich wie jedes Wunder) zwischen den bewegten Gruppen;

Aufmerken Einzelner, der Hinüberschauende Selbstportrait.
Nur der Hund wußte es stets.

V. München: 17. bis 20. August 1913

Bei Gebsattel: Über Rilke. Kunst und neurotische Komplexe. Gebsattels Einstellung zu Freud

München.

Vor der Fahrt nach Wien, bei Gebs⟨attel⟩ Mit ihm über Rainer:

Ausgehend von dessen Schilderung Нижинский's, die sich in ihm wie ein Kunstwerk fertig aufgebaut hat, – nur nicht schriftlich fixiert vielleicht um sie (redend) immer neu *erleben* zu können, da nur so ein Letztes an Impuls dazu lebendig bleibt (andrerseits vielleicht: weil er, jetzt oft müde, erst solchen Impuls von der Menschengegenwart her empfangen muß, weshalb er in Gesprächen so blitzt, gradezu produziert, aber sich damit erschöpfend ausgiebt.) Es wäre sehr interessant, ob nicht in solchen Fällen des Nichtfixierenmögens nicht die Kunst ein Geständniß ihres unheilbaren Abseits vom Leben begeht; wenigstens die romantische Kunst entgegen der klassischen, – die »unreinere« und lebenssehnsüchtigere.

Das Werkschaffen ist wegen dieses Abseits nie das endgültig Entscheidende: es wäre *denkbar*, daß ein Nachlassen der Produktivität in diesem Sinn eine vertieftere erst fruchtbringend heraustriebe als ein Vollendungszeichen. Um Rainer's willen wollte ich, dieser Gedanke würde wie eine reife greifbare Frucht, daß sie seiner suchenden Hand eines Tages locker bereit hängt. (Es ist schließlich das Problem der *Form*gebung, die zugleich ein Abseits und ein Lebengeben ist.)

Daß alle Kunst veranlaßt durch ein Manifestwerden verdrängter Komplexe erscheint, entspricht dem Lebensabseits ihrer eigentümlichen Vollkommenheiten. Sie löst diese Komplexe in einem »sozialen Tun«, indem sie in Bewußtseinsformen beredt wird.

Wie die Komplexe selbst ihr aber darin nicht bewußt werden, so geht auch der aesthetische Genuß jenseits von Trieberregungen vor sich, die sich sonst gleichem Inhalt gegenüber praktisch regen: beides bleibt »abseits«, – Entstehung wie Wirkung.

Dies ist auch der Grund, warum wir, wo irgend ein Stück zufälliger Wirklichkeit verabseitigt, »umrahmt« ist, (etwa durch ein Fenster durch das wir blicken, oder im Spiegel,) uns gleich so erscheint, als müßten wir durch immer intensiveres Hineinschauen es ganz auffassen, – nicht aber durch ein in Konnexbringen des Inhalts mit der umgebenden Wirklichkeit des Uebrigen.

Ein Teil der kritischen Einstellung Gebs⟨attel⟩'s Freud gegenüber kommt aus dem Persönlichen: aus dem, wie er sich die Persönlichkeit vorstellt, die grade auf Freud's Funde (und auf die Freud'sche Interpretation ihrer) kam. Mir ist es damit grade umgekehrt gegangen: z. B. als ich die Traumdeutung las, und mir die Preisgebung klar machte, zu der in jener Zeit Freud mit seinem Material gezwungen war, inmitten einer ihn höhnenden Gegnermenge; ich habe von hier aus Respekt für den einfachen Heroïsmus dieses mutigen Lebens bekommen. Nun liegt Heroïsches und Allzumenschliches dicht beisammen, speziell für den Psychoanalytiker, aber wenn man schon von rein wissenschaftlicher, affektfreier Taxation der Funde an sich absehen will, so, meine ich, ist dieser Respekt berechtigter als die persönliche Kritik. Dem Menschlichen gegenüber, das uns irgendwo groß vorkam, ist es mehr rührend als erkältend, daß es sich an seinen Schwächen vielleicht erst großwuchs.

Gebs⟨attel⟩'s Ehebegriff, über den wir ewig reden müssen (obwohl ich nicht will, und obwohl er behauptet sonst nie drüber zu reden) bedarf einer Psychoanalyse. Er will mit ihm alles und nichts. Denn auch der Liebe machen erst ihre Begrenzungen und Hemmungen ein Gesicht. Und es giebt absolut nichts Drittes zwischen Enge und Freiheit: Unterwerfung unter das eigne Gelübde, oder aber gelübdelos auch physisch.

⟨Mittwoch, 20. August 1913⟩

Unerhört schön die Ankunft in Wien, die Fahrt heim mit T⟨ausk⟩, die alte N° 28 mit den vielen frischen Blumentöpfen am Fenster, sogar das Personal empfangsherzlich. Ueber der heißen menschenentleerten Stadt etwas Unaussprechliches. (Alle Tage streng zur Arbeit gerichtet.)

VI. Wien: 20. August bis 5. September 1913

Zum Narzissmus: Gedanken von und über Tausk

Zum Narzißmus.

August in Wien.
Während unser Arbeiten zum Narzißmus zwei Bemerkungen von Tausk:

»Wenn auch die Determinationen im Psychologischen nirgends langen, so doch weniger, weil zu viel verschiedene Determinanten am Werk sind, als Verschiedenheiten ihrer Lagerungen: dies macht den Rest undurchsichtig.« (Isomerie.)

»Vom Narzißmus muß man die intellektuellen Mechanismen unterscheiden die ihn vollziehen.« –

Mir scheint wichtig zu betonen, daß die Narzißmusgrenze (Narz. in Freuds Definition als Grenzbegriff) in der Analyse praktisch gestreift wird im Infantilen der Objektlosigkeit und in der auf's Selbst als Objekt zurückgerichteten Eitelkeit der Libido, daß aber abgesehen davon der Narz. an allen Schichten unseres Erlebens, unabhängig von ihnen, entlangläuft.

Mit andern Worten: daß er nicht nur eine zu überwindende Lebensunreife sondern auch eine wesenserneuernde Lebensbegleitung ist. Also nicht bloß *die* Grenze, über die man analysierend nicht mehr hinüberkommt, sondern auch *die*, wo das Ineinander von Ich und Libido schöpferisch, d.h. insofern überpersönlich, und *deshalb*, aus diesem *positiven* Grunde, nicht mehr empirisch zergliederbar und logisierbar ist.

Dies scheint mir auch bei Tausk nicht genügend hervorgehoben in der Definition der Libido, von der (nach Fr⟨eud⟩'s Wort) ein Teil, dem Ich verbleibend, seine Greifer nach Objekten ausstrecke, sie aber stets wieder auf sich zurückziehen könne. Trotzdem T⟨ausk⟩'s Erklärung selbst für das künstlerische Schaffen etc. langen will, hält sie sich doch immer noch an den Narz. im Sinn einer Entwicklungsstufe, und einer solchen, die ein Objekt schon erreichte, *sich* aber stets wieder selber *wählt.* (Am wahrsten wird dies, denke ich, in der Pubertät, wo die neu einsetzende centralisierte Libido ausreicht, um gleichsam nicht nur den Sexual- sondern auch den Selbsttrieb mitzuversorgen und damit beide zu einigen zu narzißtischer Schöpferkraft auch im Geiste, – wie im Genitale in dessen Phantasieanregungen.) Aber das eigentliche, allen tiefern Akten unseres Lebens zugrunde liegende Narz. besteht, fast umgekehrt, in der »selbst«vergessenen Identifikation noch mit allem was ist, und grade daher in einer Neugeburt des Ich: im Gegensatz also zu dem beschauend, genießend auf *sich* Gerichteten.

Das Denken in der Psychoanalyse geht deutlich gleichzeitig auf zweierlei Ziele: pathologische Bildungen lösend, geht sie auf das Bewußtwerden zurückgesunkener Unbewußtheiten und fußt insofern auf Gesetzen der Entwicklung; als Zugang zu tieferer Normalpsychologie dagegen erschließt sie uns ja auch jene Unbewußtheiten, die unser bewußtes Ich selber dauernd hintergründen, und geht damit auf das Gesetz des Seins. Nur daß im zweiten Fall, wo ihre herrlichsten Wirkungen und Entdeckungen liegen können, Vorsicht geboten ist, um auch da praktische Analyse nicht über theoretischer Synthese vergessen zu lassen: diese Vorsicht kann aber auch übertrieben werden.

T⟨ausk⟩ und ich stritten über den Alphabetvergleich: er sagte, wenn man ihm die Buchstaben in nochmals neuer Schichtung zeigen wollte (wie sie etwa beim ersten Alphabetlernen und freien Wortlesen sich verschieden zu schichten scheinen) so würde er auf eine solche Erfahrung eingehen, doch ist sie nicht denkbar. Aber er vergißt, daß der Vergleich nur für logische Formulierungen gültig ist: für das so Formulierbare kommt kein neuer Sinn mehr aus den Buchstaben, aber so gewiß sie garnichts sind als Hilfsmittel für einen aus ihnen erst zu deutenden Sinn, so gewiß auch das logisch Erfaßliche. Die Entformung von Buchstabe und Sinn ist überwunden im deutenden Menschen, und so auch die zwischen dem einzeln logisch-empirisch Vorliegenden und seiner Deutung im Gesammtwesen des Menschen. Wie alles logisch Gerichtete nur durch einen Gran Affekt, der die Aufmerksamkeit daran festbindet, ermöglicht wird, so sind überhaupt die menschlich Erlebenden nicht nur die subjektiven Räthselrater an den Dingen, sondern die einzig möglichen sachlichen Brücken vom einzeln Analysierbaren zum Sinn des Ganzen. Sie sind nicht nur selber Material zu psychoanalytischer Durchsuchung, sondern tatsächlicher Allheitsanschluß: die Nabelschnur womit wir mit dem Ganzen zusammenhängen, gewissermaßen grade im Persönlichsten das einzig Objektivste was es giebt, – was nicht erst secundär, *von sich aus, Objektwelt um sich gebaut hat.*

⟨Montag, 1. September 1913⟩

Psych.anal. Streit mit Emil Lucka, der mich Nachm. besucht.

Das psychoanalytische Denken kann dem synthetischen im wege stehn, anstatt dieses zu klären, wenn jeder philosophische Anschluß nicht bloß (wie es gut und berechtigt ist) auf sich beruhen gelassen wird, sondern mit denselben psychoanalytischen Mitteln wieder verrammelt, die ihn freilegen halfen. Die psych.anal. Denkmethode enthält ja innerhalb der Psychologie ihre Denkmöglichkeiten, und so gut wie sie jenseits davon, im Biologischen und Physikalischen, viel einseitiger, eindeutiger, exakt wird, so musste sie umgekehrt auch nach der andern Richtung, der philosophischen, Auswege lassen über ihr Gebiet fort.

Am gefährlichsten wird es jedoch bei solchen Psychoanalytikern, die dieser ihrer Methode *praktisch selber* bedürfen: nur so verstehe ich es, wie Tausk, ein von Haus aus philosophischer Kopf, ihn sich sozusagen abgeschlagen hat, anstatt ihn wenigstens Feiertags zu benutzen. Wo er synthetisch denkt, »überdenkt« er sich sofort mit schlechtem Gewissen, denn imgrunde denkt er immer nur seine *eigne* praktische Analyse und darum *nie* synthetisch, darum aber auch der Psychoanalyse gegenüber *sowohl* zu kritiklos wie (per Widerstand) *allzu* kritisch: dies dann auf Freud wälzend.

Mir erscheint daher auch jetzt erst Tausk's Beziehung zu Freud in ihrer ganzen Tragik: ich begreife nämlich, daß er *stets* in dieselben Probleme und -Lösungsversuche geraten wird, die Freud grade bearbeitet, – da⟨ß⟩ dies kein Zufall ist, sondern das ebenso gewaltsame Sich-zum-*Sohn*machen, wie auch den »Vater-dafürhassen.« Wie durch Gedankenübertragung wird ihn stets dasselbe beschäftigen wie Fr⟨eud⟩, er wird nie den Einen Schritt zurseite gehn, der ihm Raum schaffen würde. Das *schien* so sehr an den Verhältnissen zu liegen, aber es liegt letzten Endes an ihm.

Auch daß ihm, unter den furchtbar schweren Umständen des Rigorosums und der häuslichen Konflikte jede Zeit fehlt zu lesen, sich zu orientieren über das bezüglich seines Problems Erschienene, ist ja so evident wie möglich: und dennoch fühle ich jetzt, in der Arbeit mit ihm gut, wie persönlich untergründet auch das zugleich doch ist, – was er *will*, ist dieses blinde, taube Nur-sich-selbst zum Ausdruck bringen, weil er unter der Last von sich selbst so stark leidet. Vielleicht auch dies: eine gewisse Lücke im Schöpferischen wird gefüllt durch Identifikation mit dem Andern (typische »Sohnschaft«) und erzeugt stets das Gefühl der schon vorweggenommenen Stelle. (So oft im Verein mit Homosex. daher!) Es ist interessant und seltsam, wie Jemand in allen Analysen (sie sind ihm alle doch Verschiebungen seiner eignen, und die Sehnsucht nach ihnen ist nur die Sehnsucht, sich analysiert zu bekommen) auf Tiefgründigstes kommen kann, und doch am Naheliegenden vorbeigeht, wenn es ihn betrifft. Als ich ihm das vom »Muttersein« sagte, war er erst wie erlöst, – wir mussten alle Arbeit lassen und hinaus um zu lumpen, – und dann die nächsten Tage gequälter noch als sonst: das Maß des Widerstandes, das die Einsicht verhindert hatte, mußte irgendwo hinaus). Ohne das Pathologischgewordene daran, – wie herrlich wäre in ihm dies Beieinandersein von »mütterlicher« d.h. aus der Inversion aufgearbeiteter Zartheit und Innigkeit des Verstehens, neben der vielen, so oft naïv urgesund wirkenden Kraft, – wie durchaus *ungewöhnlich* schön wäre es. Aus den Momenten, wo er sich so giebt, entstehen jene ganz bestimmten Geberden die an T⟨ausk⟩ so eigentümlich wirken, die an ihm etwas ahnen lassen, was er dann doch nicht ist (vielleicht etwas zwischen »war« und »sein wird«, vielleicht auch *nichts* Wesenhaftes mehr.) Und dann bleiben wieder die ungeschlichteten Gegensätze, dessen, was Fr⟨eud⟩ an ihm das »Raubtier« nennt (und was ihm doch am ehesten hilft, wenigstens im praktischen Dasein durchzufinden) und leidender Gefühlshaftigkeit bis zur Selbstauflösung.

All das ist so weh anzusehn, daß man den Kopf wendet, – hinweg möchte. Denn er täuscht sich über mich, phantasiert. Denn es gäbe letzten Endes auch keine *hilfreiche* Beziehung dazu: es giebt keine, wo alle Wirklichkeit gespenstig umwittert ist von allen unabreagierten Urreminiscenzen. Dadurch wird alle Resonanz unrein tönend: gewissermaßen von Innengeräuschen umsummt.

Und von allem Anfang empfand ich doch am Tausk grade all diesen Kampf als das, was mich an ihm tief berührte: den Kampf der menschlichen Kreatur.

Brudertier, Du.

VII. München: 6. September bis 3. Oktober 1913

Kongress: Reminiszenzen

Kongress. (München.)

Von Wien herüberkommend und im Bayer. Hof absteigend, ehe ich zu Gebs⟨attel⟩ zog, begegnete ich Freud; er machte mich drauf aufmerksam, daß Bjerre auf mich warte. Unterredung mit Bj⟨erre⟩ auf meinem Zimmer. Versteint, verbissen; auf dem ganzen Kongreß hinterher wirkte er wie ein steinerner Gast. Zum Vortrag wählte er seltsamerweise jenen kurzen Fall in Helsigfors, den wir dort ja keineswegs *so*, ansahen. Diesmal gewann er aber mit seinen Ansichten Rückhalt bei den Zürichern, die an einem Tisch für sich dem Freudtisch gegenübersaßen. Man kann mit einem Wort sagen, was deren Verhalten zu Freud charakterisiert: nicht daß Jung von ihm abweicht, sondern daß er es so tut, als müsse er grade durch diese Abweichungen Freud und dessen Sache retten. Indem Freud *dagegen* sich wehrt, wird der Spieß nun so herumgedreht, als habe er keine wissenschaftliche Toleranz übrig, sei dogmatisch, etc. Wer der Dogmatischere, Machtliebendere ist, lehrt ein einziger Blick auf diese Beiden. Wo bei Jung vor zwei Jahren eine Art robuster Lustigkeit, strotzender Vitalität aus seinem dröhnenden Lachen redete, da ist jetzt in seinem Ernst reine Aggressivität, Ehrgeiz, geistige Brutalität. Mir war Freud noch nie so nahe, wie hierbei: nicht nur wegen dieses Bruches mit dem »Sohn« Jung, den er liebte, für den er seine Sache gleichsam nach Zürich übertragen hatte, sondern grade wegen der Art des Bruches, – als begehe *Fr⟨eu⟩d* ihn in engherziger Starrheit. Freud war ganz wie immer, aber er verhielt nur mit Mühe die tiefe Bewegung die in ihm war; und nirgends andres hätte ich sitzen mögen als nur so dicht bei ihm. Infolgedessen saß auch Tausk ganz nahe, obwohl Freud auch jetzt ihn sichtlich ablehnte, trotzdem, wie er selber zugab, T

⟨ausk⟩ in der neuen Situation der rechte Mann war; (»gescheidt und gefährlich«, sagte Freud zuvor.) »bellen u. *beissen* kann er«. Denn nun war es ja endlich aus mit aller Politik, die noch im Winter vorgeherrscht: man konnte, sollte, durfte donnern. Und darauf hat Tausk sich verstanden. Er mußte am zweiten Vormittag wieder fort, nachdem er seine Sache gemacht, nur daß Jung ihm unsern Vortrag widerrechtlich in der Zeit verkürzt. Gebs⟨attel⟩ und ich gingen mit ihm fort, ich noch zur Bahn, worüber ich Bjerre's Vortrag (aber unwissentlich) versäumte. Es brachte ihn in besinnungslose Wut. Gebs⟨attel⟩ hörte ihn noch. Der wandelte so unbeteiligt durch die Kongreßparteien; die Cigarette zwischen seinen Lippen sah aus wie ein sehr absichtliches Hinderniß um nicht zu glossieren oder herauszulachen. Dann setzte er sich doch noch in den FreudWinkel, weil ich Rainer brachte. Ich freute mich, Rainer Freud zu bringen und sie gefielen sich und wir blieben noch zusammen, auch Abends bis sehr spät Nachts.

Nach dem Kongress: Freuds Unbehagen am Okkulten. Persönliches

⟨Dienstag, 9. September 1913⟩

Am Tage nach dem Kongreß mit Freud im Hofgarten. Das lange Gespräch (im Vertrauen) über die seltsamen Fälle der Gedankenübertragung, die ihn entschieden quälen. Hier liegt ein Punkt, von dem er hofft, daß er nicht mehr zu seinen Lebzeiten aufgerührt zu werden brauche; ich hoffe anders!

In dem einen der neuen Fälle liegt die Sache so: Das eine Problem betrifft den Affekt; daß die Frau von der *nicht* eingetroffenen Wahrsagerei so affektiv reden mußte (noch nach so vielen Jahren) wie von einer eingetroffenen, bloß weil, wie sich psychoanalytisch ergab, all das für das Leben ihrer Mutter stimmte; also als wenn dieses ihr eignes Leben bereits mitmodifiziere, unter dessen Versagungen sie doch bewußt litt. Das zweite Problem betrifft die Art der Uebertragung auf den Wahrsager.

Nicht nur ihre eignen Wünsche, sondern die noch so tief hinter ihrer eignen Bewußtheit liegenden, liest er ihr ab und faßt sie in Realisationen. Es ist schwer zu sagen, wo da überhaupt noch eine Tiefengrenze wäre.

Drittens giebt es da eine Frage nach der zeitlosen Beharrung in uns. Freud betont stets, daß »zeitlos« ihm heißt: »unabreagiert«, und sonst nichts. Aber das erklärt vieles nicht; schon die Demenzphantasieen Jung's, die uralte Mythologie lebendig machen, sind ja, in ihrer wiederauflebenden Fülle und Primitivität zugleich, wie beharrende Urwünsche und ⟨-⟩Bilder. Und im vorliegenden Fall *hatte* die Mutter ja abreagiert, was nun in der Tochter, *ganz als das ihre*, Intensität behielt über alles eigne Erleben hinaus.

Hier stößt man an die »psychologistische« Grenze. Sehr gefährlich, weil Freud sich außerordentlich hüten muß vor dem Verwechseltwerden mit Mystagogen. Aber hier ist seine philosophische Einstellung nicht mehr umgehbar: wir leben mehr dar, als wir sind.

Nachträge:

Beim Kongreßaufenthalt erzählte Freud ganz entzückend vom jüngsten Sohn, (dem Architekten) wie er, winzig klein, bei der Abreise der Familie aus Italien, aus dem Postwagen das Meer angeblickt habe und, trotzdem der Wagen mit ihm davonfuhr, immerfort konstatiert: »ich bleibe da, – ich bleibe da, – ich bleibe da –.« Erst als um eine Wegbiegung das Meer seinen Augen entschwand, griff die Erkenntniß seiner Ohnmacht Platz, machte ihn still und blaß, und nun sagte er leise vor sich hin, – ebenso ungezählte Male: »Adieu Mee, adieu Mee, adieu Mee –«

Die kleine Kindheitserinnerung von Pol. Ephrussi, der sie garkein Gewicht beilegte, enthält gradezu die ganze Persönlichkeit. An einem ihrer Geburtstage (als einem der vielen innerhalb der zahlreichen Familie wenig bemerkt) erhält sie hinterdrein von eintreffenden Verwandten schöne Puppen. Sie freut sich sehr, sie gefallen ihr sehr. Dennoch ihr einziger Impuls, sie zusammenzuraffen und schnell der Aufmerksamkeit zu entlaufen, in Ruhe gelassen, nicht in den Vordergrund gezerrt zu werden. In einer dunklen Kammer wirft sie sie hinter einen Kasten. Dann Trauer und Reue: Sehnsucht nach einem Glück das da war, – daß sie *einfach nicht zu placieren* wußte.

Mit Ferenczi: Philosophisches. Seine psycho-biologischen Spekulationen. Todes- und Lebenstendenzen. Spiritismus

⟨Mittwoch, 10., und Donnerstag, 11. September 1913⟩

München.

Mit Ferenczi, der dafür noch etwas in München blieb, gearbeitet; von früh an schon, teils bei uns (bei Gebsattel), teils bei ihm. Seine Arbeiten beunruhigen ihn aus ganz entgegengesetzten Gründen wie Tausk die seinen: als von philosophischer (synthetischer) Art durchkreuzen sie sich nicht mit den Freudschen, doch werden grade dieser Art wegen von Freud nicht ganz gern gesehn (der kürzlich in seine Tagesnotizen schrieb: »schon wieder den Abend »philosophiert«, – natürlich von Ferenczi dazu verführt.«) Ferenczi litt als Kind unter ungenügender Anerkennung seiner Leistungen, das störte ihm seinen Fleiß: und jetzt laufen neben seinen Publikationen etc. diese seine eigentlichen, sein geistigstes Erleben enthaltenden Arbeiten, gewissermaßen heimlich, weil »unanerkannt« nebenher. Es ist interessant, wie er, sogar während des Arbeitens, ihnen selber zu entlaufen sucht, doch leidenschaftlich gewillt ihnen zu folgen.

Wir sind imgrunde in unsern Auffassungen dermaßen diametral einander entgegengesetzt, daß wir uns schon fast wieder berühren. Man kann alles was F⟨reud⟩ innerhalb seiner Anschauungen mit »Todestendenz« betitelt, etwa grade »Lebenstendenz« nennen, ohne daß sich etwas anders dadurch ändert als die ganz persönliche Blickeinstellung. Denn für das, was hinter den uns allein bekannten Lebensgliederungen gedacht würde, läßt sich der Inbegriff des Lebendigen so gut vorstellen, wie

»absolute Ruhe«, – von der aus nur der erste »Anstoß« zum Bewegten unbekannt bliebe; – das bleiben eben alles Worte und Stimmungen, die nur ausdrücken, wie wir Lebenden unser Leben abwerten. F⟨erenc⟩z⟨i⟩, der unter anderm manche biologischen Tatsachen vom Psychischen her verstehen möchte (nachdem bisher vorwiegend das umgekehrte Verfahren geschah) nimmt im Großen und Ganzen seiner Anschauungsweise eben doch wieder die physikalische Welterklärung zum Musterbilde: den Ausgleich, den Wiederstillstand als Ziel etc. (trotzdem man ja hierüber in der Naturwissenschaft selber schwankender Ansicht wird, in der Erwägung daß alle diese Voraussetzungen nur für geschlossenes Raumsystem Gültigkeit behalten.) Schon in F⟨erenc⟩z⟨i⟩'s Aufsatz über die »Entw. d. Wirkl.« lag diese Tendenz klar, vom urspr. Zustand des Kindes im Mutterleib als dem Lustzustand wunschloser Ruhe auszugehn, den dann die Lebensnot zur ungewollten Lebendigkeit bringt (ganz anschließend an Freud's Idee.) Aber schon davon muß man sagen: in dieser *Identität* mit dem Mutterleib läßt sich dessen Tätigkeit von einem ruhend wunschlosen Lustzustand des Kindes absolut nicht als Zweierlei abscheiden, sondern beide bilden Eine Wirklichkeit, in der eben vor lauter vollkommener Lebensbetätigung es gleichsam nicht zu Genuß oder Wunschzuständen kommen könnte, – wie sie später in uns stattfinden wenn wir einer Außenwelt gegenüberstehen. Was wir »Seele« nennen, setzt in ihren Aeußerungen eine solche Distanz voraus, wird aber diese Distanz besonders groß, unsere Einheitlichkeit in uns selbst gestört, dann geht unsere Sehnsucht nach »absoluter Ruhe« als der Aufhebung dieser Störung, anstatt daß jene *lebendige Identität in uns gleichsam weiterpulst, durch alle Einzelgliederungen zwischen dem Innen und Außen hindurch.* Man kann den Gedanken nicht ganz abweisen, daß in jener »Todes-« und »Ruhe«tendenz die F⟨reud⟩ allem Lebenden, als einem nur ungern Aufgestörte⟨n⟩, eingeboren sein läßt als dessen wahres Wesen, selber schon eine etwas neurotische Lebenswertung steckt. Genau die umgekehrte Fassung behält dasselbe Recht: alles Gegliederte und in die Daseinsverläufe Geratene ist ein Teil der Urlebendigkeit die es im Wesen ausmacht und aus der es stets wieder stammt.

Beinah amüsant kreuzen sich beide möglichen Vorstellungen bezüglich der Sexualität: dort allein herrscht ja die Tendenz zum Zurückgehn in die unterschiedslose Identität und zum »Tod durch die Liebe« gleichsam, – aber grade dort ist das unerwartete Resultat vielmehr: Vermehrung, Fruchtbarkeit, Leben. Und so ergiebt sich das Paradoxe daß die Todesprediger meist antisexuell sind und Abstinenz predigen und nun den gequälten Trieb und Wunsch entbinden, der so gern in sich selber »sterben« wollte. Praktisch zieht aber F⟨erenc⟩z⟨i⟩ auf allen Gebieten andere, lebenstüchtige Consequenzen: jede Nichtanpassung an's Reale ist ihm der größte Fehler, da man damit nichts von der Realität damit aufheben kann, in sie verklemmt bleibt, und nur das Wissen zugleich gelassen (heißt eigentlich: resigniert) und dadurch verhält*nismäßig* genußfroh machen kann.

NB. F⟨erenczi⟩: das Oszillieren zwischen Todestendenz und Lebenmüssen = dem Eindruck von Einheit, oder, in der Raschheit des Oszillierens, das fortwährende Werden von Einheit.

⟨Mittwoch, 17. September 1913⟩

Der Abend mit dem Freisinger Professor Staudenmeyer, den auch Ferenczi voriges Jahr besuchte. Während er bei uns war, die plötzliche Entdeckung daß er nicht Erforscher künstlich ermöglichter Besessenheiten sondern selbst ein Geisteskranker sei. Die unmerkliche Aenderung Aller im Benehmen, – ausgenommen Gebs⟨attel⟩ (trotzdem dieser erst recht alle Fragestellungen nach dem neuen Interessenziel umstellte) er gewann Staudenmeyer's Herz durch diese bedenkliche (nur weltmännische?) Ueberlegenheit.

In Bezug auf die Beschäftigung mit den »okkulten« Geschichten, die momentan Rainer sehr beschäftigen und uns auch durch Rega Ullmann nähertreten, ist Gebs⟨attel⟩'s Bemerkung vom Sommer ausschlaggebend richtig: daß nämlich die so mitgeteilten Tatsachen für die wissenschaftliche Erforschung nichtig werden, indem sie ja, selbst wenn aus den wunderbarsten Welten zu uns niederschneiend, sich doch erst zu sehr den für unsere innern und äußern Wahrnehmungen geltenden Regeln anbequemen müßten, um nicht bereits als Material verfälscht zu sein.

Und zwar ganz anders als bei Träumen oder Wahnideen, bei denen wir wissen hinter welchen Mechanismen ihr Exaktes sich bergen mag.

Hingegen bleibt die Psychologie der nicht irren und nicht unehrlichen Medien (auch Rega!) das Problem, um das ich mich mit Ferenczi bemühen möchte.

Wie im Spiritismus verschiedene Personen als Eine sich manifestieren, erinnert an Fechner's Träumerei von den Dämonen, die mit verschiedenen Teilen ihrer selbst in verschiedene Menschen eingehen, so daß eine Zusammenfassung Mehrerer erst ein »dämonisches Zentrum« ergäbe. Gebs⟨attel⟩ erinnerte daran: und es scheint mir in Gedanken seiner »Charakterologie« hineinzugehören, die irgendwo hinausstrebt zu den Stellen, wo aus den reinsten Typisierungen Gott und Teufel entstanden zu denken sind.

⟨Freitag, 19. September 1913⟩

Max Scheler.

Als Gebsattel und ich in Tegernsee bei ihm ankamen, das erste Gespräch sehr lebendig, wo er das Prinzip der Solidarität in der Natur verfocht in dem Sinn, daß die Kampftendenz als Mangel und Uebergang zu betrachten sei zu so individualisierter Teilung der Milieu's, daß sie einander nicht nur nicht mehr störten sondern förderten. Seine Zurückführung von allem auf Liebe und Haß stellt ihn scheinbar nahe zu Freud. – nur scheinbar. (»Alte Lieben und Hasse unsrer Ahnen: ist alles was wir auch nur bemerken.«) Aber er nimmt sie, als letzte »Gegebenheiten« (in seiner phänomenologischen Wortanwendung) abseits von allen Entwicklungsfaktoren. Sehr schön sagte er: »die Constanzen sind immer die Gegebenheiten ohne Fortschritt, nur »Niederes« entwickelt« sich, dieses hat er mir aus dem Herzen gesprochen. Nur daß er objektiv meinte, was schon im Individuum sich als konstant und infantil berührt, und hier wiederum betont *Freud* nicht genug die Bedeutung des schöpferischen Urlebens im Menschen, das er jetzt das »Narzißtische« nennt: wo wir trotz aller Entwicklung ewig zuhause bleiben.

Seine Unterscheidung vom Simmelschen Logizismus etwa darin, daß Simmel gewissermaßen nur condeszendiert, dem unmittelbaren Erleben neben dem Logischen Erkenntnißwert zu geben, während für Scheler schon ein logisches Wahrheitskriterien-suchen ein Zeichen ist, daß man das Wesentliche davon nicht »hat.« »Haben« heißt: »central drinstehen, also auch persönlich repräsentieren.« Nicht: »sich nur drauf hin betrachtend«, – mir ist zumute als wenn etc., sondern »dicht bei der Sache.«

In Tegernsee und München: Bei Max Scheler mit Gebsattel. Gespräche

⟨Montag, 29., und Dienstag, 30. September 1913⟩

Im Englischen Garten mit Gebsattel uns zweimal mit Scheler verabredet.

Sprach neulich fast Adlerisch vom Verstand als dem rechnerischen Prinzip das aus Mangel, organischer Unsicherheit, seine Nahrung ziehe. Nur höchst sympathisch und un-Adlerisch alle positiven Werte aus der Fülle verstehend. Auch nationalökonomisch gewendet: Bedürfnisse entstehend imgrunde aus dem, was als Luxus, Ueberfluß aufkam. (Mir die liebste Vorstellung wäre: der Luxus wiederum religiös begründet, wie die Opfermahlzeit, das mit dem Gott Verkonsumierte, etc. Eine Erinnerung an den *Allesbesitz* gleichsam, *erst übergehend in den Einzelbesitz*, in den *Vergleich.* Der dann für den Neurotiker das *Erste* ist: weil er nur um Stationen zurückgeht, nicht in den ursprünglichen, von jedem Punkt aus gleicherweise nahen, Urgrund eingeht.)

Letztesmal sehr fein über die Bewegungslehre bei den Griechen: als Sprunglehre gleichsam, erst durch uns mechanisiert,

= Mensch als Stein; dort fast Stein als Mensch. Die Völligkeit der Mechanisierung nähert sie neuerdings den Griechen insofern, als physikalisch das bewegte »Was« sich dermaßen auflöst, daß es nicht mehr physikalisch faßbar bleibt. (nach Scheler nahezu sich metaphysiziert?) Roux, der früher noch das Stückhafte der Einzelteile im Organismus betonte, jetzt die Selbstregulationen (gegen Verworn's naives Mechanisieren.)

Entstofflichung erscheint hier als Verlebendigung, Leben schließt Trägheit aus.

Scheler sagte lächelnd vom Alter, im Anschluß daran: in dem Maße als die »Vermöglichungen« abnehmen, würde der Geist werdend, bewegt. (Aber dann geriet er in Unruhe über »sein Alter.«)

Und in all dem sehr springend Unterbrochenen, manchmal zusammenhangslos sich folgendem dieses geistreichsten Sprechers ist in der Tat dies der beharrendste Eindruck: einer ungeheuer logischen Ausdrucksweise von ungeheuer persönlich Begründetem. Wenn er sich aber auch *darin* von Simmel unterscheidet, so ist dies Persönliche bei ihm doch in einer eigentümlichen Weise im Gedanklichen anwesend: nämlich es hilft sich darin gleichsam aus einem *persönlichen Zwiespalt heraus*, es bildet sich fast um zu einer Reaktionserscheinung. Die Unterbrechungen, dies Sprunghafte, scheint gewissermaßen im seelischen Untergrund die Kontinuität herzugeben, und man folgt tatsächlich am raschesten und sichersten, wenn man erst einmal dies Bild gewonnen hat, und es unentwegt dem stofflich Mannigfaltigen zugrunde legt. Der *Ernst* in alledem ist nur erst recht groß dadurch, aber doch ist auch der Scheler'sche Humor dadurch mitbedingt: wenn er lacht, so mitten im Denken, ist es fast wie kindlich-ertappt, – ertappt von sich selbst vielleicht dabei, daß er das Denken als Mittel benutzte (bewußt, – denn unbewußt tut es ja Jeder) zur Vereinheitlichung seiner selbst. Diese *sucht* er; er hat nicht die (semitische) Intention nach dem Unmöglichen, aber weil er die Einheit nur *sucht*, nicht in sich *besitzt*, ist sein Optimismus oft zwar tapfer aber ein wenig flach (als ½ Semit); die subjektive Fülle die sich darin birgt, ist eine Einbuße an sachlicher Tiefe, – wenigstens ist es gelegentlich so. Seine Philosophie wird anziehend durch ihren durchsichtigen Charakter der Selbstanalyse und Selbstheilung, aber sie wird auch brüchig dadurch. Sein »Wertbegriff« der ihr Hauptstück ist, erscheint mir, soviel ich davon höre, doch als ein hölzernes Eisen, als etwas von zugleich Metaphysik und Empirismus, weil er keins von beidem sein will. Die Wertungen der »Gegebenheiten« setzen stets noch den registrierenden Kopf voraus (und lachend sprach Scheler selbst mal davon, was aus der Phänomenologie mal würde, wenn lauter Schneiderköpfe ihre Gegebenheiten aussagten), andrerseits soll hier ein objektiver Charakter festgehalten sein wie ein schwacher Abglanz platonischer Urbilder. *Sie* in's Subjektive auflösen, entzöge Scheler den festen, ihn optimistisch erhaltenden Boden, auf den er sich darin rettet; das Subjektive aber *in ihnen* auflösen, – wenn nicht metaphysich so »mystisch«, alleinheitlich, – das fürchtet er, weil er sich durchaus als Einzelner behaupten will, *sich nicht aufgeben* (Mangel an Sicherheit in der eignen Vereinheitlichung.) – Ueber Scham. – Ueber Leiden als Läuterung.

Gut Sch⟨eler⟩'s Bemerkung, daß man in der Freudschule zu oft das Wertminderste, Einfachste als ontologisches Prius annimmt, obwohl es vielleicht nur das Gangbarste und Conservierteste war.

Gebsattel und Scheler werfen sich gegenseitig stets ihre »Ethik« vor. Weil bei Gebs⟨attel⟩ alles auf dem Entweder-Oder der Entscheidung steht, erscheint er Scheler als der Offiziers-Junker, der vom Handeln ausgeht sogar wenn er denkt; mit mehr Recht sagt Gebs⟨attel⟩ von Scheler: er komme nie von der Wertung los, trotzdem er nur »betrachten« wolle, unvoreingenommen; darum blieben ihm »Gegebenheiten«, dies und das, Vereinzeltbleibendes, und folglich, ob er wolle oder nicht, doch stets wieder menschlich und sogar verstandesmäßig Gesondertes. Daher Intellektualismus als Reaktion Gegen-Intellektualismus. Seit letzten Wendungen komme dies starr Punktierte zwar in Fluß, aber es würde doch nur ein wallendes Meer von Körnern, ein bloßes Sandmeer.

(Der Formalismus in der Ethik und die materiale Wertethik.) Wie schön die kleine KantAnalyse, wonach K⟨ant⟩'s Formalismus dem Mißtrauen in das Naturgegebene entspringt. Aber wie nahe läge da die Selbstanalyse, die Sch⟨eler⟩'s Philosophie auch als Reaktionssymptom auffaßte.

⟨Im Dezember 1913⟩

Nachtrag zu M⟨ax⟩ Scheler (Dec.)

»Liebe und Haß« im Sinn phänomenologischer »Gegebenheit« anstatt, wie von Freud erklärt in ihrem Werden, insbesondere der Sexualentwicklung. Das kann ein Vorsprung sein: doch müßte es auf die eigentliche forschende (ihrer Begrenzung bewußte) Wissenschaftlichkeit dazu verzichten, weil ein Rest bleibt, der sich nur noch erlebnißartig, nie auf dem Scheler'schen Wege einer eigentlich halb verschämten Metaphysik aufarbeiten läßt: in jenem unmittelbaren Seinsakt von je und je ist seine »Wertsetzung« nicht phänomenologisch, nur mystisch ausdrückbar: oder, weil »mystisch«, eben *nicht* ausdrückbar.

Aber das Unentbehrliche grade seiner Anschauungsweise für ihn, sieht man besonders deutlich im schönen Buch über die »Symp.Gf.« Von de⟨n⟩ drei Arten des Mitfühlens die er aufzählt & von denen er behauptet daß nur die erste falscherweise alle Mitleidstheorien untergründet habe: (Gefühlsansteckung; Mitleid *an* dem was ein Andrer, für sich, zu erleiden hat; Mitleid als gleiches eignes Leid, abgesehn von der Tatsache des seinen; endlich noch als höchste Form der Liebe, die beide letzten in sich eint) gründen sich ja alle Drei schließlich doch faktisch auf eine Wesenseinheit ohne die auch Ansteckung und Verstehen nicht möglich wären. Allein es giebt ja ein Miterleben, Mitleiden, das nicht in Ansteckung übergeht von dieser allgemeinen Grundlage aus, sondern sie aus ihrem unbewußten (und daher affektiv hilflosen) Dasein in das Bewußtsein erhebt: von dort aus erschließen sich, sowohl mitfreuend als mitleidend, neue Einheitserlebnisse mit den Menschen, (– und dergleichen meinten gewiß Metaphysiker wie die Inder, Schopenhauer etc. unwissentlich mit.) Daß Scheler nicht damit rechnet, kommt, weil durchaus, in Liebe wie Mitleid, er der »Eine« neben dem »Andern« bleiben will, sich nicht vereinheitlicht sehen, und dennoch alle Rettung sucht bei einem diese Einbuße wieder kompensierenden Uebertonen des Liebes etc. – *Wertes.* – Aber die feinsten neuen Lebenswerte können grade aufgehen in jenem Bewußtwerden ewig vorhandener Einheit, die, abseits von aller individuellen Charakterart die man im Affektiven haben mag, neue Treue und Wärme erschließt. (Was eben schon im Narzistischen steckt.)

Rilke: Rainers Traum

〈Anfang Oktober 1913〉

München.

Rainer's Traum von seiner Mutter, worin er sie »Cocon« nennt. Entleerte Puppe, während er durch sein Genie den Seidenfaden hat: so stelle ich mir ihren Zusammenhang miteinander vor. Bei ihrer Mutter, seiner Großmutter, viel Vitalität mit einem Zug in's rein, fast kindisch, Genüßliche. Bei ihr selbst dieser Zug vielleicht unterbunden durch die trübe Ehe, die ihr keinerlei Liebe schenkte, und die Hysterie in ihr reif machte. Nun kein Genuß am Leben mehr: doch geistig derselbe Zug des sich selbstgenießerisch Ausgebens, leere Exaltation, Phraseologie: in Bezug auf den *Andern* stets hohl, nie auf ihn auftreffend, auch nie im Praktischen bewährt, aber als Stimmung genuß-wahr. Dies Expansive ist durchaus mit einem feinen Unterstrich Rainer's lyrischem Können verbunden: vielleicht grade darum ihm so fürchterlich, – nicht nur störend wie des Vaters Spießerei. Von dieser nahm er nur einen Schuß Pedanterie auf, die er wie eine Balancierstange handhabt: um sich im Unsichersten kleine Sicherheiten, Geordnetheiten vor Augen zu halten; deshalb steckt Gesundheit darin. Es ist bezeichnend, daß die Mutter dies nicht hat: daß sie imstande ist in alten verfallenen erinnerungsreichen Zimmern in Prag behaglich klagend dazusitzen, wenn nur ihre engste Person und Toilette gerichtet ist, – daß ihr Rainer's fast unfaßlicher Zusammenhang mit seiner todten Umgebung (der diese so lebendig macht) fehlt; wenn es bei ihm auch nur wieder ein Sicherheitsersatz ist: er meint alle diese feinen Ordnungen und Zusammenstimmungen in sich selbst.

Als ich in München jetzt Fia zum erstenmal persönlich kennen lernte, da fiel mir doch eine leibliche Aehnlichkeit auf; das Slawische, obwohl bei ihr in's Dunkle; die weichen Partien des Gesichts. Drohend und empört wird sein Blick, wenn sie doch nur frauenzimmerlich ihre leere Emphase von sich giebt: und es vergiftet ihm sein hingegebenes Sprechenkönnen, das ihm oft das Produzierenkönnen ersetzt, und bei dem, in einem höhern Sinn, auch nur der Nebenmensch ein (entbindendes⟨)⟩ Mittel ist. Drum vergiebt er mir gern die schauerliche Indolenz in Gesellschaft (neulich beim P.!) und als ich mich für sie entschuldigte, sagte er: »Allerheiligste Empfängniß Mariä«.

Rainer und ich verreisen in's Gebirge über Dresden.

VIII. Dresden (Hellerau) und Riesengebirge: 4. bis 21. Oktober 1913

Reflexionen: Reminiszenzen an Werfel. Rainer

⟨Sonnabend, 4., bis Donnerstag, 9. Oktober 1913⟩

Dresden. (Hellerau.)

Rainer und ich haben hier Werfel kennen gelernt. Rainer erlebt Werfel schon seit seinem Fortgang aus Göttingen: in Abschriften von ihm las ich die ersten W⟨erfel⟩'s Gedichte aus: »Wir sind.« Schön und ergreifend war es, ihn dies erleben zu sehn: sehnsüchtig, beglückt und neidlos, – wie man den »Sohn« erfährt, als Erbe. Das Wesentliche daran war der Eindruck heller Naivität womit W⟨erfel⟩ um alle dunklen Zwiespälte R⟨ainer⟩'s herumgekommen zu sein schien, – aller Erinnerungen froher Besitzer, und solches klang deutlich aus der unzerstückten Kraft seiner Verse. Nur zweierlei konnte vielleicht stutzig machen: die frühe Kultur der Belesenheit, und (wie mir schien) die rein humanitäre Wendung, dies: alles von der menschlichen Seite und Beziehung, erleidend, gefühlsrückgewandt, nehmen. (Am schönsten in »Damenkapelle.«) Ich begriff es erst bei unserer persönlichen Bekanntschaft mit ihm, als in seinen klugen, sehr klugen und absolut ehrlichen Auseinandersetzungen klar lag, wie sehr Dichtung ihm das sei, wozu man sich als Aushilfe und Erlösung aus Not und Widerspruch hinrettet, also das Gegenteil naïven Selbstausströmens. Und dennoch anders wie bei Rainer, (dem es ja doch ganz Erlösung *zu sich selbst*, garnicht Menschenmitteilung ist) nämlich (W⟨erfel⟩'s Wort:) als »exhibitif « bedingt; Dichtung der Kontrast zu Glaube, Glaubensersatz; das Positivste aus dem Negierenden oder Fehlenden geboren, der Geist aus der Polemik. Wenn W⟨erfel⟩ der uns seine Gedichte sagte (auch ein neues, sehr schönes, »Der alte Lehrer«) dann war seine völlige Aufrichtigkeit sehr anziehend, keine Spur von Effekt-suchen; aber R⟨ainer⟩ fand seine Betonungen konventionell. Alles in allem blickten sie einander erstaunt an, und trotz der ehrlichen Frische und großen Intelligenz dieses Frühreifen, wurde es dennoch nicht das erwartete Sohnesereigniß. »Umarmen kann ich ihn nicht!« sagte Rainer traurig.

Im Riesengebirge: Religion und Vaterkonflikt. Sanatorium Ziegelroth. Bisexualität. Eine Traumanalyse

⟨Montag, 13., bis Donnerstag, 16. Oktober 1913⟩

Riesengebirge.

Die ambivalente Einstellung Rainer's zu seinem Vater ist nach dessen Tode eindeutig religiosiert worden: nicht mehr der, bei allem Guttun, verständnißlos Störende, nur noch der gleichsam unsichtbar Segnende, in dem man ruht, sich birgt. (der Tod selbst ließ ihn damals eher kühl, – vielleicht in diesem Vorgefühl, vielleicht auch im Schnellfortdenken vom Grauen; mir bleibt erinnerlich, wie er *vermied*, von Berlin nach Prag so abzureisen, daß er den Sterbenden noch am Leben treffen könnte.)

Als im Sommer der ererbte alte Ebenholzstock zerbrach, dessen Silberkrücke *mit des Vaters Hand darauf* stets bei allen Spaziergängen in der Blickhöhe des kleinen Jungen gewesen war, da erschreckte und erschütterte es Rainer wie der verhängnißvolle Bruch von etwas organisch mit ihm Zusammengewachsenen, ihn mit Vaterkraft Durchpulsenden.

Mir scheint: in der Entwicklung der Religionen spiegelt sich, (nicht nur auf der von Freud neu angedeuteten Linie) in der Tat fortwährend der Vater-Sohnkonflikt durch die Art wie Frömmigkeit mit Atheïsmus kollidiert: wenn sie wächst, sich verinnerlicht, will sie nicht nur Erhörungen, nicht nur »Wohltaten empfangen«, sondern man will sein »wie Gott sein Ebenbild« wünscht, – endlich »gleich ihm«: was schon der Schritt dazu ist, ihn überflüssig machen. Und vielleicht streift sich auch hier das Ambivalente der Einstellung mit »Gottes Tode« ab, d.h. damit, daß wir ihn auflösen in so persönlich gestaltete Ideale, daß über ihnen nur, leicht wie ein Traum, deren allgültige Objektivität gewissermaßen segnend ruhen kann, ohne näher vorgestellt zu werden.

Zum Entzückenden an Rainer's Wesen gehört, daß trotz der Zartheit die ihm alles Starke zur unterjochenden Gefahr macht, ihn doch jegliches Unterjochen nicht weibisch verführt, sondern ihn bricht. Es ist das zugleich durchaus Männliche an ihm weshalb man so zart allem aus dem Wege gehen muß was ihn unterjochen könnte, – weshalb man eigne Kraft nur heiter benutzen darf um ihm Freiheit zu geben, zu schaffen.

Im »Vaterbegriff« eint sich dem Frommen das Selbst und das Gegenüber zu jener ungebrochenen Ganzheit zurück, aus der wir mit unserm Geborenwerden erst gleichsam kommen, denn wir kommen ja nicht aus der Zweiheit *sondern gehen mit dem bewußten Dasein in sie erst ein*. Vielleicht wurde nicht aus dem Vater daher allmählich der Gott: sondern die gotthafte Ganzheit umglänzte noch den Vater der sie als unsere unmittelbare Umwelt noch stellvertrat. Man könnte sich wenigstens denken, daß aus der bloßen Gewalt des Bewußtsein-Erlebens, des dualistischen Auseinanderbruchs zum Menschlichen, also zu Ich und Welt, der »Gott« dem primitiven Menschen das erste und einzig-Gewisse war in irgend einem Ausdruck: sozusagen seine *Erinnerung* war.

In jenem Grundzustand, der uns lebenslang begleitet (und besonders in allem schöpferisch Erlebten durchschlägt) wo wir uns doppelt stark selber fühlen und doch mit allem gleichsam identisch, ist es immer, als ob Größenwahn und absolute Abhängigkeit in eins zusammengingen: und dies hat die Frommheit aller Zeiten und Menschen gekennzeichnet.

Einst, als erst Wörter sich bildeten und ehe sie sich praktisch festlegten, konnte ein jedes leicht das Gotthafte ausdrücken, (und so manches, das uns jetzt fetischistisch grobreligiös vorkommt, tat nur dies) aber als alle Wörter fest besetzt waren, da drängten sie das Gotthafte beinahe von selber in ein Abergläubisches wie in ein Nebenbereich hinaus.

Daß der Animismus vielen Autoren als zu unterscheiden gilt vom urspr. Gottesglauben, mag davon kommen, daß der Gott dem Vaterkomplex entstammt, die Geistergläubigkeit aber dem Ueberleben andrer, nicht religiös gewerteter, Seelen, weshalb sie sich auch so »unreligiös« äußerte.

Ich glaube nicht, wie Manche, daß dem primitiven Menschen Kausalitätssinn fehlte, oder Realitätstendenz: ich glaube eher, damit grade begann der *Mensch*. Aber sie wurde überwogen von der jenes Phantasieaktes der die verlorene Einheit festhielt im Gott.

Wir haben in Krummhübl Ziegelroth konsultiert, aber R⟨ainer⟩ konnte sich mit ihm natürlich nicht aussprechen. Die Blutungen scheinen belanglos. Belangvoll erscheint mir, daß diese Congestionen sowohl nach der Mastdarm- wie Nasengegend gerichtet sind, und sich ganz entschieden oben in sex. Verschiebungen umsetzen, wie sie es ehemals unten getan haben mögen; die ganze Mastdarmgegend dauernd gefühlsbetont, die genitalen Sensationen so leicht dem Ekel unterworfen; andrerseits alles, was mit Sprache und Stimme zusammenhängt von überreicher Bedeutung. (Flatus.) Was sich in dem letzten Jahrzehnt am stärksten verändert hat, ist der Mund, durch Vorschub der Lippenpartie; und mit einer unendlichen Trauer stehen die großen Augen darüber.

⟨Am Rand neben Mastdarm:⟩ # Schautrieb: »sich überschauen« (beim Rasieren), Umarmung »durch den Blick«, als die einzig lustvollendende, ruhespendende. Hierfür auch wichtig die doppelgeschlechtliche Symbolik des Auges.

Die Doppelgeschlechtlichkeit ist groß genug in Rainer, damit das Stück Weib in ihm den normalen Geschlechtsverkehr um seinen letzten Genuß bringen kann: so scheint es jetzt zu sein. Andrerseits kommt auch die Mannheit dabei nicht auf ihre ganzen Kosten, weil deren höchster Ausdruck im Produktiven steckt und gewissermaßen verächtlich auf diese Befriedigung hinblickt. Aber die Abkehr davon in der Selbstbefriedigung (die unter normalen Weibphantasieen stattfindet) erhöht wieder die Grundschädlichkeit des Leibfeindlichen, des Introvertierten, – und es ist damit so, wie G⟨ebsattel⟩ einmal von sich richtig sagte: das Betonte des Organs dabei betont den Leib für das eigne

Urteil verächtlich, – erst die Realität einer zweiten Person macht deren Symbolisierung in's Geistempfundene möglich; so entbehrt man noch weniger den Menschen als den Geist dabei.

Wir sprachen über Freud's Wort: die Alten feierten den Trieb, wir legitimieren ihn erst durch das Objekt. – R⟨ilke⟩ wie mir ist die Romantik fatal geworden, welche eigentlich ein Ersatz ist der ursprünglichen tiefen fast religiösen Auffassung des Triebes selbst, (und die ganz folgerecht bei Emil Lucka im Todesziel als Liebesziel mündet.) Die Idee der »phallischen Hymnen«, die in R⟨ainer⟩ lebt, ist wunderschön; er versucht allerdings dadurch zu erheben, was ihm *zu wenig* in der erotischen Objektbeziehung gelingt; wie immer ist hier die Poesie seine Selbstverklärung.

Während unserer Rückreise aus den Bergen machten wir eine Traum-Analyse (aufgez. im schw. Tagebuch.), während welcher unter anderm auch viele entlegene Kindheitserinnerungen in R⟨ainer⟩ hochkamen.

Die Wäscherin im elterlichen Haushalt, die ihm die wichtigste und gewaltigste Person erschien, teils wegen ihrer massigen und großen Körperlichkeit, teils weil sie nur zu schweren Leistungen, die physische Kraft beanspruchten, in's Zimmer gerufen wurde. Offenbar spukte sie in einer Mischung von Grausen und Wonne schon durch die Träume des ganz Kleinen.

Jedenfalls von frühen Erektionen her ein Gefühl von etwas Lebendige⟨m⟩ an ihm selbst und doch als Gewalt außerhalb seiner: von allzu Großem, Riesigem, das er Mühe hat mit sich verknüpft zu halten, und doch qualvoll empfindet, *mitdurchpulsen* zu müssen. (Malte Brigge's Ausdruck: »zwei Herzen durchpulsen«.) Im Fieber kam dies furchtbar verstärkt zur Wirkung, ohne doch daß er je von seiner Angstvorstellung hätte reden, Auskunft geben, können. Es scheinen auch Beängstigungen von alten Onanieverboten seines Vaters mitgewirkt zu haben, der auf die Lage seiner Hände im Bett achtete. Dahin deutet eine zweite Vorstellung des Grauens: hinausgeworfen zu sein auf steinernen Boden, ihn mit Rücken und namentlich Nacken berührend. Manchmal mit einem Nebenbild von Grabstätte, nicht um ihn, doch dicht zur Seite, und so daß der hochgehobene Grabstein, nachlässig gestützt, hart an ihm vorbei, ihn streifend, niederfallen konnte. (So lag er gleichsam wie zwischen Visionen von Grab-Tod und einem Drohend-Ueberlebendigen das er nicht bewältigen, mit sich einen konnte, so wie er sich vor dem Tod nicht retten, von ihm entheben konnte.⟨)⟩

Das »Nichtwiedergeliebtwerdenwollen«, das im M. L. Brigge schon steht, hat sich gegenüber die Glorifizierung des weiblichen Liebeskönnens wie eine Versuchung »so geliebt zu werden.« Das Weib in R⟨ainer⟩ selbst fühlt sich davon aber bestochen, identifiziert sich damit, lebt sich aus: und auf diesem Umwege wird so der Mann in ihm vom Weibe in ihm verführt, – nicht vom *Weibe draußen*, – daraus ergeben sich daher die Konflikte. Dadurch sind sie aber auch unvermeidlich und keine Aushilfe aus der Introvertierung. – Letzter Grund: des Kindes Geliebtseinwollen, das lyrisch Einheit mit der Welt wird.

IX. Berlin: 21. bis 29. Oktober 1913

Stunden mit Eitingon: Gespräche. Besuch der Berliner IPV-Ortsgruppe

⟨Dienstag, ⟩

Berlin.

Stunden mit Eitingon. Im Gespräch über den Kongreß sagte auch er: es wäre jetzt die Sprengung der ganzen Vereinigung das Beste; so fänden sich ehrlich die Geister, die zusammengehören, und Freud wär nicht gezwungen, kämpferisch sich zu schützen gegen Angriffe im eignen Lager, oder andrerseits zu schützen was zu ihm steht ohne daß er doch für dessen Richtigkeit volle Garantie übernehmen kann (z. B. inferiore Anhänger.)

In der psychoanalytischen Sitzung, wo es mächtig temperamentlos zuging, interessierte mich Eitingon's Vortrag, dessen Problem aber Niemand aufnahm. Bei seinem »dürftigen« Fall, den er offenbar ja grade deshalb vortrug, hätte die Frage sich erheben müssen: wo denn prinzipiell die Scheidung läge zwischen »Unbegabung« (im Sinn von Nichtäußerung des Ubw.) und »Widerstand«, – da beide doch nur Tiefengrade der Verdrängung darstellen können, bis endlich so weit, daß das Verdrängte die gleichsam naturgewordene Wesensbasis abzugeben scheint, auf der sich der Mensch total auferbaut. Insofern wäre eine fließende Linie zwischen Neurose und Psychose möglich.

Abraham brachte nur den Vergleich mit einem Manisch-Depressiven, der aber ein ganz anderes Problem aufbringt, indem man nicht begreift, wo die Spannweite des Manisch-Depressiven in der Verfassung hergenommen sein mag, bei so stabil-stupider Unergiebigkeit des Ubw.

Reflexionen: Widerstand und Normalität. Ich-Trieb versus Sexualtrieb

Uebrigens ist die Frage bezüglich Widerstand oder Wesenswirkung nicht nur nach Seite des Pathologischen sondern auch des Normalen interessant zu beantworten. Denn in der Tat ist all unser Tun und Sein von verdrängendem Widerstand begleitet, sein Wegfall, die Hemmungslosigkeit wäre Krankheit und Zerfall. Und wie er in den psychischen Rhythmus gehört, so schon in den primitivsten physiologischen, indem die Reizsamkeit des simpelsten Protoplasmaklümpchens sich durch Einnahme und Abwehr manifestiert und sich dadurch erst als »lebendig« ausweist. Freud hat erst allmählich – noch nicht in den frühen Schriften, – das verdrängende Moment als ein mit der organischen Entwicklung mitgegebenes angesehn, also nicht *nur* »kulturell« oder von außen her oder krankhaft erzeugtes. Jedoch die Linie zwischen pathologischer und normaler Verdrängung schwankt. Und ich kann den Zweifel nicht abweisen, ob nicht gar zu viel auf Konto der pathologischen geschoben werde. Zum Beispiel ist es mir nicht überzeugend, daß die infantile Amnesie wirklich ganz eine Verdrängungswirkung sei: es ist zu wahrscheinlich, daß man vergißt, was mit noch so schwach entwickeltem Verstande, (dadurch einerseits ungegliederter, andrerseits zu isoliert im Detailstück) erlebt wird. Für pathologisch nimmt Freud sie ja auch nicht: doch immerhin als bedingt durch zu unterdrückende Lusterfahrungen. Da fragt man sich nun, ob nicht der Fehler eben hier liege: weil schon die infantile »Sexualität« von Freud als zu pointiert gesetzt werden mag (gleichsam als düpiere ihn da selber seine scharfe Terminologie) daher folgt ihr schon »Verdrängung«.

Eine der daraus sich ergebenden Schwierigkeiten ist auch, im Menschen einen so ständigen Kontrast zu seinem Triebleben in den psychischen Mechanismus aufzunehmen, wenn auch der Ichtrieb ihn bei Freud begreiflich macht. Bei Jung wird es zu einem reinen Mysterium, wieso die »Libido« sich im Kulturellen wider sich selbst kehrt und sich sozusagen bei lebendigem Leibe auffrißt. Allein philosophisch steckt schon in der Freud'schen Theorie diese Wendung in's kulturell-Entsinnlichende infolge der Gegentendenz des Ubw. zum Bewußtsein, so daß die Verdrängung in der Sublimationslinie gewissermaßen tödtlich triumphiert. Während sie doch, bei deutlicher Scheidung zwischen pathologischer und natürlicher Verdrängung als zwischen lebenhemmender und lebenbauender, diesen theoretisierenden Pessimismus garnicht aufkommen läßt. Die Art wie man einen Menschen in der Psychoanalyse vor sich sieht, ist etwas, das über jeden Affekt ihm gegenüber hinausführt: irgendwo in der Tiefe werden auch Abneigung und Liebe nur noch Gradesunterschiede.

Man gewinnt eine Beziehung auch noch jenseits der eignen Treue oder Untreue.

Ungefähr so: war man sonst so rasch und stark in den Partner eingedrungen, daß man zur eignen Enttäuschung ihn zu bald gewissermaßen hinter sich hatte, – so macht man jetzt eine stille seltsame Wendung, – und sieht ihn im Rücken, – und ist ihm nahe –. Und doch nicht ihm, sondern Allem, Allem neu nahe, und in ihm sich selber. Und die vergangenen Menschen von je und je, an denen man loslassend sündigte, erstehen neu: nein, sind da wie von Ewigkeit, gezeichnet von der Ewigkeit, – so ruhig und ehern und eins mit dem Sein selber, wie die Abusimbelfelsengestalten eins sind mit dem aegyptischen Felsen und doch in Menschengestalten thronen über dem Wasser und der Landschaft.

Quellen und Erläuterungen

Tagebuch ›In der Schule bei Freud‹

Handschriftliches Original-Tagebuch (Lou Andreas-Salomé Archiv, Göttingen)

Dieser Band enthält in ungekürzter Form das Tagebuch des Wiener Aufenthalts 1912/13 aus dem Lou Andreas-Salomé Archiv, Göttingen. Der Textstand wurde anhand der originalen Blätter neu erstellt. Sie folgt nicht der 1958 von Ernst Pfeiffer publizierten Ausgabe.

Die Transkription besorgte Dorothee Pfeiffer, die Inhaberin des Lou Andreas-Salomé Archivs, mit akribischer Sorgfalt und großem Engagement. Herausgeber und Verlag danken ihr dafür ganz herzlich!

Die originale Schreibweise und Zeichensetzung sind bewusst beibehalten worden, z. B. naïv, Geberde, Fittige, Ueberkompensirung. Daher rührt auch eine v Inkonsistenz der Schreibweisen wie z.B. »fixirt« und »Fixierung«. Einzig »ß« wurde einheitlich eingesetzt, wo im Typoskript »ss« stand, da Lou Andreas-Salomé handschriftlich stets »ß« schrieb.

Einige wenige Interpunktionsfehler wurden stillschweigend korrigiert, die Korrekturen sinnentstellender Fehler mit spitzen Klammern gekennzeichnet. Unterstreichungen im Manuskript werden im Druckbild kursiv dargestellt.

Die Eigenheit Lou Andreas-Salomés, vor allem Eigennamen in aller Regel in lateinischer Schrift zu schreiben – in Abgrenzung gegen die von ihr sonst gebrauchte deutsche Schrift, wird im Druckbild durch eine serifenlose Schrift widergegeben.

Handschriftliche Ergänzungen am Rand oder oberhalb der Zeile wurden in den Textfluss integriert und mit einer Anmerkung versehen.

Die Datumsangaben wurden von uns ergänzt und in spitze Klammern gesetzt. Sie bezeichnen den Tag des Ereignisses und nicht denjenigen der Niederschrift. Abgekürzte Namen wurden der besseren Lesbarkeit halber ergänzt und unter Weglassen des

Abkürzungspunkts ebenfalls in spitze Klammern gesetzt. Abgekürzte Begriffe können im Verzeichnis ab S. 235 nachgeschlagen werden.

Die Tagebuch-Aufzeichnungen sind in einem gebundenen Notizbuch mit schwarzem Umschlag und Dreifachlochung im Format 19 x 11 cm (Hochformat) aufgeschrieben. Das Heft enthält insgesamt 145 nummerierte Seiten.

Das Vorsatzblatt ist bräunlich und auf der Rückseite beschriftet mit: »I Freudkolleg / I Besuch bei Ad⟨l⟩er / Freud Imago über Schuld / I Mittwochabd. Freud, Federn über Kind.« Auf die folgende rechte Seite ist ein (gedrucktes) Foto von Sigmund Freud geklebt und auf die Rückseite ein auf oval zugeschnittenes Foto einer Wiener Straßenszene. Es handelt sich um die Pelikangasse, an deren Ende der repräsentative Torbau von 1904 zu sehen ist. Dort hatte Kaiser Franz Josef den Grundstein für die damals »Neuen Kliniken« gelegt. Beide Seite tragen Anzeichnungen von Ernst Pfeiffer.

Auf der nächstfolgenden Seite beginnt der durchgängig handschriftlich mit dunkler Tinte geschriebene Text, der überwiegend Vorder- und Rückseiten bedeckt.

S. 13 Wien, Pelikangasse 14: Andreas-Salomés Hotel-Adresse: »Hotel Zita«, 9. Bezirk; Abriss des Gebäudes in den 1960er Jahren zu Gunsten der Erweiterungsbauten der Wiener Universitätsklinik.

S. 13 E.: Ellen Delp, geb. Schachian, verh. Krafft-Delp (1890–1990), Germanistin. Lou Andreas-Salomé hatte sie im April 1912 während ihres Berliner Aufenthaltes im Kreis um Max Reinhardt und Gerhart Hauptmann kennengelernt. Rainer Maria Rilke gegenüber bezeichnete Andreas-Salomé sie auch als »... ein junges Mädel, eine meiner Wahltöchter« (am 30. Dezember 1912; RMR-LAS-Br 286).

S. 13 beim ersten Pensionssuchen: Andreas-Salomé und Delp stiegen zunächst im »Hotel Regina« am Maximiliansplatz ab.

S. 13 Jeckels: Ludwig Jekels (1851–1954), Arzt; Mitglied der WPV seit 1908.

S. 13 W. Sombart: Werner Sombart (1863–1941), Soziologe und Volkswirt.

S. 13 das Auditorium: Das Kolleg »Einzelne Kapitel aus der Lehre von der Psychoanalyse« fand während des Semesters jeden Samstag von 19–21 Uhr im Hörsaal der Psychiatrischen Klinik, 9. Bezirk, Lazarettgasse 14, statt.

S. 13 Alte Elster: Restaurantkategorie »Beisl«, ähnlich einer italienischen Trattoria. Adresse nicht ermittelt.

S. 13 als in den Tagen des Kongresses: Gemeint ist der 3. IPV-Kongress in Weimar, 19.–23. September 1911.

S. 13 »Stekelkampf«: Nach dem 2. IPV-Kongress 1910 in Nürnberg wurde auf Vorschlag von Wilhelm Stekel (1868–1940), Gründungsmitglied der WPV (1902), das »Zentralblatt für Psychoanalyse« gegründet, als Ergänzung des von C.G. Jung (Schweiz) redigierten »Jahrbuchs«. Stekel und Alfred Adler (1870–1937), ebenfalls Mitglied der WPV von Beginn an (1902), teilten sich die Schriftleitung und Freud zeichnete als Herausgeber. Außerdem trat Freud seine Position als Obmann der Wiener Ortsgruppe an Adler ab, während er sich selbst zum wissenschaftlichen Vorsitzenden wählen ließ. Stekel wurde stellvertretender Obmann. All das verhinderte die Entwicklung inhaltlicher und persönlicher Kontroversen zwischen Freud und Adler einerseits und Freud und Stekel andererseits nicht (siehe ausführlich und erhellend dazu: Handlbauer 2010.

Als Fakten sind kurz zu nennen: Am 22. Februar 1911 legt Adler seine Funktion als Obmann des Vereins nieder (wegen Inkompatibilität seiner wissenschaftlichen Stellung und seiner Stellung im Verein). Stekel solidarisierte sich und erklärte offiziell im Juni 1911 (Zentralblatt Heft 10/11) aus der Redaktion ausgetreten zu sein, weil Freud eine weitere Zusammenarbeit mit ihm für unmöglich hielt. Er besorgte die Redaktion noch bis 1914. Danach gab Freud die Herausgeberschaft auf (»Stekelkampf«) und bereitete die Gründung einer Alternative vor: Die »Internationale Zeitschrift für Psychoanalyse« (IZ).

S. 14 Schriften Swoboda's: Hermann Swoboda (1873–1963), Dozent für Psychologie an der Universität Wien, Vertreter der »Periodenlehre« des Biorhythmus. Lou Andreas-Salomé kannte folgende Schriften von ihm: »Die Perioden des menschlichen Organismus in ihrer psychologischen und biologischen Bedeutung« (1904), »Studien zur Grundlegung der Psychologie« (1905), »Harmonia animae« (1907).

S. 14 Besuch bei Alfr. Adler: Andreas-Salomé besuchte Alfred Adler am Montag, so wie sie es brieflich verabredet hatten. Sie muss ihm Ende Juni geschrieben und um ein Treffen gebeten haben. Ihr Brief existiert nicht im Lou Andreas-Salomé Archiv, sondern nur Adlers Antwortbrief, datiert auf den 1. Juli 1912: Darin zeigt sich Adler erfreut über ihr Interesse an seiner Position und den Differenzen zwischen ihm und Freud und kündigt die Sendung seines Buches »Über den nervösen Charakter« an als von ihr gewünschte Literatur zu Einführung. Er ermuntert sie ausdrücklich, sich anhand der Protokolle der WPV weiter über den wissenschaftlichen Dissens zu informieren: »Die Protokolle kann Ihnen Herr Dr Bjerre, dessen Haltung ich in den anfänglichen, etwas schwierigen Zeiten schätzen lernte, direkt aus dem Freud-Verein verschaffen. So sehr mich ein günstiges Urteil von Ihrer Seite erfreuen würde, – ich wäre auch den kritischesten Bedenken gegenüber voll dankbarer Gesinnung.« (Brief von Alfred Adler an Lou Andreas-Salomé vom 1. Juli 1912, unveröffentlicht; das Konvolut umfasst insgesamt acht Briefe von Adler an Andreas-Salomé, Lou Andreas-Salomé Archiv; die Publikation dieses Konvoluts ist in Vorbereitung). Bjerre hatte Andreas-Salomé bereits vor dem Kongress in Weimar über die wissenschaftlichen und wohl auch persönlichen Differenzen zwischen Adler und Freud informiert. Etwas muss ihr Interesse an Adler geweckt haben. Während ihres zweiten Berlin-Aufenthaltes (Mitte März/Ende April 1912) nach dem Kongress in Weimar hatte sie sich bereits – auf Anregung Max Eitingons – mit Adlers Positionen beschäftigt und deren Vereinbarkeit mit den Freudschen geprüft. Sie äußert sich in einem Brief an Max Eitingon vom 29. April 1912 so, dass sie eine Unvereinbarkeit der Positionen von Adler mit den Freudschen nicht zu erkennen vermochte (vgl. Weber 2015). Im Oktober 1912 wurde sie bei ihrer Ankunft in Wien mit den Konsequenzen der Freud-Adler-Kontroverse konfrontiert: Adler hatte während der Sommerpause der WPV 1912 den »Verein für freie Psychoanalytische Forschung« gegründet, was von der WPV als Affront bewertet und mit der »Unvereinbarkeitsklausel« quittiert wurde: Adler-Anhänger durften an WPV-Veranstaltungen nicht teilnehmen. Lou Andreas-Salomé erwirkte von Freud eine Ausnahme für sich zum Besuch der Veranstaltungen von Adler.

S. 14 *religionspsychol. Arbeiten*: Themen dieses Gebietes haben Lou Andreas-Salomé ihr Leben lang beschäftigt, als Nachwirkung ihres kindlichen Gotteserlebens mit dem Schwinden des Gottesbildes, wie sie es im Eingangskapitel »Das Erlebnis Gott« ihres »Lebensrückblicks« (L) dargestellt hat. Ihre ersten Zeitschriftenaufsätze, Anfang der 1890er Jahre, waren religionspsychologische Arbeiten (vgl. AuE1: »Von der Bestie bis zum Gott«, Aufsätze und Essays zur Religion).

S. 15 *das Kompromiß*: Das Neutrum ist heute nicht mehr gebräuchlich.

S. 15 *der Ichtrieb*: In der sog. Triebtheorie geht Sigmund Freud von einem Gegensatz zwischen Sexualtrieb und Ichtrieb aus. Während ersterer letztlich im Dienst der Reproduktion steht, ist letzterer Ausdruck des Überlebenswillen des Individuums. In der 1914 konzeptualisierten Narzissmustheorie verschwindet dieser Unterschied insofern, dass beiden Trieben Libido als Energie zur Verfügung steht. In der »philosophisch-spekulativen« Arbeit Freuds »Jenseits des Lustprinzips« (1920g; GW 13, 1–69) geht es schließlich nur noch um den Dualismus zweier basaler Mechanismen: dem »Lebenstrieb« und dem »Todestrieb«.

S. 15 *dessen Blatt*: Gemeint ist das »Zentralblatt«.

S. 16 *psych.sex*: Gemeint ist hier »psychosexuell« als Grundlage neurotischer Symptomatik. Im Unterschied zur Sexualität verwendet Freud den Begriff »Psychosexualität«, um damit die seelischen Aspekte des Sexuallebens (Zärtlichkeit, Liebeswünsche etc.) in ihrer emotionalen Bedeutung zu kennzeichnen und über den sexuell-körperlichen Aspekt hinauszugehen.

S. 16 zu seinen Donnerstags-Dsk.Abenden: Diese fanden im Puchercafé, 1. Bezirk, Kohlmarkt 60, statt.

S. 16 die eingelaufene ImagoN°: »Imago. Zeitschrift für Anwendung der Psychoanalyse auf die Geisteswissenschaften«, hg. von Prof. Dr. Sigm. Freud, redigiert von Otto Rank und Dr. Hanns Sachs. Leipzig u. Wien: Hugo Heller & Cie.

S. 16 Artikel über die Wilden u. die Neurose: »Das Tabu und die Ambivalenz der Gefühlsregungen«, in: Imago 1(1912), 213–227, 301–333.

S. 16 Ursprung der Strafe: Das Thema der Bestrafung handelt Freud im ersten Teil ab (s.o.).

S. 17 Spinoza: Baruch de Spinoza (1631–1677), Philosoph des Rationalismus.

S. 17 Mittwoch Disk.Abd.: Am 30. Oktober 12 gibt Lou Andreas-Salomé im Jouenal als Ort an: »Am Franz-Josefs-Quai 65«.

S. 17 Dr Tausk: Victor Tausk (1879–1919); ab 1897 Jurastudium in Wien, jedoch als Jurist beruflich unglücklich. Nach 5-jähriger Ehe trennte er sich von seiner Frau Martha Frisch, sie blieben brieflich im Kontakt. Zu beiden Söhnen (Marius 1902–1990; Viktor Hugo, genannt »Bruco«, 1903–1969) hielt er persönlichen Kontakt, in der Phase der Trennung Tätigkeit als freier Journalist. Aus Begeisterung für die Psychoanalyse studierte er Medizin in Wien (1908–1914) mit finanzieller Unterstützung Freuds und anderer Teilnehmer der WPV; ab 1909 offizielles Mitglied der WPV.

S. 17 Gespräch über Buber: Martin Buber (1878–1965), Religionsphilosoph; Herausgeber der Schriftensammlung »Die Gesellschaft«. Lou Andreas-Salomé hatte dafür auf Bubers Wunsch 1910 »Die Erotik« verfasst, ihre letzte umfassende Arbeit vor ihrer Hinwendung zur Psychoanalyse.

S. 17 Er selbst hatte den Vortrag: »Eine kasuistische Mitteilung mit polemischen Bemerkungen«; die »Polemik« meint offensichtlich die aktuelle Kontroverse mit Adler, dessen Minderwertigkeitslehre Freud an diesem Beispiel erneut zu entkräften versuchte.

S. 17 anstatt einseitig von der Libido aus: Vielleicht bezieht sich Lou Andreas-Salomé auf die Bemerkung Freuds, dass der Sexualneid ein »narzißtischer« sei, so dass die »Scheidung zwischen Ich- und Sexualtrieben« entfalle (Protokolle 4, 104–107).

S. 17 Dr Federn: Paul Federn (1871–1950), Internist. Nach einer Analyse bei Freud gehörte er zu dessen ersten Schülern. Er wurde ein Vertreter der »Ich-Psychologie« und befasste sich intensiv mit der Behandlung von Psychosen.

S. 18 Sein Buch über »Minderwertigkeit von Organen«: A. Adler: »Studie über Minderwertigkeit von Organen« (1907).

S. 18 Vergl. Ferenczi: Zeitschrift II 134: Sandor Ferenczi: »Zur Nosologie der männlichen Homosexualität (Homoerotik)«; Kongressvortrag in Weimar 1911; publiziert in: IZ 2(1914), 131–142.

S. 19 mit Jung's Abfall: Carl Gustav Jung (1875–1961), Schweizer Psychiater der Bleuler-Schule des Burghölzli-Spitals in Zürich, Begründer der »Analytischen Psychologie«. Der »Abfall Jungs« kulminierte mit dessen Umformulierung des Libidobegriffes in »Wandlungen und Symbole der Libido« (1913).

S. 19 »Complex«: Den Begriff »Komplex« hatte C.G. Jung im Kontext seiner Assoziationsexperimente kreiert. Ein »Komplex« setzt sich zusammen aus verschiedenen Bildern, Vorstellungen, Phantasien, die sämtlich um einen unbewussten Konflikt kreisen (z.B. den Ödipuskomplex).

S. 19 [Hier verkniff ... ungenügend.]: Die eckigen Klammern stehen so in der Handschrift.

S. 20 Anläßlich des Triebbegriffs: Siehe S. Freud: »Drei Abhandlungen zur Sexualtheorie« (1905d; GW 5, 27–145).

S. 21 Freud's offizielle Erklärung von Stekels Austritt: Siehe die ausführliche Fußnote 2 in: Protokolle 4, 108–109.

S. 21 Sadger's Vortrag: Isidor Isaak Sadger (1867–1942), Arzt und seit 1906 Mitglied der WPV. Der Titel seines Vortrages, gehalten an zwei Abenden (6. und 13.11.12), lautet: »Über den sado-masochistischen Komplex«, publiziert in: Jb Psa. 5(1913), 157–232.

S. 21 Freud sagte nicht viel zum Schlußwort: In den »Protokollen« wird Freud mit ergänzendem kasuistischen Material und einer Kritik an der unzureichenden Gliederung des Vortrages wiedergegeben (Protokolle 4, 115).

S. 21 Bjerre: Poul Carl Bjerre (1876–1964), schwedischer Arzt und Psychotherapeut. 1907 übernahm er die Praxis in Stockholm von Otto Georg Wetterstrand (1845–1907), einem Hypnotherapeuten und Anhänger von August Liebeault. Bjerre hatte Freud im Januar 1911 in Wien aufgesucht, zu der Zeit als die Freud-Adler-Kontroverse die Diskussionen in der WPV bestimmt hatte. Lou Andreas-Salomé begegnete Bjerre erstmals im August desselben Jahres in Schweden bei ihrer Freundin Ellen Key (1849–1926), Reformpädagogin und Schriftstellerin. Mit ihm besuchte sie den 3. IPV-Kongress im September 1911 in Weimar.

S. 22 seinen lieben Brief: Gemeint ist der Brief vom 4. November 1912 (SF-LAS-Br 8–9).

S. 22 Tausk wird einen Freudkursus: Die offizielle Ankündigung lautete: »Dr. Victor Tausk (Wien) hält gegenwärtig eine Serie von 20 Vorträgen unter dem Titel »Theoretische und praktische Einführung in die Psychoanalyse«. Die Vorträge werden jeden Dienstag abends von 8–10 Uhr im »Institut für Therapie nervöser Gehstörungen« des Herrn Dr. Karl Weiß, Wien, IV. Schwindgasse 14, abgehalten.« Am 10. November 1912 wies Tausk sie formell auf seinen Kursbeginn am 12. November um 20 Uhr hin und lud sie dazu ein (Brief von Viktor Tausk an Lou Andreas-Salomé vom 10. November 1912; unveröffentlicht). Im Korrespondenzblatt (IZ 1[1913], 101) wird die

Zuhörerschaft mit 40 angegeben; zusammengesetzt aus Ärzten und Studenten.

S. 22 *Marx*: Hier ist wahrscheinlich Karl Marx (1818–1883) gemeint, der sich in seinen frühen Schriften u.a. mit Hegel auseinander gesetzt hatte. Alfred Adler vertrat engagiert sozialistische Ideen.

S. 23 *Oppenheim*: David Ernst Oppenheim (1881–1943), Pädagoge und Psychologe, Vertreter der Individualpsychologie.

S. 23 *Furtmüller*: Carl Furtmüller (1880–1951), Gymnasiallehrer, Individualpsychologe, Sozialist, Schulreformer, zuletzt Direktor des Pädagogischen Instituts Wien. Adler hatte im Juli 1911 der Sendung seines Buches (»Über den nervösen Charakter«) an Andreas-Salomé auch Furtmüllers »Psychoanalyse und Ethik. Eine Untersuchung« (1912) hinzugefügt. Oppenheim und Furtmüller traten aus Solidarität gemeinsam mit Adler aus der WPV aus.

S. 23 *Die verhängnisvolle letzte Arbeit*: C.G. Jung: »Wandlungen und Symbole der Libido«, in: Jb Psa. 2(1910), 120–227. Die Buchpublikation erfolgte 1913.

S. 23 *Harden*: Maximilian Harden (1861–1927), eigentlich Felix Ernst Witkowski; Schauspieler und Journalist, Begründer und Herausgeber der Wochenschrift »Die Zukunft« (1892 ff.), in der Andreas-Salomé etliche Aufsätze publizierte.

S. 23 *ein Freudkolleg versäumen müssen*: Das am 9. November 1912.

S. 24 *Adler-Vortrag im ärztl. Verein*: Gemeint ist die »Gesellschaft der Ärzte«, 9. Bezirk, Frankgasse 8.

S. 24 *Kraus*: Friedrich Salomo Krauss (1859–1938), Ethnologe, Slawist und Sexualforscher, redaktionell beteiligt an der Gründung der »Zeitschrift für Sexualwissenschaft«. Von Krauss stammt der Begriff »Paraphilie« zur Beschreibung unterschiedlicher sexueller Abweichungen. Er war Gast der WPV seit 1910. Im Brief vom 26. Juni 1910 an ihn betonte Freud den wissenschaftlichen Wert von Witzsammlungen, wie sie Krauss in der »Anthropophyteia« zusammengetragen hatte (GW 8, 224–225).

S. 24 *Grafen Schaffgotsch*: Franz Schaffgotsch, geboren als Franz Graf Schaffgotsch (1902–1942), Bühnenbildner am Salzburger Marionettentheater, Buchillustrator und Maler.

S. 24 *»Arrangement«*: Diesen Begriff verwendet Adler, um die Konstruktionen der neurotischen Lebensgestaltung zu beschreiben, die um die zugrundeliegende Organminderwertigkeit in Szene gesetzt werden.

S. 26 *in's Café Ronacher*: Café »Beim Ronacher«, 1. Bezirk, Seilerstätte 14.

S. 26 *Bei A. Schnitzler*: Arthur Schnitzler (1862–1931), Arzt und Schriftsteller.

S. 26 *gleichsam stummes, Verhältniß zu Freud*: Siehe Sigmund Freuds Geburtstagsbrief an Arthur Schnitzler vom 14. Mai 1922, in: Sigmund Freud, »Briefe 1873-1939«, hg. Ernst L. Freud, Frankfurt 1960, 249f.

S. 26 *Rank*: Otto Rank, eigentlich Rosenfeld (1884–1939), Philologe; 1906 bis 1915 Sekretär der WPV. Den Protokollen 1–4 liegen seine Handschriften zugrunde. Er redigierte gemeinsam mit Hanns Sachs die von Freud herausgegebene Zeitschrift »Imago« (1912–1924); Leiter des Internationalen Psychoanalytischen Verlages (1919–1924). Das Buch »Das Trauma der Geburt und seine Bedeutung für die Psychoanalyse« (1924) leitete eine persönliche und inhaltliche Distanzierung zu Freud ein. Ab 1926 wechselnde Aufenthalte in Paris und New York. 1935 Emigration nach New York und Niederlassung dort.

S. 26 *Assoziationen d. P.*: Assoziationen des Patienten.

S. 27 *Dieser Gesichtspunkt ... Kraßheit der Terminologie*: Die Textpassage von »Dieser Gesichtspunkt« bis »Terminologie« steht auf einem Zettel, mit dem die nachfolgende, hier in der Anmerkung aufgenommene Passage überklebt worden ist: »Auch dieser Gesichtspunkt scheint mir auch nötig gegenüber der krassen Terminologie die den Leuten so wehetuend in die Augen sticht, wie etwa dem blutroten Incest oder der kohlschwarzen Kriminalität oder Perversität. Es wäre denkbar, daß auch hier manches mehr als Bild wie als Wirklichkeit zu figuriren hätte, und man nicht vergessen dürfte wie sehr ›alles Vergängliche nur ein Gleichniß‹ ist, ganz ohne es Adlerisch zu verflüchtigen, und auch ganz ohne an den starken Benennungen an sich zu mäkeln. Diese Terminologie ...«; zum Zitat vgl. auch die Anmerkung zu »Alles Vergängliche ...« S. 208.

S. 27 Narcistischen: Erste Erwähnung des Narzissmus in den Notizen.

S. 28 Peter Altenberg's Brief: Peter Altenberg, eigentlich Richard Engländer (1859–1919), Schriftsteller und sog. Caféhaus-Literat.

S. 28 E.: Gemeint ist wohl Ellen Delp.

S. 28 öfter und immer gern gesprochen: Laut Journal viermal in dem hier berichteten Zeitraum.

S. 28 Sadger-Diskussion: Gemeint sind die Sitzungen der WPV vom 6. und 13. November 1912.

S. 29 grünäugiger Student: Nicht ermittelt.

S. 29 Ferenczi aus Budapest: Sándor Ferenczi (1873–1933), ungarischer Nervenarzt; einer der Vertrautesten des engen Kreises um Freud. Er wurde Mitglied des sog. »Kommitees«.

S. 29 Reitler's kleine Ausführungen: Rudolf Reitler (1865–1917), Arzt und Psychoanalytiker. Mitbegründer der Psychologischen Mittwochs-Gesellschaft (PMG), die 1910 in WPV umbenannt wurde. Einer der ersten praktizierenden Psychoanalytiker nach Freud.

S. 29 sie werden gedruckt: R. Reitler: »Zur Augensymbolik«, in: IZ 1(1913),159–161.

S. 30 bei Gelegenheit von Rosenstein's Swoboda-Ausführungen: Gaston Rosenstein (1882–1927), seit 1910 Mitglied der WPV. In seinen Ausführungen zu Swoboda ging es um die »Periodizität in Träumen«.

S. 30 Ein kleiner Dr Lorenz: Emil Franz Lorenz (1889–1962), Gymnasiallehrer und Schriftsteller. In den »Protokollen« wird er erstmals am 4. Dezember 1912 als Gast genannt, danach wiederholt in unregelmäßigen Abständen bis Ende

1913. »Ein abgesonderter, origineller Geist mit größter Distanz zum Bürgertum ...« (Walder 2005).

S. 30 *Weiss*: Karl Weiß (1879–1950), ärztlicher Leiter des »Instituts für Therapie nervöser Gehstörungen«, 4. Bezirk, Schwindgasse 14; Mitglied der WPV ab 7. März 1912.

S. 30 *Dattner*: Bernhard Dattner (1887–1952), Jurist und Mediziner; Mitglied der WPV von 1911 bis 1. Januar 1914, 1938 Emigration in die USA, von 1943 bis 1947 a.o. Prof. für Neurologie an der New York University.

S. 31 *daß die Adler-Disk.Abende nun für mich ausfallen werden*: Allerdings traf sie Adler noch viermal außerhalb seiner Diskussionsabende (laut Journal am 9. Dezember 1912 und am 20. Januar, 21. Februar und 21. März 1913).

S. 32 *ein ganz anderes Wien durch das ich jetzt gehe ... von Z.*: Andreas-Salomé denkt zurück an das mit Zemek (poln. »Erdmann«) erlebte Wien. Mit Z. ist Friedrich Pineles (1868–1936), Internist, gemeint. Sie kannte ihn seit 1895 über seine Schwester, die Malerin Broncia Koller-Pinell (1863–1934). Broncia zählte zum Kreis der Wiener Secession um Gustav Klimt.

S. 32 *Toni*: Nicht ermittelt.

S. 34 *BeerH.*: Richard Beer-Hofmann (1866–1945), nach Jura-Studium Schriftsteller (Romane, Dramen, Lyrik). Lou Andreas-Salomé war ihm 1895 im »Wiener Literatenkreis« begegnet (siehe das Kapitel »Unter Menschen« im »Lebensrückblick«).

S. 34 *Mit Georg Brandes*: Georg Morris Cohen Brandes (1842–1927), dänischer Literaturkritiker, Philosoph und Schriftsteller, der sich um die Vermittlung von skandinavischer und deutscher Kultur verdient gemacht hat. Er bewirkte maßgeblich den sog. Durchbruch der Moderne in der skandinavischen Literatur und förderte Autoren des Realismus und Naturalismus.

S. 34 *wo E. unwohl wird*: Ellen Delp.

S. 34 *Intension*: Gemeint ist die semantische Bedeutung sprachlicher Begriffe. Es geht nicht um eine hinter der »Ersatzvorstellung« in Aktion getretene Absicht (Intention), sondern um den assoziativen Kontext, der eine »Ersatzvorstellung« determiniert.

S. 35 *Tausk's Vortrag über künstlerische Hemmungen*: Es existiert zu diesem Thema lediglich ein Autoreferat (vgl. IZ 1913, Rubrik »Korrespondenzblatt der Internationalen Psychoanalytischen Vereinigung«/II. Vereinsberichte, 2. Ortsgruppe Wien, Punkt 8): »Sitzung am 27. November 1912: Dr. Victor Tausk Zwei Beiträge zur Psychoanalyse künstlerischer Produktionshemmungen« (publiziert in: Tausk 1983).

S. 36 *Von seiner Münchener Reise in der Stekel'schen Blatt-Angelegenheit*: Freud traf die Obmänner der Ortsgruppen am Sonntag, den 24. November 1912, in München, um die Gründung einer neuen Zeitschrift (»Internationale Zeitschrift für ärztliche Psychoanalyse«) zu beschließen, die an die Stelle des »Zentralblattes« treten sollte. Freud nennt dieses Treffen im Brief an Ferenczi: »Konzil in München« (am 26.11.1912; SF-SF-Br Nr. 349 F).

S. 36 *Sollte die Verständigung mit Jung eine so sichere Sache sein*: Lou Andreas-Salomé sollte mit ihrer Skepsis Recht behalten, denn spätestens auf dem 4. IPV-Kongress 1913 in München war der Bruch zwischen Freud und Jung unübersehbar geworden. Freud selber hatte nach seiner »Aussprache« mit Jung in München an Ferenczi resümmierend geschrieben: »Wäre er einer, an dem Eindrücke haften, so würde ich an einen dauernden Umschwung glauben. Aber es ist ein Kern von Unaufrichtigkeit in seinem Wesen, der ihm gestatten wird, die Eindrücke wieder abzuspülen« (SF-SF-Br Nr. 349 F).

S. 36 *Seitdem sollten wir uns politisch zur Jungsache verhalten*: Offensichtlich galt die Devise, die politischen Streitigkeiten etwas niedriger zu hängen, zumal noch die Hoffnung bestand, mit der Relegation Wilhelm Stekels aus der Redaktion des Zentralblatts eine wesentliche Quelle der drohenden Spaltung zwischen München und Zürich beseitigt zu haben: »Aufs äußerste befriedigend, wie ich es nicht erwartet hätte«, schreibt Sigmund Freud zwei Tage nach dem Münchener Treffen an Sandor Ferenczi: »Ergebnis, die persönlichen wie die intellektuellen Bande halten auf Jahre hinaus fest, keine Rede von Trennung, Abfall u. dgl. Adler und Stekel sind in Wien fabrizierte Popanze«. (SF-SF-Br Nr. 349 F). Auch Karl Abraham äußert sich ähnlich: »Die Befreiung von Stekel hat das Gute mit sich gebracht, daß der Riß zwischen Wien und Zürich sich verkleinert hat.« (SF-KA-Br Nr. 143 A).

S. 37 bei Jak. Wassermann: Jakob Wassermann (1873–1934), Schriftsteller, 1894–1897 Lektor beim »Simplicissimus« in München, später Theaterkorrespondent in Wien. Er machte Andreas-Salomé 1897 mit Rainer Maria Rilke bekannt.

S. 37 Als er von »Trotz und Analerotik« sprach: Siehe S. Freud: »Charakter und Analerotik« (1908b; GW 7, 203–209). Lou Andreas-Salomé griff dieses Thema später ebenfalls auf in: »›Anal‹ und ›Sexual‹« (1916; AuE4, 47–84), d.i. die einzige Arbeit, die Freud in einem seiner Werke zitiert.

S. 38 wie nach Freud's schöner Auslegung der Macduffsage: Macduff, der Thane of Fife, ist Macbeths stärkster Widersacher. Er missbilligt dessen Machtergreifung und bezweifelt dessen Behauptung, Duncan sei von seinen eigenen Söhnen ermordet worden. Als er nach England flieht, um dort ein Bündnis gegen den Tyrannen zu schmieden, lässt Macbeth seine Familie ermorden. In »Über einen besonderen Typus der Objektwahl beim Mann« schreibt Freud: »Der Macduff der schottischen Sage, den seine Mutter nicht geboren hatte, der aus seiner Mutter Leib geschnitten wurde, hat darum die Angst nicht gekannt.« (1910h; GW 8, 66–77).

S. 38 Aller Ekel der Neurotiker: S. Freud: »..., daß mit der Aufrichtung des Menschen und der Entwertung des Geruchssinnes die gesamte Sexualität, nicht nur die Analerotik, ein Opfer der organischen Verdrängung zu werden drohte, ...« (»Das Unbehagen in der Kultur« [1930a]; GW 14, 466 [Fußnote]).

S. 39 Hitschmann: Eduard Hitschmann (1871–1957), Gründungsmitglied der WPV; publizierte das Buch: »Freuds Neurosenlehre. Nach ihrem gegenwärtigen Stande zusammenfassend dargestellt« (1910). 1922 übernahm er die Leitung des neugegründeten Wiener Psychoanalytischen Ambulatoriums, emigrierte 1938 nach London, 1940 nach Cambridge (Massachussets). Er war Lehranalytiker am Boston Psychoanalytic Institute und wurde Dozent an der Harvard Medical School.

S. 40 *einige Tage später*: Laut Journal am Montag, den 9. Dezember 1912: »Mit Adler dann 2 Stunden Debatte und immer beim Rennen durch die Straßen.«.

S. 40 *Adler schreibt mir*: Brief nicht im Lou Andreas-Salomé Archiv.

S. 42 *ein paar Mal drin gewesen*: Laut Journal besuchte Lou Andreas-Salomé das Kolleg von Swoboda am 25. November, 2. und 7. Dezember 1912.

S. 42 *Fliess*: Wilhelm Fließ (1858–1928), HNO-Arzt in Berlin. Er war bis 1901 Freuds engster Freund und Vertrauter zur Zeit der Konzipierung der Psychoanlyse. Er entwickelte eine Theorie der Periodizität.

S. 42 *das M. und W.*: Abkürzungen für »Männlich« und »Weiblich«.

S. 42 *Weininger*: Otto Weininger (1880–1903), studierte Philosophie und Psychologie. Seine Dissertation »Eros und Psyche. Eine biologisch-psychologische Studie« hatte er Freud in der Hoffnung vorgelegt, eine Druckempfehlung für Deuticke zu bekommen, aber Freuds Kritik war vernichtend. 1903 erschien die Dissertation völlig überarbeitet und erweitert mit dem Titel: »Geschlecht und Charakter – eine prinzipielle Untersuchung« im Wiener Verlagshaus Braumüller & Co. Auf die ausbleibende allgemeine Anerkennung – vermutlich wegen seiner misogynen und antisemitischen Einstellung – reagierte er depressiv und erschoß sich.

S. 43 *Richtungskörper*: Polkörper, auch Polkörperchen genannt, bilden sich im Zuge der Reife- oder Reduktionsteilung (Meiose). Sie haften an der (künftigen) Eizelle.

S. 43 *Ed. v. Beneden*: Édouard van Beneden (1846–1910), Professor für Zoologie mit dem Schwerpunkt der Entwicklungsbiologie und Zytologie.

S. 43 was dem Partner allein gebührt ist der Dank: Lou Andreas-Salomé führt diesen Gedanken in ihrer Arbeit »Narzißmus als Doppelrichtung« (1921) weiter aus (AuE4, 117–153).

S. 44 Interpellation: Unterbrechung.

S. 45 neulich über den Alkoholikertyp: Unter dem 10. Dezember 1912 steht im Journal: »zu den Wagnerschen Psychiatrischen Demonstrationen [...] (Trunksuchtparalyse)«.

S. 46 Bemerk. über einen Fall v. Zwangsneurose: S. Freud: »Bemerkungen über einen Fall von Zwangsneurose« (1909d; GW 7, 379–463).

S. 46 Der Winterstein-Vortrag: »Psychoanalytische Anmerkungen zur Geschichte der Philosophie«, publiziert in: Imago 2(1913), 175–237. Alfred Freiherr von Winterstein (1885–1958), Jura-Studium; ab 1910 Mitglied der WPV, Eigenanalysen bei C.G. Jung und E. Hitschmann. Sein Interesse galt v.a. der Parapsychologie. Während der Naziherrschaft durfte er aufgrund seines nicht »reinrassigen« Status nicht praktizieren. Nach 1945 wirkte er am Wiederaufbau der WPV mit und war ab 1949 deren Vorsitzender.

S. 47 Monistengeschwätzes: Der Sache nach geistesgeschichtlich weit zurückreichend, wurde der Begriff »Monismus« erst gegen Ende des 19. Jahrhunderts geprägt. Demnach sind Universum und Mensch, Materie und Geist, die Vielfalt der Dinge aus einem einzigen Urprinzip herzuleiten (vgl. dazu Schwab 2016). Andreas-Salomés abschätzige Bezeichnung »Monistengeschwätz« bezieht sich möglicherweise auf Äußerungen, die vom »Deutschen Monistenbund« verbreitet wurden. Dessen Mitbegründer war der Schriftsteller Wilhelm Bölsche (1861–1939), dem sie seit den Anfängen ihrer literaturkritisch-essayistischen Produktion kritisch gegenüber stand (vgl. AuE3.1, 291).

S. 47 psychoanalytisch zu erschließenden Wesenheit ihrer Urheber: In einem Brief an Lou von Salomé hatte Nietzsche geschrieben: »Meine liebe Lou, Ihr Gedanke einer Reduktion der philosophischen Systeme auf Personal-Acten ihrer Urheber ist recht ein Gedanke aus dem ›Geschwistergehirn‹: ich selber habe in Basel in *diesem* Sinne Geschichte der alten Philosophie erzählt und sagte gern meinen Zuhörern: ›dieses System ist widerlegt und todt – aber die Person dahinter ist unwiderlegbar, die Person ist gar nicht todt zu machen‹ – zum Beispiel Plato« (vom 16. September 1882; DDiB 231).

S. 48 *Südslawische Balladen*: Im Journal vom 12. Dezember 1912 ist vermerkt: »Abds. serbische Balladen mit Ellen gelesen, die T. in seiner Übers. u. mit Versen von sich geschickt.«; zu Tausks Übersetzung vgl. Tausk 1983, 465–497.

S. 49 *wenn verdrängte und verklemmte Stücke*: Lou Andreas-Salomé verweist an dieser Stelle auf eine Differenz zwischen dem Verdrängten, also dem dynamischen Unbewussten, und dem Unbewussten an sich, die Freud erst 1923 in seiner Arbeit »Das Ich und das Es« eindeutig konzeptualisierte (1923b; GW 13, 237–289).

S. 50 *stehen läßt*: Ursprünglicher Text: »stehen bleibt«, von Lou Andreas-Salomé mit Bleistift durchgestrichen und »stehen läßt« darüber geschrieben.

S. 51 *FranklHochwart*: Lothar Ritter von Frankl-Hochwart (1862–1914), Neurologe; 1887 Leiter des Nervenambulatoriums von Hermann Nothnagel; ab 1913 im Vorstand der neurologischen Abteilung an der Allgemeinen Poliklinik Wien.

S. 51 *der Spinoza, den T. 1907 niedergeschrieben hat*: »Vom Leben und vom Wissen« (Tausk 1983, 455–463).

S. 52 *fast als Kind*: Andreas-Salomé hatte als 17-jähriges Mädchen in ihrem Philosophieunterricht bei Hendrik Gillot, einem holländischen Pastor in St. Petersburg, neben Texten von Fichte, Kant, Leibniz und Schopenhauer auch Spinoza gelesen, dessen Werk schließlich prägend für ihr Denken wurde.

S. 53 *siehe Bjerre »der geniale Wahnsinn«*: P. Bjerre: »Der geniale Wahnsinn. Eine Studie zum Gedächtnisse Nietzsches« (1904).

S. 54 *wo ich mit T. Vormittags*: Im Journal verzeichnet sie ausdrücklich folgende Tage: »Montag 16., Dienstag 17., Samstag 28., Montag 30. Dezember 1912 und Samstag 4. Januar 1913«.

S. 54 Gebsattel: Viktor (Victor) Emil Klemens Franz Freiherr von Gebsattel (1883–1976), Philosoph und Psychiater; Pionier einer »biographischen und anthropologischen Medizin«. Lou Andreas-Salomé begegnete ihm auf dem 3. IPV-Kongress 1911 in Weimar.
Im Journal steht unter dem Datum vom 21. September 1911: »In der Pause Freiherr von Gebstattel. Diner neben Sadger und ihm gegenüber«. Und am 22. September: »Immer Gebsattel«. Von 1911 bis 1914 wird er als Mitglied der IPV-Ortsgruppe München geführt; danach verschwindet sein Name aus den Mitgliederlisten der Ortsgruppen München bzw. Berlin. Gebsattel hatte enge Kontakte zu Max Scheler und Martin Heidegger. Er lebte ab 1924 in Berlin und leitete die Kuranstalten Westend bei Berlin. 1926 gründete er eine eigene Privatklinik »Schloß Fürstenau« in Mecklenburg bei Berlin. Er war Mitglied der 1927 gegründeten Allgemeinen Ärztlichen Gesellschaft für Psychotherapie (AÄGP).

S. 56 [Tausk sagte neulich ...]: Die eckigen Klammern stehen so in der Handschrift.

S. 56 Weihnachten mit Ellen bei BeerHofmann: Im Journal findet sich für den 23. Dezember die Eintragung: »Nachmittags Abraham aus Berlin bei mir.« Karl Abraham hatte sich bei Freud für den 21. Dezember 1912 angekündigt (SF-KA-Br Nr. 146 A). Am Weihnachtstag war Lou Andreas-Salomé vormittags zuerst bei Zemek, der sie dann zu Beer-Hofmann brachte.

S. 56 Fritz Mauthner: Fritz Mauthner (1849–1923), Journalist und Philosoph. Als Feuilleton-Redakteur und Theaterkritiker des »Berliner Tageblatt« war er nach Gründung der »Freien Bühne« 1889 dort ein aktives Mitglied. Er war ein Anhänger der literarisch ausgerichteten Naturalismusbewegung. Lou Andreas-Salomé kannte ihn aus ihrer Berliner Zeit: »seit wir von Tempelhof nach Schmargendorf gezogen waren, von wo ein nicht langer Waldweg zu seinem Grunewaldhaus lief« (L 97).

S. 57 T. bei mir: Das Journal verzeichnet, dass Lou Andreas-Salomé am 28. und 30. Dezember 1912 mit Victor Tausk im Ambulatorium war; u.a. »Analyse einer Paranoikerin«.

S. 58 mit dem Traum von den 7 Wölfen: S. Freud: »Märchenstoffe in Träumen« (1913d; GW 10, 2–9). Es handelt sich um den Traum des sog. Wolfsmann in der Arbeit »Aus der Geschichte einer infantilen Neurose« (1918b; GW 12, 27–157).

S. 59 im Alserhof: An der Ecke Lange Gasse und Alser Straße Nr. 23.

S. 59 Seif: Leonhard Seif (1866–1949), Neurologe, Gründer und Leiter (1911–1913) der Münchener Ortsgruppe der IPV. Nach 1913 schloss er sich Alfred Adler an und galt als einer der bekanntesten Individualpsychologen Deutschlands.

S. 59 das Leben mit meiner toten Muschka: Das Journal verzeichnet für den 11. Januar 1913: »Zuhause die Telegramme. [...] Stille, feierliche Nacht. [...] Liebe, liebe Мушка [Muschka]«. Die Mutter starb am 11. Januar 1913.

S. 59 Freud's Vortrag über Magie: S. Freud: »Über einige Übereinstimmungen im Seelenleben der Wilden und der Neurotiker. III. Animismus, Magie und Allmacht der Gedanken« (1912-13a; GW 9, 93–121).

S. 59 eignen Arbeit, die er mir in M. zeigt: S. Ferenczi: »Entwicklungsstufen des Wirklichkeitssinnes«, in: IZ 1(1913), 124–138.

S. 60 Zwei Kinderanalysen: S. Freud: »Zwei Kinderlügen« (1913g; GW 8, 422–427).

S. 61 Dr Jaekels: Eig. Jekels.

S. 62 Ein Vortrag vom kl. Dr Lorenz: »Die Geschichte des Bergmannes von Falun«, in: Imago 3(1914), 250–301.

S. 63 Reitler's gute Bemerkung: Im Protokoll der WPV vom 22. Januar 1913 steht: »REITLER erwähnt noch nach seiner Erfahrung die Bedeutung des Steines als Hoden und die des roten Steines als Glans.«

S. 63 hab ich den IV auf eine tolle Weise verfehlen müssen: Nach Lou Andreas-Salomés Zählung fand der erste Tausk-Kurs am 12. November 1912 statt, den sie nicht besucht hat (vgl. die

Anm. zu »Tausk wird ...« S. 187), danach war sie offenbar regelmäßig anwesend. Kurs IV wäre am 10. Dezember 1912 gewesen; er fiel aus, weil Karl Weiß nicht da war. Zu Herbert Silberer vgl. Anm. zu »Hartnäckige Debatte zwischen Silberer und Freud« S. 203.

S. 63 *den V und VI mit Ellen und Marie Lang zusammen*: Kurs V war am 14. Januar 1913 und Kurs VI am 21. Januar 1913. Marie Lang, geb. Wisgrill (1858–1934), Mitglied der »Theosophischen Gesellschaft« in Wien; Frauenrechtlerin, Begründerin des »Allgemeinen Österreichischen Frauenvereins«. Lou Andreas-Salomé hatte sie 1896/97 bei einem Treffen mit der Frauenrechtlerin Rosa Mayreder in Wien kennengelernt.

S. 67 *Typen in der Neurosenbehandlung*: S. Freud: »Über neurotische Erkrankungstypen« (1912c; GW 8, 322–330).

S. 69 *Freud auf T.'s Traumkasuistik hin*: Victor Tausk hatte behauptet, dass Ratte und Maus in den Träumen immer Penissymbole seien. Dem hatte Freud widersprochen und die Maus als ein typisch weibliches Symbol bezeichnet (am 29. Januar 1913; Protokolle 4, 146).

S. 70 *Горущцо*: (Russ.) Gorušco (wiss. Transkription), Goruschzo (Duden-Transkription); wahrscheinlich ist Viktor Hugo-Tausk, genannt Bruco, gemeint.

S. 74 *koprophilen Neigungen*: Begriff aus der Biologie; bezeichnet Tiere und Pflanzen, die primär auf bzw. von Dung leben. In der Psychoanalyse wird damit der sexuelle Lustgewinn durch menschlichen Kot bzw. den Akt seiner Ausscheidung bezeichnet.

S. 76 *Жемчуг*: (Russ.) Juwel, wahren Perlen; Žemčug (wiss. Transkription), Schemtschug (Duden-Transkription).

S. 76 *in der Syringgasse*: Victor Tausks Wohnung.

S. 76 *polymorph*: Vielgestaltig.

S. 77 *Anthropomorphisieren*: Vermenschlichen.

S. 78 *nachdem ich von Marie Ebner Eschenb.*: Marie Freifrau Ebner von Eschenbach (1830–1916), Schriftstellerin. Lou Andreas-Salomé hatte sie bereits 1895 bei ihrem ersten Wienaufenthalt besucht.

S. 78 an der Arbeit wegen Putnam: James Jackson Putnam (1846–1918), Neurologe in Boston/USA, Gründungsmitglied der American Psychoanalytic Association (APsaA) 1911.

S. 78 erzählte heimgekommen Amüsantes von Dr W.' Débût: »...; die Episode mit Dr. Weiss im roten Stühlchen« (Journal vom 11. Februar 1913).

S. 79 platzte die Putnamkritik: Victor Tausk kritisierte Putnams Arbeit »Die Bedeutung philosophischer Anschauungen und Ausbildung für die weitere Entwicklung der psychoanalytischen Bewegung«, publiziert in: Imago 1(1912), 101–118.

S. 79 Gründung der »Schule«: Lou Andreas-Salomé datiert die Gründung auf das Jahr 1905; sie meint wahrscheinlich die WPV, die sich allerdings schon 1902 als »Psychologische Mittwoch-Gesellschaft« (PMG) konstituiert hatte.

S. 80 Das Onaniebuch: »Die Onanie. Vierzehn Beiträge zu einer Diskussion der ›Wiener Psychoanalytischen Vereinigung‹« (1912; Diskussionen der Wiener Psychoanalytischen Vereinigung 2). Siehe auch Freud Schlusswort: »Zur Einleitung der Onaniediskussion. Schlusswort« (1912f; GW 8, 331–345).

S. 81 Wulff über »Infant. Sexual.«: Moshe Wulff (1878–1971), Mitglied der WPV seit 1911, Begründer der Moskauer Ortsgruppe der IPV 1922 und Mitbegründer der Palästinensischen Psychoanalytischen Vereinigung 1933.

S. 81 Eysoldt Matinée: Gertrud Franziska Gabriele Eysoldt (1870–1955), Schauspielerin und Regisseurin. Es handelte sich offenbar um die Generalprobe von Frank Wedekinds »Die Büchse der Pandora« an der Neuen Wiener Bühne (Intendant: Emil Geyer) mit Eysoldt in der Rolle der Lulu. Die Premiere war am 17. Februar 1913. Andreas-Salomé kannte Eysoldt aus ihren Berlinaufenthalten der Jahre 1906/1907, als sie durch den Kontakt zum Gründer und Leiter des Deutschen Theaters Berlin Max Reinhardt (und dessen Familie) nach und nach alle bekannten Schauspieler kennenlernte. Die beiden Frauen waren einander 1906 auch in Göttingen begegnet, wo Eysoldt zu Gast am Theater in Göttingen war.

S. 83 Genuß in der Urania: Die Urania ist ein Volksbildungshaus mit Sternwarte und Kino, 1. Bezirk, Uraniastraße. Träger des Hauses war ein 1897 gegründete Verein, der 1910 das Vereinshaus (im Stil des Neobarock) in Betrieb genommen hatte.

S. 84 Inversion: Von (lat.) »Umkehrung«; nicht mehr gebräuchliche Bezeichnung für Homosexualität.

S. 84 »Freiburger Entdeckung«: Vielleicht ist hier die Ätiologie der Dementia Präcox und deren Beziehung zur Sexualität gemeint.

S. 84 Sagt man nämlich, das Homos.: Wahrscheinlich ist das »Homosexuelle« gemeint, das vollständig verdrängt ist.

S. 87 eine Phantasie: Hier geht es um das vierte Kapitel von Freuds Buch »Totem und Tabu« (1912-13a; GW 9). Darin stellt Freud dar, dass die Kultur primär Ergebnis von Verdrängung sei und auf einem mythischen Vatermord in der Frühzeit der Menschheitsgeschichte beruhe. Dies sei die Grundlage für eine Verinnerlichung des väterlichen Inzestverbotes und damit der Ausbildung des Gewissens, das Freud später als Über-Ich bezeichnete.

S. 87 seinem Entsetzen an dem »Lebensgedicht«: Lou Andreas-Salomé bezieht sich hier auf das von ihr in Zürich verfasste und von Friedrich Nietzsche vertonte »Lebensgebet« (»Hymnus an das Leben«, 1887). Freud las ihr die letzten Zeilen »in aufgeräumter Stimmung, heiter und freundlich« vor – »Hast du kein Glück mehr übrig, mir zu geben, Wohlan – noch hast du deine Pein ...«, um dann auf seine Sessellehne schlagend sich zu empören: »Nein! wissen Sie, da täte ich nicht mit! Mir würde geradezu schon ein gehöriger irreparabler – Stockschnupfen vollauf genügen, mich von solchen Wünschen zu kurieren!« (L 167).

S. 89 Mit der jung. Gräfin Kinsky: Norbertine Nora Gräfin Kinsky von Wchinitz und Tettau, verheiratete Gräfin Wilczek (1888–1923), Rotkreuz-Schwester, die im Ersten Weltkrieg in Russland und während der Russischen Revolution ein von ihr gegründetes Lazarett leitete.

S. 89 Fr. Dubsky: Nicht identifiziert.

S. 89 Federn über Neurose und Arbeitshemmung: »Lern- und Arbeitsstörungen (Gesellschaft und Neurose I)« (am 26. Februar 1913; Protokolle 4, 156).

S. 89 Freud sagte aber wenig dazu: Von den acht protokollierten Wortmeldungen ist Freuds Beitrag (eine Druckseite) der weitaus umfangreichste (am 26. Februar 1913, Protokolle 4, 159).

S. 89 Freud's Schluß-Kolleg: Freud hatte in seinem Kolleg über »Das Motiv der Kästchenwahl« (1913f; GW 10, 24–37) gesprochen.

S. 89 kleine Correspondenz per Papierschub während des Mittwochvortrags: Lou Andreas-Salomé schreibt am 27. Februar 1913 an Freud: »gestern Abend bin ich Ihnen eine Antwort schuldig geblieben, als Sie mir die Frage aufschrieben: wie ich ›den Vortrag vom Sonntag vertragen habe‹« (SF-LAS-Br 13). Freud hatte ihr »die Vatermordphantasie« (aus »Totem und Tabu«) vorgetragen. Am Abend und beim Besuch davor hatten sie miteinander über Tausk gesprochen. In ihrer Antwort gibt sie ihm ihre Unsicherheit, ob Freud sie nur aus konventionellen oder doch aus persönlichen Gründen einlädt, zu verstehen. In seiner brieflichen Antwort greift er ihre Irritation auf, nachdem er seinem Bedauern Ausdruck verliehen hatte, nicht mit ihr am Tage seines letzten Kollegs persönlich darüber gesprochen zu haben. Zudem entschuldigte er sich für seine kleine »Unaufrichtigkeit«, die sie »richtig erraten« habe, dass er am Sonnabend leider keine Zeit für sie haben würde, weil er mit Ferenczi zu einer Redaktionssitzung verabredet war, »so daß die Stunden, an denen ich mich sonst Ihrer Zuhörerschaft erfreute, für eine Redaktionssitzung verwendet werden müßten«. Und abschließend spricht Freud ausdrücklich davon, wie sehr ihm an weiteren Zusammenkünften mit ihr liegt, bevor sie Wien wieder verlässt (am 2. März 1913; SF-LAS-Br 14).

S. 91 Helene Stöcker: Helene Stöcker (1869–1943), Publizistin, Sexualreformerin, Pazifistin und Frauenrechtlerin. Sie gründete 1905 den »Bund für Mutterschutz« (ab 1908 »Deutscher

Bund für Mutterschutz und Sexualreform«), der sich für unverheiratete Mütter und ihre Kinder einsetzte.

S. 91 *Reik über Kunst*: Theodor Reik (1888–1969), Literaturwissenschaftler und Psychoanalytiker. Der Vortragstitel lautete: »Psychoanalytische Bemerkungen zu Schnitzlers Dichtung«, publiziert als: »Die ›Allmacht der Gedanken‹ bei Arthur Schnitzler«, in: Imago 2(1913), 319–335.

S. 91 *Restphänomen*: S. Freud: »Der Narzißmus muß für uns ein Restphänomen bleiben, die Grundlage der Libidotheorie.« (am 5. März 1913, Protokolle 4, 163).

S. 91 *Introversion*: »Der Rückgang der Libido auf die Phantasie ist eine Zwischenstufe des Weges zur Symptombildung«, schreibt Freud in seinen »Vorlesungen« (1916-17a). Er schreibt C.G. Jung diese Begriffsschöpfung zu, kritisiert aber zugleich, dass Jung »ihn in unzweckmäßiger Weise auch anderes bedeuten« lasse (GW 11, 388 ff.).

S. 91 *Hartnäckige Debatte zwischen Silberer und Freud*: Herbert Silberer (1882–1923), Privatgelehrter. Ab 1907 Mitglied der WPV, näherte er sich sukzessive der Jungschen Richtung an; Interesse an Metaphysik und Parapsychologie. In den Protokollen der WPV wird Herbert Silberer als anwesend geführt, Wortmeldungen von ihm sind nicht protokolliert.

S. 92 *Näcke*: Paul Adolf Näcke (1851–1913), Psychiater und Kriminologe; zahlreiche wissenschaftliche Schriften zur Homosexualität. Er führte den Begriff »Narzissmus« als Neologismus in die psychiatrische Diskussion der Jahrhundertwende ein (vgl. May-Tolzmann 1991).

S. 92 *Hav. Ellis*: Henry Havelock Ellis (1859–1939), Sexualforscher, Sozialreformer und Mitglied von »The Fabian Society«, einem Vorläufer der britischen Labour Party.

S. 94 *Zwangshandlung u. Religionsübung p. 123*: S. Freud: »Zwangshandlungen und Religionsübungen« (1907b; GW 7, 129–139). Der ursprüngliche Text (»Zur Aetiologie der Hysterie«) wurde mit Bleistift durchgestrichen und durch den jetzigen ersetzt. Die im folgenden zitierte Stelle findet sich in GW 7, 130.

S. 97 Bachofen: Johann Jakob Bachofen (1815–1887), Rechtshistoriker, Altertumsforscher und Anthropologe, dessen Werk »Das Mutterrecht: eine Untersuchung über die Gynaikokratie der alten Welt nach ihrer religiösen und rechtlichen Natur« (1861) als Ursprung moderner Theorien zum Matriarchat gilt.

S. 97 Arbeit für die »Scientia«: »Scientia« war eine italienische wissenschaftliche Zeitschrift, die 1907 unter dem Namen »Rivista di Scienza: organo internazionale di sintesi scientifica« in Bologna gegründet wurde. 1910 änderte sie ihren Namen zu »Scientia: rivista internazionale di sintesi scientifica«, den sie bis zu ihrer Einstellung 1988 behielt. Freuds Aufsatz trug den Titel: »Das Interesse an der Psychoanalyse« (1913j; GW 8, 389–420).

S. 97 Haeckelschen Dogmatismus: Ernst Heinrich Philipp August Haeckel (1834–1919), Zoologe; Vertreter der Evolutionstheorie in Gestalt des von ihm so bezeichneten »phylogenetischen Grundgesetzes«: Danach wiederholt jeder Embryo in seiner Ontogenese die wichtigsten Entwicklungsstadien der Phylogenese.

S. 97 und zu einer Ueberbetonung ... Unreife: Diese Passage wurde am Rand handschriftlich ergänzt.

S. 99 bei Jelka: Tausks Schwester.

S. 99 Lundenburg, im alten Schloß: Břeclav (deutsch Lundenburg, ungarisch Leventevár) ist eine Stadt in Südmähren/Tschechien. Sie liegt an der Grenze zu Niederösterreich. Bei dem Schloss handelt es sich um Pohansko.

S. 99 Dr Reinhold: Josef Reinhold (1885–1947), Neurologe. Ab 19. April 1911 wird er als Gast der WPV geführt, mit dem Zusatz »stud. phil. et med.«, ab 24. Mai 1911 ist er ständiges Mitglied der WPV.

S. 104 Wilh. Worringer: Wilhelm Worringer (1881–1965), Kunsthistoriker.

S. 104 (85): Seitenzahl in Worringers Habilitation »Formprobleme der Gotik«, deren erste Auflage 1911 erschienen war.

S. 104 *»Vielleicht grade an den abscheulichsten ... absprechen kann«*: Zitat aus S. Freud: »Drei Abhandlungen zur Sexualtheorie« (1905d; GW 5, 61).

S. 106 *Algolagnie*: Lust am Erdulden und Zufügen von Schmerz, also analog dem Begriff des »Sado-Masochismus«.

S. 108 *Strasser*: Alois Strasser (1867–1945), Internist; 1897 Habilitation an der Universität Wien, ab 1910 Titularprofessor, Vertreter der sog. Hydrotherapie.

S. 109 *Bleuler*: Paul Eugen Bleuler (1857–1939), Psychiater; Leiter des berühmten Burghölzli von 1898–1927 (vgl. auch Falzeder 2004).

S. 109 *Vaihinger*: Hans Vaihinger (1852–1933), Philosoph.

S. 110 *Homunkulus*: Künstlich geschaffener Mensch; ideengeschichtlich seit dem Spätmittelalter nachweisbar.

S. 111 *Sachs sprach (über Swift)*: Hanns Sachs (1881–1947), Jurist, Psychoanalytiker; seit 1910 Mitglied der WPV. Jonathan Swift (1667–1745), irisch-englischer Satiriker und Autor des Romans »Gullivers Reisen«. Protokoll liegt nicht vor; der Vortrag wurde nicht publiziert.

S. 111 *Kraus ... vorzüglichen Bemerkung*: »Dr. Krauss möchte davor warnen«, aus der Analyse literarischer Produktionen zu vorschnell auf den Charakter des Autors zu schließen. Bspw. habe Swift in seinem Roman u. a. der zeitgenössischen Neigung zu »skatologischen Schriften« Rechnung getragen. Um zu einer endgültigen Aussage über den Autor zu kommen, bedürfe es daher »sorgfältigerer Studien der damaligen Literatur (besonders Reisebeschreibungen) [...], um festzustellen, was Swift aus eigenem dazugegeben hat« (am 2. April 1913, Protokolle 4, 195 [Fußnote]).
(»Skatologische Neigung«: Interesse an allem, was mit Exkrementen zu tun hat.)

S. 113 *Polyandrie*: Vielmännerei; Ehe einer Frau mehreren Männern.

S. 115 *Bildes zu Saïs*: Das verschleierte Standbild der Wahrheit, deren Anblick der Mensch nicht überlebt; vgl. Friedrich Schillers Gedicht »Das verschleierte Bild zu Sais« (1795).

S. 116 »Wilde Reiter«: Es könnte sich um den Film »Jack Johnson, der wilde Reiter« (Frankreich 1913) handeln. Ein »Indianer-/Wildwestdrama« in drei Akten.

S. 116 Alserstr.: Arkaden-Lichtspiel-Bühne, Alserstraße 23.

S. 116 »Unsichtbare Hände«: Gemeint ist der Film »Die unsichtbaren Hände« (in zwei Akten); Originaltitel »Le Mani ignoti«, Stummfilm von Enrique Santos – mit dem Zusatz: »Jugendverbot«. Informationen zum Kino in der Jörgerstrasse sind nicht ermittelt.

S. 116 Café Landmann: Eines der beliebtesten Cafés in Wien, 1. Bezirk, Universitätsring 4, Ecke Löwelstraße 22. Es wurde 1873 eröffnet.

S. 117 Im Masochisten ...: Nach »Im Masochisten« stand ursprünglich noch: »der Analyse«, wurde jedoch mit Bleistift gestrichen.

S. 117 die Conferenz der Leute: Offensichtlich ein Analytikertreffen in Freuds Privaträumen. Im Journal erwähnt sie mehrere Analytiker, mit denen sie ge»plaudert« hat.

S. 117 Wir saßen am Familien-Theetisch der Kleinen wegen: Gemeint ist die damals 17-jährige Anna Freud.

S. 119 Ferenzci's letztem Aufsatz: »Aus der ›Psychologie‹ von Hermann Lotze«, in: Imago 2(1913), 238–241.

S. 122 diese Budapester Tage: Am 9. April 1913 fuhr Andreas-Salomé von Budapest nach Wien zurück und nahm abends noch einmal, nun wirklich zum letzten Mal, an der Sitzung der WPV teil. Sadger hielt einen Vortrag: »Ein Autoerotiker«, publiziert als »Die Psychoanalyse eines Autoerotikers«, in: Jb Psa. 5(1913), 467–528.

S. 123 München: Lou Andreas-Salomé hielt sich vom 11. bis 21. April 1913 in München auf.

S. 123 eigentlich Klages: Friedrich Konrad Eduard Wilhelm Ludwig Klages (1872–1956), Verfechter der Lebensphilosophie, Psychologe und Begründer der ausdruckswissenschaftlichen Graphologie; Vertreter einer besonderen Charakterkunde und der bio-zentrischen Metaphysik. Am 25. Oktober 1911 hatte er in der Ortsgruppe München der IPV einen Vortrag gehalten: »Zur Psychologie der Handschrift«.

S. 123 *bei den wilden Thieren*: Mit Gebsattel besuchte sie den Münchener Tierpark Hellabrunn (Eröffnung am 1. August 1911).

S. 123 *in Berlin zu sehn*: Lou Andreas-Salomé war am Sonntag den 20. Oktober 1912, nach Berlin gereist und hatte dort die beiden folgenden Tagen mit Gebsattel zugebracht. Am Donnerstag war die Reise über Dresden nach Wien weiter gegangen.

S. 125 *Loufried*: Lou Andreas-Salomé hatte ihr Wohnhaus in Göttingen »Loufried« getauft – in Anlehnung an das Liebesnest mit Rainer Maria Rilke in Wolfratshausen (1897). Im Brief vom 9. November 1903 an Rilke schreibt sie als Absendeort: »Loufried auf dem Hainberg bei Göttingen.« (RMR-LAS-Br 117)

S. 125 *fallen mir die Pfingstwochen ein die er hier verlebte*: Eine Reminiszenz an den ersten Besuch Rilkes in Göttingen vom 13. bis 24. Juni 1905.

S. 125 *zuletzt mit Bjerre*: Laut Journal traf sie Poul Bjerre in Sassnitz (Rügen) und fuhr mit ihm am 23. April nach Schweden. In Malmö trennten sich ihre Wege.

S. 127 *Dekabristen*: Von (russ.) dekabr = Dezember; im deutschsprachigen Raum auch »Dezembristen« genannt; adelige Revolutionäre, vor allem Offiziere der Petersburger Garderegimenter, die am 14. Dezember [jul. Kalender]/26. Dezember [gregor. Kalender] 1825 in St. Petersburg ihren Eid auf den neuen Zaren Nikolaus I. verweigerten. Ihre Anführer wurden gehängt, einige degradiert und rund 600 zu Zwangsarbeit nach Sibirien verbannt.

S. 128 *Büste Gunhild's*: Die von Bjerre geschaffene Büste seiner Frau Gunhild.

S. 128 *Malles*: Nicht identifiziert.

S. 130 *Amelie's Worte*: Tochter aus Gunhilds erster Ehe; verheiratet mit Bjerres sieben Jahre älteren Bruder Andreas.

S. 134 Freud's philosophischester kurzer Arbeit: Den Titel hat Lou Andreas-Salomé nicht ganz korrekt erinnert. Er lautet richtig: »Formulierungen über die zwei Prinzipien des psychischen Geschehens« (1911b; GW 8, 230–238).

S. 136 »Alles Vergängliche ist nur sein Gleichniß«: Johann Wolfgang von Goethe »Faust II«, Vers 12104 ff. (Schlussverse).

S. 136 wir: Im Manuskript steht fälschlicherweise zweimal »wir«.

S. 137 Die genetische Betrachtungsweise: Gemeint ist das, was die Psychoanalyse unter »Genese« versteht: also die Entwicklung von Person und/oder Erkrankung. Das ist nicht zu verwechseln mit dem biologischen Begriff »Genetik«.

S. 139 »Gegensinn der Urworte«: S. Freud: »Über den Gegensinn der Urworte« (1910e; GW 8, 214–221).

S. 139 vermutlich: Im Typoskript steht fälschlicherweise »vermutlichen«.

S. 141 Bemerkung von Spielrein: Sabina Naftulowna Spielrein (1885–1942), Ärztin und Psychoanalytikerin; ehemalige Patientin und spätere Schülerin von C.G. Jung; erste Frau, die mit einer psychoanalytischen Arbeit promoviert wurde. Lou Andreas-Salomé bezieht sich auf deren 1912 publizierte Arbeit »Die Destruktion als Ursache des Werdens«, in: Jb Psa. 4(1912), 465–503.

S. 142 Jung's Libidobuch: C.G. Jung: »Wandlungen und Symbole der Libido: Beiträge zur Entwicklungsgeschichte des Denkens« (1912).

S. 142 hat Ferenczi richtig herausgebracht: S. Ferenczi: »Kritik der Jungschen ›Wandlungen und Symbole der Libido‹«, in: IZ 1(1913), 391–403,

S. 144 Bleuler's Einwände gegen Freud: Eugen Bleulers ambivalente Haltung zur Psychoanalyse offenbart sich in seinem Briefwechsel mit Freud. Sie beruht insbesondere auf seiner Abneigung gegenüber einer bestimmten Form von Vereinsmeierei, die er mit einer wissenschaftlichen Haltung für unvereinbar hielt. Dazu gehörte eine sektiererische Diskussionsweise, die andere Ansichten primär als Unkenntnis diskreditierte: »Ich persönlich habe aber geradezu ein Bedürfnis nach Opposition, wenn ich diskutiren soll, & ich halte dafür, dass alles, auch das beste, einseitig wird, wenn die Opposition fehlt.« (SF-EB-Br Nr. 20 B)

S. 145 *Eines Tages stand Rainer in der Abenddämmerung am Gitter*: »In den Juliregen, ganz davon umgeben, kam Rainer und blieb eine Zeitlang« (Journal 1913). Ernst Pfeiffers präzise Zeitangabe (»9. bis 21. Juli 1913«, RMR-LAS-Br 296) ist bisher nicht belegt.

S. 147 *»Christusvisionen«*: Im Frühjahr 1897 hatte Rainer Maria Rilke Lou Andreas-Salomé seine »Christusvisionen« vorgelesen, die zu seinen Lebzeiten nicht publiziert worden sind.

S. 147 *Zur Zeit der Neuen Gedichte*: Damit sind Gedichte gemeint, die Rainer Maria Rilke im Zeitraum von 1902–1908 während seiner verschiedenen Parisaufenthalte verfasst hat und als »Neue Gedichte« (1907) bzw. »Der neuen Gedichte anderer Teil« (1908) veröffentlicht wurden. In den Jahren 1905–1906 war er für acht Monate Sekretär von Auguste Rodin (1840–1917).

S. 147 *Die anhauchenden Sphynxe ... Nur der Hund wusste es stets.*: Laut Ernst Pfeiffer soll es sich um Stichworte handeln, die sich auf Rilkes Reiseerinnerungen beziehen: seine Afrika- und Spanien-Reise sowie sein Aufenthalt in Paris und die Tage in Göttin gen.

S. 148 *Garten von Duino*: Schloss Duino, in der Nähe von Triest, ist aufs Engste verbunden mit Rilkes »Duineser Elegien«, deren Entstehung während seines Aufenthalts dort (Oktober 1911 bis Mai 1912) ihren Anfang nahm.

S. 148 *Kabylenhund*: Vgl. Rilkes Brief vom 16. März 1912: »Auf jener großen Reise, als mich in Kairouan, südlich von Tunis, ein gelber kabylischer Hund ansprang und biß […]« (RMR-LAS-Br 278). Die Kabylen sind ein Berberstamm, der in Nordost-Algerien lebt.

S. 148 *Нижинский*: (Russ.) Nižinskij (wiss. Transkription), Nischinskij (Duden-Transkription); gemeint ist Vaslav

Nischinskij (1889–1950), Baletttänzer und Choreograph des »Balettes Russes«; er revolutionierte den Tanz.

S. 150 *Нижинский*: Siehe die Anm. zu »Nischinskij« S. 209.

S. 148 *Palettenséance*: Eigentlich: Planchettenséance; die Planchette ist ein quadratisches oder ovales Brett, das auf zwei Rollen ruht und als drittes »Standbein« einen Schreibstift benutzt, der mit der Spitze nach unten durch ein Loch in dem Brett geführt und darin durch eine Klemm- oder Schraubvorrichtung befestigt ist. Das Medium führt dann in Trance unwillkürliche Schreibbewegungen mit dem Stift aus. So entsteht ein Text, der als Botschaft des Toten interpretiert wird.

S. 148 *Graeco*: Graecos Bild »Die Blindenheilung« (ca. 1567), Dresdner Galerie Alte Meister, hat Lou Andreas-Salomé vermutlich am 4. Oktober 1913 gesehen, als sie gemeinsam mit Rilke in Dresden weilte.

S. 153 *August in Wien*: Lou Andreas-Salomé notiert in ihrem unpublizierten Journal: »Abends um ½ 7 T⟨ausk⟩ am Bahnhof.« Sie bleibt dort vom 20. August bis 4. September 1913.

S. 153 *Isomerie*: Von (altgriech.) ἴσος [isos] = gleich, μέρος [meros] = Anteil, Teil, Stück); Isomerie ist das Auftreten von zwei oder mehreren chemischen Verbindungen gleicher Summenformel und Molekülmasse, die sich aber in der Verknüpfung oder der räumlichen Anordnung der Atome unterscheiden. Die entsprechenden Verbindungen werden Isomere genannt.

S. 155 *Emil Lucka, der mich Nachm. besucht*: Emil Lucka (1877–1941), Literat. Den Wiener Psychoanalytikern war Lucka offenbar bekannt. Wilhelm Stekel hatte aus Luckas Buch »Die Phantasie. Eine psychologische Untersuchung« (1908) in der WPV am 4. März 1908 zitiert. 1914 kritisierte Theodor Reik die Arbeit von Lucka: »Die drei Stufen der Erotik«, in: Imago 3(1914), 304–305.

S. 175 *im schw. Tagebuch*: Das schwarze Tagebuch ist ein lose Ringbuchblätter-Sammlung, überschrieben mit »Themen« (unpubliziert; Lou Andreas-Salomé Archiv).

S. 158 jenen kurzen Fall: Gemeint ist Poul Bjerres »Bewußtsein kontra Unbewußtsein«, in: Jb Psa. 5(1913), 687–704. Er vertritt darin eine Position, die der Jungschen Libidoauffassung entspricht.

S. 158 Helsigfors: Helsingfors ist der schwedische Name für Helsinki.

S. 159 über die seltsamen Fälle der Gedankenübertragung: Okkulte Phänomene und Gedankenübertragung waren Themen, die Freud zeitlebens beschäftigt und in gewisser Weise auch beunruhigt haben. Ende 1908 gab es in der WPV eine sog. »Paranoia-Debatte«, in deren Umfeld auch die Telepathie und die Mechanismen der Gedankenübertragung diskutiert wurden (Protokolle 1, 38 und 41); siehe auch den Briefwechsel mit Sandor Ferenczi (SF-SF-Br I/1, 329 ff.).

S. 159 In dem einen der neuen Fälle: Vermutlich die Patientin, über die Freud später in »Neue Folge der Vorlesungen zur Einführung in die Psychoanalyse« (1933a; GW 15, 42 ff.) berichtet hat, dass in deren Lebensgeschichte die Begegnung mit einem Wahrsager eine wichtige Rolle gespielt habe.

S. 160 vom jüngsten Sohn, (dem Architekten): Ernst Ludwig Freud (1892–1970).

S. 160 Pol. Ephrussi: Polonia Ephrussi, auch Perla genannt (1876–1942), russische pädagogische Psychologin; Promotion an der Universität Göttingen (1902–1904) mit »Experimentelle Beiträge zur Lehre vom Gedächtnis« (1904). Die Beziehung zu Lou Andreas-Salomé ist ungeklärt, aber das Puppenthema, das Andreas-Salomé hier aufgreift, beschäftigte Andreas-Salomé und Rilke längere Zeit. Rilke publizierte 1913 seinen Puppenaufsatz in der avantgardistischen literarischen Zeitschrift »Die Weißen Blätter« (Kurt Wolff Verlag).

S. 160 Mystagogen: Religiöse Lehrer in antiken Mysterienkulten.

S. 159 Ich freute mich, Rainer Freud zu bringen: Laut Journal fand diese Begegnung am Montag, den 8. September 1913, statt

S. 162 Fz.'s Aufsatz: S. Ferenczi: »Entwicklungsstufen des Wirklichkeitssinnes«, in: IZ 1(1913), 124–138.

S. 163 Freisinger Professor Staudenmeyer: Ludwig Staudenmaier (1865–1933), Theologe, Zoologe; Professor der Experimentalchemie am königlichen Lyzeum in Freising. Er litt seit 1879 an psychosomatischen Symptomen, akustischen und optischen Halluzinationen und war deswegen 1918 und 1920 in stationärer Behandlung in der Münchener Psychiatrie. Er versuchte dem Vorurteil gegenüber Magie und Spiritismus durch naturwissenschaftliche Erklärungen zu begegnen: »Die Magie als experimentelle Naturwissenschaft« (1912).

S. 163 Rega Ullmann: Regina Ullmann, auch Rega genannt (1884–1961), Dichterin und Erzählerin. 1902 zog sie mit ihrer Mutter aus der Schweiz nach München. R.M. Rilke wurde zu ihrem Förderer.

S. 164 Fechner: Gustav Theodor Fechner (1801–1887), Psychologe, Physiker und Naturphilosoph. Er entwarf eine Theorie von der Allbeseelung des Universums und gilt als einer der wichtigsten Vertreter einer panpsychistischen Weltanschauung.

S. 164 Träumerei von den Dämonen: G.T. Fechner: »Vergleichende Anatomie der Engel und andere Darstellungen« (1875).

S. 164 Max Scheler: Max Scheler (1874–1928), Philosoph, Anthropologe und Soziologe.

S. 165 Simmel: Georg Simmel (1858–1918), Philosoph und Soziologe. Wichtige Beiträge zur Kulturphilosophie, Begründer der »formalen Soziologie« und der Konfliktsoziologie. Sein Denken war lebensphilosophisch und neukantianisch beeinflusst.

S. 165 condeszendiert: Von (lat.) condescendentia = Herabsteigen, Herablassung, Selbsterniedrigung; Kondeszendenz ist ein vor allem in der christlichen Theologie gebrauchter Begriff, der hier ergänzend zur Transzendenz gemeint ist und das Herabsteigen Christi, in Gestalt eines realen Menschen, bezeichnet (bis zu seinem Tod am Kreuz).

S. 165 Im Englischen Garten mit Gebsattel: Das Journal nennt dafür Montag, den 29., und Dienstag, den 30. September 1913.

S. 166 Roux: Wilhelm Roux (1850–1924), Anatom und Embryologe.

S. 166 Verworn: Max Verworn (1863–1921), Physiologe.

S. 166 (als ½ Semit): Max Scheler hat eine jüdische Mutter.

S. 167 Sein »Wertbegriff«: M. Scheler: »Der Formalismus in der Ethik und die materiale Wertethik« (1913).

S. 168 »Symp.Gf.«: Abk. für »Sympathie Gefühle«. Lou Andreas Salomé bezieht sich dabei auf das Buch »Zur Phänomenologie und Theorie der Sympathiegefühle und von Liebe und Hass« (1913) von Max Scheler.

S. 170 Fia: Eigentlich Phia, Kurzform für Sophia. Gemeint ist Rilkes Mutter, Sophie Rilke, geborene Entz (1851–1931).

S. 170 neulich beim P.: Die Person ist nicht ermittelt. Nicht auszuschließen ist, daß damit »der Puck« gemeint war, d. i. der Kosename von Sophia Goudstikker (1865–1924), Frauenrechtlerin und Fotoportraitistin, die Lou Andreas-Salomé mehrfach in ihrem Fotoatelier »Elvira« fotografiert hat. Lou Andreas-Salomé kannte sie seit 1897.

S. 170 verreisen in's Gebirge: Laut Journal reisten sie am 4. Oktober 1913 von München nach Dresden/Hellerau. Dort besuchten sie das Festspielhaus und trafen sich u.a. mit Franz Werfel. Von dort ging es am 10. Oktober weiter über Görlitz ins Riesengebirge.

S. 171 Werfel: Franz Viktor Werfel (1890–1945), Schriftsteller jüdischer Herkunft; emigrierte und wurde 1941 US-amerikanischer Staatsbürger.

S. 171 Gedichte aus: »Wir sind«: F. Werfel: »Wir sind« (1913).

S. 171 »exhibitif«: Entblößend, zur Schau stellend.

S. 172 zu seinem Vater: Josef Rilke (1839–1906), Bahnbeamter; 1873 Heirat mit Sophia Entz, 1884 Trennung.

S. 174 in Krummhübl: Karpa (deutsch Krummhübel), Stadt im südwestlichen Polen/Niederschlesien.

S. 174 Ziegelroth: Dr. med. Peter Simon Ziegelroth (gest. 1930) war Besitzer und Leiter eines Sanatoriums in Krummhübel.

S. 174 Congestionen: (Blut-)Stauungen.

S. 174 Flatus: Blähungen, Entweichen überflüssiger Gase.

S. 175 *Malte Brigge*: »Die Aufzeichnungen des Malte Laurids Brigge« (1910). Rilke begann seinen einzigen Roman 1904 in Rom und vollendete ihn in Paris.

S. 177 *Stunden mit Eitingon*: Laut Journal gab es zwei Treffen mit Max Eitingon: am 25. und 27. Oktober 1913.

S. 177 *Eitingon's Vortrag*: »Über psychoanalytische Heilung einer monosymptomatischen Neurose« (»Korrespondenzblatt«; Ortsgruppe Berlin, Oktober 1913).

S. 177 *Abraham*: Karl Abraham (1877–1925), Neurologe, Psychiater; Niederlassung als Psychoanalytiker in Berlin, Begründer des Berliner Psychoanalytischen Ausbildungsinstitutes (1920), das mit seinem Curriculum weltweit zum Vorbild anderer Institute wurde.

S. 178 *Amnesie*: (Zeitlich begrenzte) Erinnerungslücke.

S. 179 *Abusimbelfelsengestalten*: Die Tempel von Abu Simbel (ursprünglich bei Assuan am Westufer des Nils).

Im Spiegel der Erinnerungen

Lou Andreas-Salomé als Chronistin der Psychoanalysegeschichte

Nach mehr als 30 Jahren scheint eine Neuherausgabe des Wiener Tagebuchs überfällig, um es nun in einer textlich bereinigten und ungekürzten Fassung der Öffentlichkeit zugänglich zu machen, die ausschließlich der ursprünglichen handschriftlichen Textfassung folgt. Die darin festgehaltenen Notizen und Gedanken werfen ein Licht auf die Pionierzeit der Psychoanalyse und auf die Kulturszene Wiens in der zweiten Hälfte der Moderne. Der sachkundige und der interessierte Leser hat damit ein Dokument in Händen, in dem eine Ära beschrieben wird, die für die Geschichte der Psychoanalyse von außerordentlicher Brisanz war. Sind es doch jene zwölf Monate – Oktober 1912 bis Oktober 1913 – die das Gesicht der Psychoanalyse aus vereinspolitischer, aber auch aus inhaltlicher Sicht tiefgreifend verändert haben: Es ist die Zeit zwischen zwei folgenreichen Schismen der sog. Psychoanalytischen Bewegung: nämlich der bereits vollzogenen Trennung von Alfred Adler und der gerade sich abzeichnenden von C. G. Jung.

Für die vereinspolitischen Verwerfungen sind Lou Andreas-Salomés Aufzeichnungen die einer Zeitzeugin, die aus einer randständigen Perspektive in der Rolle einer, die »noch nicht dazu gehört«, die Abläufe beobachtet, kommentiert und sich im Stillen selbst in diesem neuen Feld zu positionieren beginnt. Für den Historiker liegt der besondere Charme dieser Forschungsquelle darin, dass er dort auch sehr viel Persönliches und Atmosphärisches vorfindet. Deswegen bieten die Notizen nicht nur eine zusätzliche Möglichkeit, um andernorts gefundene Fakten zu ergänzen, abzugleichen oder zu überprüfen, sondern sie bringen im Chor der bekannten Sitzungsprotokolle der WPV

(Protokolle), diverser Briefwechsel Sigmund Freuds[1] und verschiedener persönlicher Erinnerungs- und Erfahrungsberichte[2] jener Jahre eine weitere Stimme zu Gehör.

Ihre einzigartige Bedeutung und ihr Wert liegen gerade in der Verwobenheit von Persönlichem und Sachlichem. Bisher sind diese Notizen und Reflexionen im Rahmen der Forschungen zur Geschichte der Psychoanalyse nur unzureichend zur Kenntnis genommen, geschweige denn umfassend ausgewertet worden. Allein die Tatsache mit welch' traumwandlerischer Sicherheit Andreas-Salomé schon so früh kommende Konflikte, persönliche wie sachliche, innerhalb der psychoanalytischen Bewegung vorhergesehen und deren Zentralpunkte[3] skizziert hat, ist beeindruckend.

Innerhalb dieses einen Jahres lässt sich anhand des vorliegenden Materials zudem die Geburtsstunde der psychoanalytischen Narzissmustheorie verorten, die eine wesentliche Erweiterung der theoretischen Konzeption der Psychoanalyse darstellte. An deren Konzeptualisierung hatte Andreas-Salomé, wenn auch mehr im Hintergrund, einen größeren Anteil als bisher bekannt war. Sie hatte daran, im wahrsten Sinne des Wortes, *federführend* mitgewirkt, was eindrucksvoll an der intensiven knapp drei Monate währenden Zusammenarbeit mit Victor Tausk an dessen Vortrag »Die psychologische und pathologische Bedeutung des Narzißmus« für den Münchener IPV-Kongress 1913 unter Verwendung der Tagebuchnotitzen nachverfolgt werden kann (Klemann/Weber 2013).

---

1 Beispielsweise mit K. Abraham (2009; SF-KA-Br), E. Bleuler (2012; SF-EB-Br), S. Ferenczi (1993-2000; SF-SF-Br), C. G. Jung (1974; SF-CGJ-Br) etc.

2 Beispielsweise von L. Binswanger (2014), A. Kardiner (1979), F. Wittels (1924) etc.

3 Neben den erkenntnistheoretischen Problemen ist hier besonders an die Narzissmusdebatte zu denken.

Zum Entstehungsprozess und Entstehungszeitraum der Aufzeichnungen

Anhand der von Andreas-Salomé niedergeschriebenen Erinnerungen und Reflexionen wird versucht, ihren Weg zur Psychoanalyse nachzuzeichnen und die in ihr keimenden psychoanalytischen Standpunkte zu skizzieren, die sie Jahre später in ausgereifter Form zu Papier und an die Öffentlichkeit gebracht hat. Freilich heißt das für den Umgang mit dieser Quelle, den Tagebuchaufzeichnungen, Vorsicht walten zu lassen, zumal Andreas-Salomé indirekt selber dazu gemahnt:

»Wenn man sich manchmal wünscht, Erinnerungen möchten kientoppmäßiger Außenbesitz werden (wie es im Kleinen schon geschieht) so vergißt man leicht, daß wir sie nicht nur haben, sondern sie selber *sind*, daß sie daher zu jenen Bildern sich schon verhalten wie nahrungausgesogene Schlacke zu hinlebender Kraft; ganz wiederherstellen ließen sie sich für uns nur durch Entziehung dessen *wozu* sie inzwischen wurden (nicht nur was *aus* ihnen wurde) und sonach wären wir als Betrachtende erst recht Andere, als wir als Erlebende waren. Wir *sind* nur, indem wir uns fort und fort von uns scheiden; das Positive (auch am Tode noch) wird aus (wörtlich:) Oberflächlichkeit unterschlagen. Vergangenheit ist nichts als der Griff in unsere Zukunft. (um der Einen Gegenwart willen.)« (Journal 1911).

Andreas-Salomé nimmt in diesen Überlegungen implizit Bezug auf das psychoanalytische Konzept der *Nachträglichkeit*[4]: Es besagt, dass erinnerte Vergangenheit keine fixierte Bedeutung in sich besitzt, sondern jedes Mal ein Produkt der Gegenwart ist und auch erst von dort seine volle emotionale Wucht erhält. Geschichte, so verstanden, wird also paradoxerweise immer erst in der Zukunft hervorgebracht. Erinnerungen und Gedächtnis sind eben nicht technischen Aufzeichnungsapparaten analog, die zwar objektiv in der Lage sind, gewisse Fakten festhalten zu können, aber nicht das *Geschehen*. Für Letzteres

4 Zur Geschichte und Bedeutung dieses Konzeptes siehe Kirchhoff (2009).

bedarf es nämlich eines Subjekts, das aus den Fakten erst ein *Geschehen* macht, indem es darüber reflektiert und sich eine Meinung bildet. Allein dies – wie gesagt – *nachträglich* erschaffene *Geschehen* ist nicht statisch und entsprechend nicht endgültig. Vielmehr zeigt es einen prozessualen Charakter wegen der sich unaufhörlich wiederholenden und das Geschehen verändernden subjektiven Bedeutungszuschreibungen im Erinnern.

Aus strukturalanalytischer Sicht hat dies Folgen für die (Selbst-)Konstituierung eines Subjekts, da es für sich somit niemals in der Gegenwart, sondern stets in der Zukunft existiert als eines, *das gewesen sein wird*; grammatikalisch erfassbar im Futur 2. Darauf spielt auch Lou Andreas-Salomé sinngemäß an, wenn sie den Unterschied zwischen dem *Betrachtenden* und dem *Erlebenden* hervorhebt und die Vergangenheit als »Griff in unsere Zukunft« beschreibt: Wir waren die, die wir gewesen sein werden!

Generell ist also im Umgang mit historischem Material, und das gilt somit auch für diese Aufzeichnungen, besondere Sorgfalt geboten. Psychoanalytisch sind primär die im Akt bewusst vollzogener Niederschriften *unbewusst* vollzogene Entstellungen von besonderem Interesse. Sie sind damit den Traumerzählungen verwandt, die in ihren Mitteilungen nur noch verstümmelte Abkömmlinge des ursprünglich bildhaft Geträumten sein können. Nicht von ungefähr spricht Lou Andreas-Salomé im genannten Zitat vom »kientoppmäßigen Außenbesitz« und verweist damit auf die Faszination des Imaginären, die für sie (und andere) vom damals noch jungen Medium Kino ausgegangen ist. Während ihrer Aufenthalte in Wien oder Berlin war sie eine begeisterte Kinogängerin; manchmal sogar mehrfach am Tag.

Für alle biographischen oder historiographischen Aufzeichnungen gilt, unabhängig davon ob sie nun im Hinblick auf eine spätere Veröffentlichung erfolgten oder ausschließlich für die persönliche Verwendung gedacht waren, dass sie schon im Moment der Niederschrift auf einen fiktiven Leser hin entworfen worden sind; das kann ebenso eine andere Person sein wie auch das selbstreflexive Ich. Zudem ist die Sprache immer schon

Allgemeingut, was zur Folge hat, daß auch Sinngehalte im Text ihren Platz finden, die dem Schreiber selbst nicht bekannt, geschweige denn bewusst sein müssen. Sie stammen vom sog. symbolischen Anderen, dem Sprachkorpus im Ganzen und nehmen nicht nur Einfluss auf die *manifeste,* sondern auch auf die *latente* Gestaltung von Memoiren.

Für Tagebuchaufzeichnungen gilt, dass sie trotz aller Authentizität und aller Ausführlichkeit unvollständig und natürlich subjektiv sind. Zudem sind sie Opfer des historischen Paradoxons, dass die beabsichtigten oder auch unbewußten Auslassungen i.d.R. die aussagekräftigsten gewesen sein werden. Das kann man jedenfalls für Andreas-Salomé als gesichert annehmen. Zumindest hat sie einen großen Teil ihrer persönlichen Notizen vernichtet und ihre »Lebenserinnerungen« einer scharfen Selbstzensur unterworfen, bevor sie sie zur Veröffentlichung frei gab: »Das Elementarische und Intime sagt von sich nicht selber aus. Mithin bleibt das Wesentliche als solches ungesagt.« (L 199). Wobei natürlich nicht in jedem Fall entscheidbar ist, ob die vernichteten, verschwiegenen sowie verhüllten Inhalte wegen ihrer Wichtigkeit und Intimität oder wegen ihrer Belanglosigkeit ungesagt geblieben sein sollten. Anzunehmen ist wohl, dass der Nachwelt nur ein Bild vermittelt werden sollte, wie sie sich gerne selbst gesehen hätte oder gesehen werden wollte (Michaud 1996).

Zu diesem Dilemma jeder biographischen Forschung, dass die historisch wertvollsten Dokumente oft die verschwiegenen, verschollenen oder vernichteten sind, gesellt sich ein weiteres, nämlich dass der Historiker selbst zu einem nicht geringen Teil in seinen Forschungsgegenstand eingeht, so dass es zwischen dem dargestellten Subjekt und dem Forscher zu einer mehr oder weniger bewussten Kollusion kommen muss[5].

Um derartige Auswirkungen möglichst gering zu halten, bekommen in der vorliegenden Neuherausgabe von »In der

5 Siehe beispielsweise Devereux (1988).

Schule bei Freud« primär die Originalaufzeichnungen das Wort. So kann jeder Leser gewissermaßen dem Original-Ton lauschen, der ihm den Raum läßt, sich *ein eigenes* Bild von dieser Zeitzeugin der Psychoanalyse und ihren Niederschriften zu machen.

Anknüpfend an die bisherigen Überlegungen ist es verschmerzbar, dass kein präziser Zeitraum für den Werkprozess der Aufzeichnungen zu ermitteln war. Ausgangspunkt für einen Datierungsversuch bot das noch unpublizierte sog. Journal (J), das Andreas-Salomé mit hoher Wahrscheinlichkeit zeitnah geführt hatte. Dafür sprechen neben deren Kürze, die annähernd täglich datierten Eintragungen für den Zeitraum ihres Aufenthaltes in Wien. Für die Zwischenzeit (Ende März bis Münchener Kongress September 1913) liegen lediglich grob datierte Aufzeichnungen vor und/oder ausgearbeitete thematische Reflexionen unterschiedlichen Umfangs, deren Veranlassungen aus den Journalnotizen erschlossen werden können.

Die Journaleinträge haben den Charakter stenografierter Erinnerungen, deren Elaborate nur von der Schreiberin selbst gewusst wurden: »Mir an alten Heften aufgefallen: daß wo Gedankliches nicht klar notirbar werden wollte, statt der unklaren Notiz die bessere Hülfe für späteres Verständniß ein paar sentimentale Wörter, Interjektionen sind: an ihnen orientirt man sich vermöge der Stimmung, an die sie wiedererinnern« (J 1911). Diese spezielle Variante einer Mnemotechnik, ermöglichte es also Andreas-Salomé – die im übrigen stets hervorhob, wie gut ihr Gedächtnis funktionieren würde – jederzeit mit Hilfe ihrer Kurznotate ihre Erinnerungen aufzufrischen, um sie dann ausführlich »In der Schule bei Freud« zu Papier zu bringen.

Im Vergleich dieser Aufzeichnungen mit dem Journal drängte sich die Vermutung auf, dass zumindest der erste Abschnitt der Niederschrift frühestens nach ihrer Rückkehr in Göttingen im Frühjahr 1913 begonnen worden sein kann, also noch nicht während ihres Wiener Aufenthaltes erfolgt war. Gegen die Überlegung, dass sie diese Aufzeichnungen erst nach ihrer Freundschaft mit Ernst Pfeiffer in Göttingen (ab 1931) gemacht haben könnte, spricht, dass sie zu dieser Zeit schon an Diabetes erkrankt war und infolge dessen an einer deutlich nachlassenden Sehkraft litt. Sie klagte deswegen häufiger darüber, nicht mehr so gut schreiben und lesen zu können. Aus diesem Grunde hatte sie Ernst Pfeiffers Angebot, für sie die Aufgaben eines *Privat-Sekretärs* zu übernehmen, dankbar angenommen und ihm ihre Texte (z. B. »Lebensrückblick«) direkt in die Schreibmaschine diktiert. Ihr Manuskript »In der Schule bei Freud« ist in seiner Handschrift hingegen klar lesbar und weist keine Anzeichen eingeschränkter Sehkraft auf, so wie man es bei Briefen der späteren Jahre oder Notizen vorfindet.

Im Unterschied zur posthum erstmals 1958 veröffentlichten »In der Schule bei Freud« wurden zwei weitere Arbeiten über ihre persönlichen Begegnungen mit Freud und der Psychoanalyse noch zu ihren Lebzeiten publiziert: »Zum 6. Mai 1926« (1927) und »Mein Dank an Freud« (1931)[6]. Beides sind Würdigungen Freuds, die sie jeweils aus Anlass seines Geburtstages, nämlich des siebzigsten und des fünfundsiebzigsten, geschrieben hatte. Wie von zwei Aussichtspunkten nimmt sie darin rückblickend Freuds und ihr eigenes Leben ins Visier; 1926 kurz und knapp; 1931 sehr umfassend. Letztere Arbeit kann durchaus als ihr psychoanalytisches Vermächtnis gelten, worin sie die für sie wichtigsten zeitgenössischen psychoanalytischen Konzepte noch einmal Revue passieren lässt und mit eigenen Überlegungen würzt. »Mein Dank an Freud« ist zudem ihre einzige psychoanalytische Monografie.

Bedeutung der Aufzeichnungen für die Vereins- und Theoriegeschichte der Psychoanalyse

Der besondere historische Wert des Tagebuches liegt darin, dass es, neben ergänzenden Informationen zu den damaligen psychoanalytischen Theoriediskussionen, obendrein das bekannte Spektrum persönlicher Zeugnisse über das menschliche und professionelle Miteinander der ersten Psychoanalytiker um

---

6 Beide neu publiziert in AuE4.

einen weiteren Baustein bereichert. Dessen Besonderheit ist darin zu sehen, dass der Gruppendiskurs der psychoanalytischen Pioniere und deren persönlicher Umgang untereinander in den Mittelpunkt gestellt wird. Selbstverständlich ist Freud als Gründerfigur auch in ihren Aufzeichnungen immer präsent, aber weniger hagiographisch als vielmehr in seinen intellektuellen und menschlichen Stärken wie Schwächen. Darüber hinaus kommt man mit neuem Material in Berührung, mit dem andere Aufzeichnungen hinsichtlich Datierungen, Personen und Themen abgeglichen werden können. Insbesondere die Protokolle der WPV erfahren in jeder Hinsicht die eine oder andere wichtige Ergänzung bezüglich der notierten Diskurse in puncto Atmosphäre, Vor- und Nachgeschichte, bis hin zu den Fakten, wie beispielsweise der Anwesenheitsliste. Obgleich sich Lou Andreas-Salomé mit ihrer Meinung in einer für sie typischen Weise im öffentlichen Diskurs immer zurückhält und sich nur in kleiner Runde äußert, tritt sie in ihren Notationen jedoch anders in Erscheinung. Darin entpuppt sie sich nämlich als klare und unerschrockene Beobachterin, die die Teilnehmer der Treffen sehr persönlich charakterisiert oder auch inhaltlich Stellung zu deren Ansichten bezieht. Etwa wenn sie Alfred Adler als »liebenswürdig und sehr gescheit« bezeichnet, aber ihn in seinen wissenschaftlichen Einstellungen für »viel zu persönlich« hält oder Wilhelm Stekel für einen geistig »beweglichen«, aber »oberflächlichen« und unzuverlässigen Wissenschaftler.

Selbstverständlich sind nicht immer alle Personencharakterisierungen schmeichelhaft, aber sie überschreiten niemals die Grenze zur Diffamierung oder Bloßstellung. Sie sind vielmehr getragen von einer Einfühlung, der am Ende nichts Menschliches fremd ist. Andreas-Salomé erweist sich, wenn es darauf ankommt, durchaus als Diplomatin, die allerdings ziemlich früh entschieden hatte, wo ihre Partei stand: Es war eindeutig Freud, dessen intellektuelle Brillanz sie bewunderte und dem sie bis zu ihrem Tod die Treue hielt. Sie sah in ihm den Rationalisten, der zwar Gefolgschaft erwartete, aber nicht Unterwerfung unter sein Gesetz. Wenigstens hat sie ihm gegenüber, trotz aller Loyalität, niemals ein Blatt vor den Mund genommen, was nicht zuletzt ihren ausführlichen thematischen Reflexionen einen ganz eigenen Reiz verleiht.

Mit der ihr eigenen treffsicheren Sensibilität diagnostizierte sie sehr bald Freuds Ambivalenz bezüglich seiner Anhänger, unter denen er neben den loyalen Mitstreitern für die Sache immer auch die gefährlichen Rivalen witterte, von denen er fürchtete um die Früchte seiner Arbeit gebracht zu werden, was sie treffend auf den Punkt bringt: »Ich verstehe deshalb auch wohl, daß Menschen von Intelligenz und Tüchtigkeit wie Otto Rank, der ganz nur Sohn ist, für Freud das weit Wünschenswertere vorstellen. Wenn er von Rank sagt: ›warum kann es diesen reizenden Menschen nicht 6 x anstatt 1 x in unserer Vereinigung geben?‹ so ist aber auch mit diesem Wunsch nach dem halben Dutzend die Einzigkeit des Betreffenden in Frage gestellt. Und dennoch macht eben dies Freud nur ruhig bezüglich einer drohenden ›Ambivalenz‹; schrieb er an einem der Referierabende, während Rank über Königsmörder vortrug, mir doch auf sein Papier folgende Bemerkung auf: ›R. erledigt den negativen Teil seiner Sohnesliebe durch dies Interesse für die Psychologie der Königsmörder, darum ist er so anhänglich.‹« (S. 80).

Neben Freuds lauernder Sorge um das Primat psychoanalytischer Entdeckungen war es auch seine Angst vor den negativen Auswirkungen, die eine Veröffentlichung noch unausgegorener Konzepte für die fragile Reputation der Psychoanalyse im öffentlichen Ansehen haben könnte. Besonders ambitionierte Köpfe seiner *Schüler* sahen in ihm deshalb über kurz oder lang einen *pater familias*, von dem sie sich zu unrecht kritisiert und ausgebremst fühlten. Wiederum galt das für Andreas-Salomé selbst nicht, weil sie Freud wiederholt hartnäckig regelrecht um Auseinandersetzung bat, wenn sie sich der Differenzen sicher war. Diesem Aspekt des *pater familias* schenkt sie »In der Schule bei Freud« besondere Aufmerksamkeit im sog. Fall Tausk, einer besonders tragischen Geschichte, die sich hier in allen seinen Facetten studieren läßt. Lou Andreas-Salomé enthüllt an diesem nicht offen ausgetragenen Konflikt zwischen Tausk und Freud rückhaltlos beider Stärken und Schwächen. Als umworbene Bundesgenossin trug sie, ob sie nun wollte oder nicht, auch ihren Anteil daran, dass sich – sieht man vom sachlich-inhaltlichen Dissens ab – die destruktive Wirkung der unbewussten ödipalen Konfliktdynamik entfalten konnte, die sechs Jahre später (1919) in Tausks Suizid tragisch kulminieren sollte.

Bis auf diesen entsetzlichen Ausgang findet man hier die strukturelle Blaupause für den Ablauf vieler anderer Konflikte wie beispielsweise denen mit Adler, Jung und Stekel. Andreas-Salomé hatte sehr rasch die latente Rivalität als den eigentlichen Kern solcher Kontroversen erfasst: »Dies argwöhnt man manchmal, daß auf einen Terminologiestreit hinauslaufen soll, was doch ein viel tieferer, garnicht terminologischer Streit ist.« (S. 24).

Vordergründig gab es daneben selbstverständlich sachlich begründbare Meinungsverschiedenheiten. Zum damaligen Zeitpunkt markierte das von Freud vertretene Konzept der »Psycho-Sexualität« in Gestalt der Libidotheorie und deren zentraler Bedeutung für die Neurosenätiologie die rote Linie, die nicht überschritten, geschweige denn infrage gestellt werden durfte. Aus heutiger Sicht wirken allerdings die theoretischen Differenzen der Dissidenten nicht *so* gravierend, dass sie nicht unter einem gemeinsamen Dach der Psychoanalyse vereinbar gewesen wären. Womöglich lag Andreas-Salomé mit Blick auf C.G. Jung in ihrer Einschätzung aber richtig, dass damals noch nicht der geignete Zeitpunkt für synthetische Ansätze war: »sein Hauptfehler derselbe wie der Adlersche, – die verfrühte und deshalb ganz sterile Synthese« (S. 23).

Andreas-Salomé bewunderte Freuds philosophische »Unbekümmertheit« und Bereitwilligkeit, jederzeit seine Theorie den Beobachtungen gemäß zu modifizieren, indem er »auf die Wirkung allein losgegangen ist« (S. 20). Dabei übersah sie jedoch nicht die problematische Seite eines derartigen empirischen Zugriffs und monierte folglich das Fehlen einer anerkannten Erkenntnistheorie für die Psychoanalyse, mit deren Hilfe die empirischen Funde geordnet und widerspruchsfrei hätten strukturiert werden können; ohne eine solche, bewege sich die Psychoanalyse ihrer Ansicht nach auf schwankendem wissenschaftlichem Boden. Besonders die Art und Weise wie 1912/1913 das Phänomen *Narzissmus* in Analytikerkreisen diskutiert wurde, führte sie zu der Annahme, dass es »garkeine Frage [ist], daß an diesem Punkt Streite entbrennen werden, und daß sie nur noch philosophisch zu schlichten sind« (S. 93). Bekanntlich gibt es auch heute dafür noch keine allgemein anerkannte befriedigende Lösung. So betrachtet könnte in diesem Kontext Andreas-Salomés Diktum inspirierend sein, dass Spinoza eigentlich der Philosoph der Psychoanalyse sei, weil in seinem systematischen Ansatz Psychisches und Somatisches lediglich als zwei Seiten einer Medaille aufgefasst würden: »es ist die wache innere Anschauung von der Ganzheit und Gegenwart zweier Welten für uns, die einander nirgends ausschließen, nirgends bedingen, weil sie eine sind. Es ist das philosophische Weiterschreiten über Freud hinaus, der für die eine der beiden Welten, die psychologisch erfaßbare, ihre eigne, bis zu Ende geführte Methode errungen hat, die der andern stets gehörte.« (S. 51) Daher verwundert es wenig, dass die sich abzeichnende Konzeptualisierung der psychoanalytischen Narzissmustheorie bei ihr auf fruchtbaren Boden fiel und als absolut folgerichtig begriffen wurde. Allerdings beschritt sie auf diesem Theoriefeld, eingedenk ihres Mentors Spinoza (»denken wie er, heißt nicht ein System annehmen, sondern – ›denken‹ – –«; S. 51), ihren ganz eigenen Weg. Während Freud den *Narzissmus* gewissermaßen noch als Grenzbegriff verstand, um bestimmte Phänomene mit der damals dominierenden Libidotheorie in Einklang bringen zu können, fand Andreas-Salomé im Narzissmus den Urgrund einer *All-Einheit* des Subjekts mit der ihn umgebenden Welt wieder. Für sie war die Verbindung zu Spinozas *Identitätstheorie* unübersehbar. Deswegen definierte sie Narzissmus als eine Art Ur-Matrix, die in letzter Konsequenz noch vor Freuds *primärem Narzissmus* anzusetzen sei. Aus dieser Matrix des Ineinanderverschlungenseins von Sexual- und Ich-Trieben entwickelt sich schließlich das Ich, das sich als Produkt einer Subjektspaltung konstituiert. Im bewussten Ich-Erleben entdeckt sich das Subjekt in antithetischer Position zur Welt, die alles das repräsentiert, was es selbst nicht (*mehr*) ist. Ähnliches beschreibt Freud zum Entstehungsprozess des Ichs, das er aus dem Erleben des Mangels geboren sieht. Umfassend und luzide diskutiert er das jedoch erst viele Jahre später in seinem Artikel »Die Verneinung« (Freud 1925h).

Im Unterschied zu ihm greift Andreas-Salomé unter Hinweis auf Spinoza dessen *monistische* Perspektive auf. Folglich interpretiert sie den »dualistischen Auseinanderbruch« der von Freud als *primärnarzißtisch* bezeichneten Situation als Geburtsstunde von »Ich und Welt«. In der dem Subjekt präexistenten Sprache sieht sie die Schnittstelle zwischen narzisstischer Ausgangsposition und späterer Individuation: »Einst, als erst Wörter sich bildeten und ehe sie sich praktisch festlegten, konnte ein jedes leicht das Gotthafte ausdrücken, ...« (S. 173). Wobei das »Gotthafte« für sie in diesem Zusammenhang ein Synonym für die ursprüngliche »Alleinheit im Narzissmus« darstellt.

Es ist sicher kein Zufall, dass diese Denkfigur mehr als vierzig Jahre später in den philosophischen Wurzeln der strukturalen Psychoanalyse Lacans im Konzept der *symbolische Kastration* ebenfalls aufscheint. Das Adjektiv »symbolisch« meint den Vorgang, bei dem das Subjekt von der Sprache, also dem Symbolischen, okkupiert wird. Der Spracherwerb wird zum Distanzierungsprozess, bei dem das Subjekt seines narzisstischen Zustandes verlustig geht, worin es sich seiner selbst eben noch nicht bewusst war[7]. Selbst-Bewusstheit und Selbstreflexivität sind jedoch im Erleben des Subjekts von einem Gefühl des ontologischen Mangels begleitet.

Im *Ödipuskomplex*, dem psychoanalytischen Gründungsmythos, kann man neben der libidinösen auch diese ontologische Dimension der conditio humana finden. Gemeint damit ist die existenzielle Frage des Subjekts nach seinem Sein, die in der

---

7 Siehe dazu auch Klemann (2008).

Ödipussage dem Menschen bekanntlich von der Sphinx[8] in Gestalt eines Rätsels gestellt wird.

Andreas-Salomé leitete die Komplexität der ödipalen Situation nicht nur auf das Feld der Psychopathologie, sondern auch auf das des Religiösen und der Kreativität. Letzteres ist für sie eng verknüpft mit dem Thema »Sublimation«, wo sich indes die Geister von ihr und Freud schieden. In ihren schriftlich festgehaltenen Überlegungen widersprach sie ihm diesbezüglich ausdrücklich: »Bei Freud scheint das zusammenzuhängen mit dem Narzißmusbegriff, der zwar Sexual-und-Ichtrieb unterschiedslos umfassen soll, aber schließlich doch so, daß alles was im Ich wirksam wird, wesentlich als sexualfeindlich auftritt, und so das Ende aller Kultur wie ein stetes Dünnerwerden des Triebhaften, eine schauderhafte Verklärung!« (S. 34). Noch eindeutiger und provokanter kann das an dem von ihr kreierten Topos vom »Kulturpunkt des Weibes« abgelesen werden: »Denn es ist ja der fast einzige wirkliche Kulturpunkt des Weibes, daß sie das Sexuale weniger isolirt erlebt als eventuell der Mann, und daß es darin ein Rohes und zu Verdrängendes nicht mehr zu geben braucht« (S. 61).

Unbeirrbar vertrat sie zeitlebens ihr eigenes Konzept vom Narzissmus als einer *nicht* pathologischen Konfiguration. Vielmehr hob sie die darin enthaltene vitale Strömung hervor, die Subjekt und Welt miteinander verknüpft. In dieser Auffassung gehen die aus ihrer Kindheit stammenden religiösen Ansichten mit ihren lebensphilosophischen Vorstellungen eine Verbindung ein – auch insoweit diese später von Spinoza und Nietzsche moduliert sind –, die sie in großer Ergriffenheit wiederholt in unterschiedlicher Gestalt in ihren voranalytischen Zeiten niedergeschrieben hatte (beispielsweise im »Lebensgebet«, das von Lou Andreas-Salomé jedoch als »Lebensgedicht« tituliert wird; S. 87).

---

8 Dabei handelt es sich interessanter Weise um ein Wesen, das in seinem Geschlecht unbestimmt bleibt. Denn grammatikalisch sind sowohl »die« als auch »der« Sphinx zugelassen.

Zieht man neben »In der Schule bei Freud« noch die beiden Arbeiten »Zum 6. Mai 1926« und »Mein Dank an Freud« hinzu, entpuppen sie sich plötzlich als eine Art Trilogie, mit der sie mehr oder weniger verblümt auch ihren Werdegang als praktizierende Psychoanalytikerin dokumentiert hat[9]: Während sie noch »In der Schule bei Freud« die Konturen eines Findungsprozesses zeichnete, der ihrem Leben und den darin für sie enthaltenen zentralen Fragen plötzlich einen Gesamtsinn gegeben hatte, feiert sie die Psychoanalyse in »Zum 6. Mai 1926« als eine Theorie vom Menschen, die im wirklichen Leben eine *empirische* Stütze finde und zugleich scheinbar gegensätzliche Phänomene zu einem großen Ganzen verbindet. In der nur fünf Jahre später folgenden Monographie »Mein Dank an Freud« schlägt sie endlich einen großen Bogen, worin sie Freud feiert, aber auch sich selbst noch einmal ins rechte Licht rückt. Als nunmehr überzeugte und erfahrene Psychoanalytikerin präsentiert sie sich indes weniger mit ihrem klinischen Handwerkszeug, sondern mehr als diejenige, die das konzeptuelle Feld der Psychoanalyse abschreitet und darin ihre bevorzugten Themen, »Religion« und »Narzissmus«, ins Zentrum rückt.

Bedauerlicherweise erschließt sich dem mit ihrem literarischen Stil unvertrauten Leser nicht sofort, was sie mit der von ihr geliebten metaphorischen Ausdrucksweise mizuteilen hat. Hier sind beim Lesen hohe Konzentration und Intuition gefragt. Hermine Obermann (1935) meint, dass sich Andreas-Salomé in ihrem impressionistischen Schreibstil an Stefan George und Friedrich Nietzsche angeglichen habe, was sich häufig auch in einer »Wucherung von Bildlichkeit« niedergeschlage, »die oft einen barocken Eindruck« macht.

In ihrer Stilistik dokumentiert sie jedenfalls auch, wie eigenständig sie sich die psychoanalytische Theorie angeeignet und auf dem ihr vertrauten philosophischen Untergrund überarbeitet hat. Diese individuelle und philosophisch eingefärbte

9 Siehe dazu meine Ausführungen der mit Freud schriftlich diskutierten Fallgeschichten (Klemann 2011).

Betrachtungsweise hat jedoch ihren psychoanalytischen Schriften leider zu wenig Popularität verholfen. Sie selber dürfte das allerdings kaum gestört haben, zumal ihr der Schreib*prozess* bei den Textproduktionen am wichtigsten war. So schrieb sie letztlich mehr für sich und weniger für andere. Sie war augenscheinlich keine Kämpferin für die Sache – weder für die psychoanalytische noch für die Frauenbewegung –, sondern nur eine neugierige Denkerin für sich selbst. Diese Haltung war als Kraft in ihrer Eigenständigkeit, die bis zur Rücksichtslosigkeit sich selbst und anderen gegenüber gehen konnte, schon früh für ihr Leben bestimmend. Die Begegnung mit Gillot und auf diesem Wege auch mit Spinozas Schriften, war für sie ausnahmslos stilbildend sowohl hinsichtlich ihrer eigenwilligen Denkungsart als auch hinsichtlich ihrer persönlichen Lebensführung insgesamt: »Ich kann weder Vorbildern nachleben, noch werde ich jemals ein Vorbild darstellen können für wen es auch sei, hingegen mein eigenes Leben nach mir selber bilden, das werde ich ganz gewiß, mag es nun damit gehn wie es mag. Damit habe ich ja kein Prinzip zu vertreten, sondern etwas viel Wundervolleres, – etwas, das in Einem selber steckt und ganz heiß vor lauter Leben ist und jauchzt und heraus will« (DDiB 102).

Das sind Worte einer gerade 21jährigen Frau in einem Brief an ihren ehemaligen Mentor Gillot, die an Deutlichkeit zu diesem Punkte kaum etwas offen lassen. Vielleicht erklärt sich damit obendrein, warum Andreas-Salomé zwar mit ihren publizierten Texten, aber nie mit Vorträgen oder Diskussionsbeiträgen in einer größeren Öffentlichkeit aufgetreten ist. Jedenfalls könnte dies ein zusätzlicher Grund dafür gewesen sein, dass ihre psychoanalytischen Texte im psychoanalytischen Diskurs eher kaum bis gar nicht rezipiert worden sind. Eine Ausnahme bildet lediglich die Arbeit »›Anal‹ und ›Sexual‹« (1916), die immerhin von Freud 1920 (1905d, 4. Auflage) in einer Fußnote anerkennend zitiert worden ist und noch in weiteren Arbeiten zum Thema *Analität* Erwähnung findet (1916–1917e; 1933a); auch »Narzißmus als Doppelrichtung« hat ein vergleichsweise *großes* Echo gefunden. Für die anderen Texte scheint aber grosso modo zu gelten, was Freud 1917 in einem Brief an Abraham so formulierte: »Voll von Feinheiten, aber kaum für die Leute verständlich« (SF-KA-Br Nr. 325 F, 569).

Da sie desweiteren nicht zu denen gehörte, die ein Interesse daran hatten, eine eigenständige analytische Theorie zu propagieren, geschweige denn leicht verständlich zu vermitteln oder gar einen Kreis von Schülern um sich zu scharen, ruhen ihre Texte im Schneewittchenschlaf und warten darauf, entdeckt zu werden, um die darin schlummernden Gedanken für den Gegenwartsdiskurs fruchtbar zu machen.

Literatur

Von Lou Andreas-Salomé

Zu den erwähnten selbständigen Schriften siehe die Siglenliste.

»›Anal‹ und ›Sexual‹« (1916), in: AuE4, 47–84.

»Narzißmus als Doppelrichtung« (1921), in: AuE4, 117–154.

»Zum 6. Mai 1926« (1926), in: AuE4, 155–160.

»Mein Dank an Freud« (1931), in: AuE4, 169–266.

Sekundärliteratur

Zu Sigmund Freuds Schriften vgl. die Siglenliste (S. 234).

Binswanger, L.: »Erinnerungen an Sigmund Freud«. Tübingen 2014

Devereux, G.: »Angst und Methode in den Verhaltenswissenschaften«, Frankfurt/M. 1980

Falzeder, E.: »Sigmund Freud und Eugen Bleuler. Die Geschichte einer ambivalenten Beziehung«, in: Luzifer-Amor 34 (2004), 85–104

Handlbauer, B.: »Die Freud-Adler-Kontroverse«, Gießen ^{2}2010

Kardiner, A.: »Meine Analyse bei Freud«. München 1979

Klemann, M.: »›Wer nicht hören will muß fühlen‹ – Übertragungsanalyse und die unbewussten Wünsche des Analytikers«, in: Psyche – Z Psychoanal 62 (2008), 397–422

Klemann, M.: »›Wo Rauch ist, da ist Feuer‹. Die psychoanalytische Praxis der Lou Andreas-Salomé«, in: Lou Andreas-Salomé Institut, Göttingen (Hg.): Ihr zur Feier: Lou Andreas-Salomé (1861–1937). Interdisziplinäres Symposium aus Anlass ihres 150. Geburtstages, Taching am See 2012, 135–151

Klemann, M./Weber I.: »... daß Jung ihm unsern Vortrag widerechtlich in der Zeit verkürzte«. Zu Entstehungsgeschichte und Schicksal eines verschollenen Textes von Victor Tausk und Lou Andreas-Salomé. Luzifer-Amor 52 (2013), 62–83

May-Tolzmann, U.: »Zu den Anfängen des Narzißmus: Ellis – Näcke – Sadger – Freud«, in: Luzifer-Amor 8(1991), 50–88

Michaud, S.: »Zensur und Selbstzensur in Lou Andreas-Salomés autobiographischen Schriften«, in: Zensur und Selbstzensur in der Literatur, hg. Brockmeier, P. et al., Würzburg 1996, 157–172

Nunberg, H./Federn, E. (Hg.): »Protokolle der Wiener Pychoanalytischen Vereinigung«, Bd. I–IV, Frankfurt/M. 1976

Obermann, H.: »Lou Andreas-Salomé. Leben und Werk«, Wien (Diss.) 1935

Schwab, H.-R.: »Lebensgläubigkeit. Über Lou Andreas-Salomés nachgelassenes Manuskript ›Der Gott‹«, in: DG 2016, 199–242.

Tausk, V.: »Gesammelte psychoanalytische und literarische Schriften«, hg. von Metzger, H.-J., Wien/Berlin 1983.

Walder, C.: »Ein abgesonderter, origineller Geist mit größter Distanz zum Bürgertum ...«, in: Luzifer-Amor 35(2005), 130–151.

Weber, I.: »›... ich vergesse nie die Gabe, womit Sie in meinem Leben als der Freund dastanden!‹ Lou Andreas-Salomés Briefe an Max Eitingon (1911–1933)«. In: Luzifer-Armor 55(2015), 39–63.

Wittels, F.: »Sigmund Freud. Der Mann, die Lehre, die Schule«. Leipzig/Wien 1924

Siglen und Abkürzungen

Werke von Lou Andreas-Salomé

Unpubliziertes im Lou Andreas-Salomé Archiv, Göttingen

J	Journal (unpublizierte Tagebuch-Kurznotizen)
Adler	Briefe von und an Alfred Adler (acht Briefe)
Tausk	Briefe von und an Victor Tausk (19 Briefe)

Veröffentlichte Werke

AuE1	»Von der Bestie bis zum Gott«. Aufsätze und Essays Bd. 1: Religion, hg. von Schwab, H.-R., Taching am See 2010
AuE4	»Mein Dank an Freud«. Aufsätze und Essays Bd. 4: Psychoanalyse, hg. von Rempp, B./Weber, I., Taching am See 2012
DDiB	Nietzsche, F./Rée, P./Salomé, L. von: Die Dokumente ihrer Begegnung, hg. von Pfeiffer, E., Frankfurt 1970
DG	Der Gott (1909/10), hg. Hans-Rüdiger Schwab, Taching am See 2016
L	Lebensrückblick. Grundriß einiger Lebenserinnerungen, hg. von Pfeiffer, E., Zürich, Wiesbaden 1951 (Frankfurt 1968ff.)
RMR-LAS-Br	Rilke, R.M./Andreas-Salomé, L.: Briefwechsel, hg. von Pfeiffer, E., Wiesbaden 1952 (Frankfurt 1975)
SF-LAS-Br	Freud, S./Andreas-Salomé, L.: Briefwechsel, hg. von Pfeiffer, E., Frankfurt 1966

Sigmund Freud und die Psychoanalytische Bewegung

Die Benennung der Arbeiten von Sigmund Freud folgt: Meyer-Palmedo, I./Fichtner G.: »Freud-Bibliographie mit Werkkonkordanz«. Frankfurt/M. 1989

GW	Freud, S.: Gesammelte Werke. Bde. 1–18. Frankfurt/M. 1986; Nachtragsband: 1987
Imago	Imago. Zeitschrift für Anwendung der Psychoanalyse auf die Geisteswissenschaften 1912–1937
IZ	Internationale Zeitschrift für Psychoanalyse 1913–1941
Jb Psa.	Jahrbuch der Psychoanalyse 1909–1914
Protokolle	Die Protokolle der Wiener Psychoanalytischen Vereinigung, Bde. 1–4, hg. von Nunberg, H./Federn, E., Frankfurt/Main 1981
SF-CGJ-Br	Freud, S./Jung, C.G.: Briefwechsel, hg. von McGuire, W./Sauerländer, W., Frankfurt/Main 1987
SF-EB-Br	Freud, S./Bleuler, E.: »Ich bin zuversichtlich, wir erobern bald die Psychiatrie«. Briefwechsel 1904–1937, hg. von Schröter, M., Basel 2012
SF-KA-Br	Freud, S./Abraham, K.: Briefwechsel 1907–1926, hg. von Abraham, H./Freud, E., Frankfurt/Main 1980
SF-SF-Br	Freud, S./Ferenczi, S.: Briefwechsel, hg. von Brabant, E. et al., Bde. 1–3, Wien/Köln/Weimar 1993

Personennamen

Ad./Adl.	Alfred Adler
BH./BeerH.	Richard Beer-Hofmann
Bj.	Poul Bjerre
E.	Ellen Delp
Eb. Esch.	Marie von Ebner-Eschenbach
Fl.	Wilhelm Fliess
Fr./Frd.	Sigmund Freud
Fz.	Sandor Ferenczi
Gebs./G.	Viktor Emil von Gebsattel
Judas Isch.	Judas Ischariot
K.	Immanuel Kant
P.	unsicher: der Puck (Sophia Goudstikker)
R.	Rainer Maria Rilke
Sch.	Max Scheler
St.	Wilhelm Stekel
Swob./Sw.	Hermann Swoboda
T.	Victor Tausk
V.	Hans Vaihinger
W.	Franz Werfel
Worr.	Wilhelm Worringer
Z.	Friedrich Pineles (Zemek)

Sonstige Abkürzungen

Abd.	Abend
Abh.	Abhandlungen
ärztl.	ärtzlich
Bem.	Bemerkung(en)
Bew.Elemente	Bewusstseinselemente
Bw.	Bewußtsein
d. P.	des Patienten
Dec.	Dezember
Dem. Pr.	Dementia Praecox
Dsk./Disk.	Diskussion
homos.	homosexuell
Homos./ Homosex.	Homosexualität
infant.	infantil
IPV	Internationale Psychoanalytische Vereinigung
Jhh./Jh.	Jahrhundert
körp.	körperlich
kl.	klein
Liebenswürd.	Liebenswürdigkeit
M.	Das Männliche
In M.	In München

metaph.	metaphysisch
Minderw.	Minderwertigkeit
Narc./Narz.	Narzissmus
narzist.	narzißtisch
naturwiss.	naturwissenschaftlich
NB	Nachbemerkung
Neurol.	Neurologisch
N°	Nr.
organ.	organisch
Patholog.	Pathologischen
period.	periodische
Periodic.	Periodicität
phil. spekul.	philosophisch spekulative
physiol.	physiologisch
PMG	Psychologische Mittwochsgesellschaft
prakt.	praktisch
prim.	primär
ps.a.	psychoanalytisch
Ps.A./ Psych.An.	Psychoanalyse
Psych.anal.	Psychoanalytischer
psych.	psychisch

psychol.	psychologisch
Psych.An.	Psychoanalyse
Psych.Analytisches	Psychoanalytisches
psychoanalyt.	psychoanalytisch
psych.sex	psychosexuell
religionspsychol.	religionspsychologisch
resp.	respektive
schriftl.	schriftlich
sex.	sexuell
S./Sex./Sexual.	Sexualität
Sexualth.	Sexualtheorie
soz.	sozial
Symp.Gef.	Sympathiegefühle
terminol.	terminologisch
T.K.	Tausk-Kurs
urspr.	ursprünglich
Ubw.	das Unbewußte
W.	das Weibliche
weibl.	weiblich
WPV	Wiener Psychoanalytische Vereinigung

Zeittafel

12. Februar 1861	Geburt in St. Petersburg
23. März 1879	Tod des Vaters
Ende April 1882	Bekanntschaft mit Friedrich Nietzsche
ab Oktober 1882	Philosophischer Kreis in Berlin
1885	»Im Kampf um Gott«
1892	»Henrik Ibsens Frauen-Gestalten«
1894	»Friedrich Nietzsche in seinen Werken«
27. Februar bis August 1894	Reise nach Paris
1895	»Ruth«
1895	Reisen nach Wien (April/Mai, August, November/Dezember)
Dezember 1895	Bekanntschaft mit Broncia Koller und Friedrich Pineles
1896	»Aus fremder Seele«
Mai 1897	Bekanntschaft mit Rainer Maria Rilke
Sommer 1897	Sommerfrische in Wolfratshausen (14.6 bis 16.7. und 20.7. bis 3.9.)
1898	»Fenitschka/Eine Ausschweifung«
1899	»Menschenkinder«
1901	»Ma. Ein Porträt«
1902	»Im Zwischenland«

1910	»Die Erotik«
August 1911	Besuch bei Ellen Key und Begegnung mit der Psychoanalyse durch Poul Bjerre
20.–23. Sept. 1911	3. Internationaler Psychoanalytischer Kongress in Weimar
Pfingsten 1912	Letztes Treffen mit Poul Bjerre
Oktober 1912 bis April 1913	Studium bei Sigmund Freud in Wien
1913	»Von frühem Gottesdienst«
11. Januar 1913	Tod der Mutter
7./8. Sept. 1913	5. Internationaler Psychoanalytischer Kongress in München
ab 1913	Eigene psychoanalytische Praxis
1917	»Psychosexualität« und »Drei Briefe an einen Knaben«
1921	»Das Haus. Eine Familiengeschichte vom Ende des vorigen Jahrhunderts«
1922	»Die Stunde ohne Gott« und »Der Teufel und seine Großmutter«
1923	»Ródinka. Eine russische Erinnerung«
29. Dezember 1926	Tod von Rainer Maria Rilke
1928	»Rainer Maria Rilke«
3. Oktober 1930	Tod von Friedrich Carl Andreas
5. Februar 1937	Tod in Göttingen

Personenverzeichnis

Auf eine Aufnahme von Sigmund Freud ins Personenverzeichnis wurde verzichtet, da er nahezu auf allen Seiten dieser Publikation direkt oder indirekt erwähnt ist.

Werke und Briefe von Lou Andreas-Salomé in Einzelbänden

Bd. 1	Aufsätze + Essays Bd. 1	**Religion – »Von der Bestie bis zum Gott«** hrsg. von Hans-Rüdiger Schwab (2. korr. u. aktual. Auflage)	29,80 Euro, 322 S., ISBN 978-3-937211-23-3
Bd. 2	Aufsätze + Essays Bd. 2	**Philosophie – »Ideal und Askese«** hrsg. von Hans-Rüdiger Schwab (2. korr. Auflage)	29,80 Euro, 350 S., ISBN 978-3-937211-11-4
Bd. 3	Aufsätze + Essays Bd. 3	**Literatur – »Lebende Dichtung«** hrsg. von Hans-Rüdiger Schwab *Teilbd. 3.1: Literatur I* *Teilbd. 3.2: Literatur II/Ästhet. Theorie*	29,80 Euro, 377 S., ISBN 978-3-937211-14-5 29,80 Euro, 460 S., ISBN 978-3-937211-20-9
Bd. 4	Aufsätze + Essays Bd. 4	**Psychoanalyse – »Mein Dank an Freud«** hrsg. von Brigitte Rempp und Inge Weber	29,80 Euro, 392 S., ISBN 978-3-937211-17-6
Bd. 5	Literarisches Werk Bd. 1	**Ruth. Erzählung** hrsg. von Michaela Wiesner-Bangard (2. korr. u. erw. Auflage)	29,80 Euro, 306 S., ISBN 978-3-937211-24-1
Bd. 6	Literarisches Werk Bd. 2	**Drei Briefe an einen Knaben** hrsg. von Brigitte Rempp, Inge Weber und Ursula Welsch (2. korr. u. erw. Auflage)	21,80 Euro, 120 S., ISBN 978-3-937211-45-9
Bd. 7	Literarisches Werk Bd. 3	**Henrik Ibsens Frauengestalten. Psychologische Bilder nach seinen sechs Familiendramen.** (2. korr. u. erw. Auflage) hrsg. von Cornelia Pechota	29,80 Euro, 258 S., ISBN 978-3-937211-32-2
Bd. 8	Literarisches Werk Bd. 4	**Im Zwischenland. Fünf Geschichten aus dem Seelenleben halbwüchs. Mädchen.** hrsg. von Britta Benert (2. Auflage)	35,80 Euro, 464 S., ISBN 978-3-937211-52-7
Bd. 9	Literarisches Werk Bd. 5	**Jutta. Erzählung** hrsg. aus dem Nachlass von Romana Weiershausen	29,80 Euro, 214 S., ISBN 978-3-937211-35-0
Bd. 10	Aufsätze + Essays Bd. 5	**Der Gott** hrsg. aus dem Nachlass von Hans-Rüdiger Schwab	29,80 Euro, 254 S., ISBN 978-3-937211-38-1
Bd. 11	Aufsätze + Essays Bd. 6	**Die Erotik** hrsg. von Katrin Schütz	21,80 Euro, 128 S., ISBN 978-3-937211-42-8
Bd. 12	Literarisches Werk Bd. 6	**Die Stunde ohne Gott und andere Kindergeschichten** hrsg. von Britta Benert	26,80 Euro, 220 S., ISBN 978-3-937211-47-3
Bd. 13	Literarisches Werk Bd. 7	**Menschenkinder. Novellencyclus** hrsg. von Iris Schäfer	29,80 Euro, 386 S., ISBN 978-3-937211-56-5
Bd. 14	Tagebücher + Briefe Bd. 1	**In der Schule bei Freud. Tagebuch des Jahres 1912/13** hrsg. von Manfred Klemann	26,80 Euro, 244 S., ISBN 978-3-937211-50-3
Bd. 15	Literarisches Werk Bd. 8	**Der heimliche Weg. Drei Scenen aus einem Ehedrama** hrsg. von Edith Hanke	21,80 Euro, 146 S., ISBN 978-3-937211-59-6